民事信託のための信託監督人の実務

渋谷 陽一郎 著

日本加除出版株式会社

はしがき

　近時，民事信託の実務において，信託監督人を設置した案件が増加している。民事信託の規律が問われる今，当然のことかもしれない。一般に，信託監督人として就任を要請されるのは，民事信託支援に関心を有する資格者である税理士，弁護士，司法書士その他の専門職であろう。そして，信託監督人は，民事信託の仕組みの中における唯一の専門職として機能し，重い責任を負担する。

　今，信託監督人として就任を要請された資格者の最大の悩みは，民事信託における信託監督人の実務の内容が明らかにされていないことにある。そして，信託監督人の実務内容が明らかとならない理由の第一は，信託監督人が監督の対象とする民事信託における受託者の実務それ自体が標準化されず，曖昧であることにある。

　そこで，本書は，民事信託における信託監督人に就任する場合の，一定の場面における，①資格者たる専門職による信託監督人の監督実務並びに書式を提案し，その前提となる信託条項の記載例を掲載するとともに，②信託監督人設置型の典型例である賃貸物件の民事信託における受託者の実務及び書式を具体的に提案し，その前提となる信託条項の記載例を掲載している。

　野球の監督は野球の実技を知らずして監督できない。それと同様，民事信託における受託者の実務を知らずして，受託者の監督はできない。民事信託における受託者の実務の具体的内容こそが，信託監督人による監督の実務の大前提となる。

　民事信託の実務の進捗に伴い，個別の民事信託案件に対して，信託監督人を設置すべきか，あるいは，受益者代理人を設置すべきか，専門家の見解が分かれる場合がある。かような選択を行うためには，それぞれの実務の内容が明らかにされる必要がある。

　本書は，信託監督人の職務の具体的内容と規律を明らかにせんとするものであるが，受益者代理人の職務は，信託監督人の場合と重なり合う部分がある。したがって，本書の内容は，受益者代理人の実務にも役立つと信じるも

のである。

　本書のような新たな分野を開拓する先行書としての書籍の製作は，到底，著者一人の力でなし得るものではなく，編集者の役割が大きい。本書は，日本加除出版の朝比奈耕平氏との協働によって，テーマを絞った機能的な実務書とすべく，民事信託を支援する資格者の実務に役立つために書きおろされたものである。また，民事信託推進センターの専務理事であり，日本司法書士会連合会の民事信託推進委員会の委員長を務める山北英仁氏からは，民事信託のあるべき実務とは何か，多くをご教示いただいた。そして，本書における現行信託法の理解は，法制審議会信託法部会の臨時委員であった田中和明氏の著作等を通じて得たものが少なくない。併せて感謝したい。

　なお，本書執筆の最中，東京都立大学名誉教授の江藤价泰教授の死去という悲報に接した。最後にいただいた電話では，本書執筆の励ましを得ていた。本書を同教授の霊前に捧げ，謹んで冥福を祈りたい。

　　2016年11月

　　　　　　　　　　　　　　　　　　　　　　　　渋谷　陽一郎

凡　例

1．法　令

・本書では，平成18年法律第108号による全面改正前の信託法を「旧信託法」と，平成23年法律第51号による全面改正前の非訟事件手続法を「旧非訟事件手続法」と表記した。

・本書では，任意後見契約に関する法律を「任意後見契約法」と表記した。

2．雑誌・参考文献

・雑誌については，本書では以下の通り略記を使用した。

民集	→	最高裁判所民事判例集
刑集	→	最高裁判所刑事判例集
刑裁月報	→	刑事裁判月報
判時	→	判例時報
金商	→	金融・商事判例

・本書において，以下の文献を表記をする際は，ゴシック箇所を略記として使用した。

　　遠藤英嗣『**新しい家族信託**―遺言相続，後見に代替する信託の実際の活用法と文例〔新訂〕』（日本加除出版，2016）

　　渋谷陽一郎『**信託目録の理論と実務**―作成基準と受益者変更登記の要点』（民事法研究会，2014）

　　渋谷陽一郎『民事信託における**受託者支援の実務と書式**』（民事法研究会，2016）

　　成年後見センター・リーガルサポート編著『**成年後見監督人の手引き**』（日本加除出版，2014）

　　園部厚『わかりやすい**敷金等返還紛争解決の手引**〔第2版〕』（民事法研究会，2012）

　　田中和明『**新信託法と信託実務**』（清文社，2007）

　　寺本昌広『**逐条解説新しい信託法**〔補訂版〕』（商事法務，2008）

　　東京地方裁判所商事研究会編『**新・書式全書　非訟事件手続**―解説と手続』（酒井書店，2001）

　　能見善久＝道垣内弘人編『**信託法セミナー3**（受益者等・委託者）』（有斐閣，2015）

　　平川忠雄監修，遠藤英嗣＝中島孝一＝星田寛編『**民事信託実務ハンドブック**』（日本法令，2016）

目　次

第1章　民事信託実務の現状と問題点

第1　民事信託をめぐる近時の動向 2

1　はじめに 2

(1) 本書の目的　2

(2) 本書の構成　3

(3) 本書で用いる言葉の使い方　4

2　民事信託組成の過誤と損害賠償請求訴訟 6

○コラム　脱法信託あるいは信託の濫用　9

3　民事信託とは 10

(1) 民事信託とは　10

(2) 民事信託普及の背景　12

○コラム　信託外の他の制度との整合性　14

(3) 民事信託の法律関係　15

(4) 民事信託の典型例　16

○コラム　信託事務マニュアルとしての信託契約書　17

第2　民事信託の実務の現状と課題 19

1　民事信託の実務の標準化 19

○コラム　信託条項数の少ない信託契約書　20

2　金融機関の支援 21

○コラム　信託口座（受託者口座又は「信託口」口座）　22

3　民事信託支援の適正報酬 24

○コラム　信託借入（信託内借入）　25

4　民事信託の実務の解説と民事信託の活用例の解説の違い 25

○コラム　支援する対象の明確化　27

第2章　民事信託における受託者と信託監督人の実務・総論

第1　信託監督人の意義 30

1　信託監督人による監督の前提としての受託者の実務 30

2　民事信託の規律の維持のために 31
○コラム　各資格者の業務範囲と信託監督人の職務範囲　32

3　信託監督人が参考とすべき実務 33
(1) 成年後見監督人との比較　33
(2) 成年後見制度における後見人の不正という問題　34

4　信託監督人の責任 36
(1) 後見監督人の責任　36
(2) 信託監督人の善管注意義務　36

5　親族相盗例の適用の有無 38

6　民事信託の受託者の不正はいかなる犯罪を構成するか 39

7　成年後見制度の尊重 40
○コラム　受益者代理人は成年後見人に代替し得るのか　42

8　信託監督人と受益者代理人 42
(1) 法的性格論　42
(2) 職務範囲　43
(3) 成年後見制度との関係　44
(4) 受益者代理人への就任と弁護士法72条　46
(5) 信託管理人制度，そして，三者の比較　53
○コラム　受益者の複数と信託監督人・受益者代理人　54

第2　信託監督人の実務 55

1　信託監督人の職務と成年後見監督人等の職務 56

2　信託監督人を設置すべき場合 57
○コラム　民事信託の本人支援のための書類作成　58

3　親族後見人の問題点から見た親族受託者と信託監督人 59

4　信託監督人の職務内容について信託行為（信託条項）でどこまで定めるべきか 60

目　次　vii

第3　信託期中における信託監督人の実務 ·············· 62

1　信託監督人の義務と権限 ·············· 62

⑴　信託監督人の義務　62

⑵　信託監督人の権限　63

⑶　信託監督人の裁判事務　65

⑷　信託監督人における単独受益者権の制約　69

2　信託監督人による受託者に対する是正措置の行使 ·············· 70

⑴　差止請求権　70

⑵　取消権の行使　71

⑶　受託者への説得　74

⑷　受託者の行為が犯罪となる場合　74

⑸　信託監督人への受託者解任権の付与　75

⑹　信託監督人による受託者の解任の現実性　77

3　信託監督人による受託者実務の補充 ·············· 78

⑴　受託者の不在時の信託監督人の機能　78

⑵　急迫の事情がある場合における必要な処分　79

○コラム　受託者の不正が発覚した場合　80

⑶　受託者の欠けた場合のダメージコントロール　81

4　信託監督人による同意 ·············· 82

⑴　信託の同意権者としての信託監督人　82

○コラム　信託監督人に対する同意権の付与　84

⑵　信託監督人の同意事項とすべき事項　85

⑶　信託財産の処分と信託監督人の同意　86

⑷　信託監督人と指図代理人の実務の差異　88

○コラム　信託監督人の権限は拡張し得るのか否か　89

5　信託監督人の職務のために必要なこと ·············· 90

⑴　信託監督人の具体的な職務内容　90

⑵　信託法の改正作業における議論　90

⑶　信託監督人の職務内容としての監督と監視　91

⑷　指導者（支援者）としての信託監督人　92

⑸　監査人としての信託監督人　92

⑹　信託監督人の職務内容は一律ではない　93

⑺　親族の間の民事信託と信託監督人の職務　94

viii 目 次

6 信託監督人の職務遂行の方法 ·· 95
(1) 信託監督人の職務遂行の前提となること　95
(2) 信託監督人による監査の仕組み　96
(3) 信託条項の作成と信託監督人　97
　　○コラム　受託者による支出の確認　98
(4) 信託監督人による受託者の面談　99
　　○コラム　民事信託の仕組みの複雑化　100
(5) 受託者の支援者・教育者としての援助　100
(6) 福祉型信託において信託監督人と受託者の意見対立（あるいは受託者の不正など）が生じた場合　101
　　○コラム　委託者兼受益者の判断能力の減退　102
(7) 信託監督人の就任時に調査・確認すべき事項　103

7 信託監督人の報酬 ·· 104
(1) 信託監督人の費用及び報酬　104
(2) 信託監督人の報酬の財源　105
(3) 報酬の支払の構造　106
(4) 信託監督人の報酬額の適正　108
　　○コラム　民事信託と商事信託の違い　108

8 信託監督人自らの規律の維持 ·· 109
(1) 信託関係者の間の利益相反関係の確認　109
(2) 信託監督人に対するバックアップ　110
　　○コラム　任意後見人は受託者となれるのか　111

第3章　民事信託における信託監督人の設置に関する実務

第1　信託監督人の設置に関する民事信託の信託条項の記載例 ······· 114
(1) 信託監督人となるべき者の指定　114
(2) 信託監督人の選任に際して考慮すべき事情——成年後見監督人の場合との比較　114
(3) 第三者性——任意後見監督人の場合との比較　115
(4) 信託監督人の指定　116
　　【参考記載例3-1】信託監督人の指定　116

目　次　ix

　　　　　○コラム　民事信託実務と書式の少なさ　116
　　(5)　信託監督人に対する協力　117
　　　　【参考記載例3-2】受託者による信託監督人に対する協力　118
　　(6)　受託者の信託監督人への定期報告　120
　　　　【参考記載例3-3】受託者による信託事務処理の定期報告　120
　　(7)　信託監督人による報告の承認　122
　　　　【参考記載例3-4】信託監督人による受託者の報告の承認　122
　　(8)　受託者の信託監督人への決算報告　124
　　　　【参考記載例3-5】信託監督人への信託決算の報告　124
　　(9)　信託監督人の辞任　125
　　　　【参考記載例3-6】信託監督人の辞任　125
　　(10)　信託監督人の地位の喪失　126
　　　　【参考記載例3-7】信託監督人の地位の喪失　126
　　(11)　信託監督人の解任　127
　　　　○コラム　複数の受託者（共同受託者）と一般社団法人の
　　　　　　受託者　128
　　(12)　信託監督人の報酬　129
　　　　【参考記載例3-8】信託監督人の報酬　130
　　(13)　信託監督人と受益者の間の意見対立　131
　　　　【参考記載例3-9】信託監督人と受益者の権利の行使の競合　131
　　(14)　信託監督人の事務の処理の終了　132
　　　　【参考記載例3-10】信託監督人による事務の処理の終了　132

第2　信託監督人の設置に関する実務の書式 ································· 133
　　(1)　信託監督人の選任　133
　　　　【参考書式3-1】信託監督人の就任承諾書　134
　　(2)　信託監督人の就任に関する合意　135
　　　　【参考書式3-2】信託監督人に関する合意書　136
　　(3)　信託監督人の職務報告　141
　　　　【参考書式3-3】信託監督人の職務報告書　142
　　(4)　信託監督人の候補者による検討のための控え　145
　　　　【参考書式3-4】信託監督人候補者の調書控　146

第3　裁判所による信託監督人の選任 ···································· 154
　　(1)　裁判所による信託監督人の選任　154
　　　　○コラム　信託監督人の利益相反　155

x　　目　　次

(2) 裁判所による信託監督人の選任の限定　155

(3) 裁判所による信託監督人の選任の意味　156

(4) 信託監督人選任申立書　156

【参考書式3-5】信託監督人選任申立書　157

○コラム　信託監督人の登記　159

第4章　信託監督人による民事信託の設定の確認に関する実務

第1　信託監督人が就任した後に行うべき実務に関する民事信託の信託条項の記載例 ·········· 162

(1) 信託の設定及び開始の実務　162

(2) 信託監督人の就任直後の実務　162

(3) 物の確認，人の確認，意思の確認　162

(4) 信託監督人による確認に関する信託条項　163

【参考記載例4-1】信託監督人の就任による適法性の調査・確認　164

(5) 民事信託の適切性の確認　166

【参考記載例4-2】信託監督人による妥当性の調査・確認　166

○コラム　信託業法と民事信託　167

第2　信託設定の適切性の確認の実務の書式 ·········· 169

(1) 信託監督人から受託者への質問票の送付と面談　169

【参考書式4-1】自宅用不動産の民事信託の受託者への質問票・回答票　170

(2) 賃貸用物件の民事信託の場合の受託者に対する質問票　183

【参考書式4-2】賃貸用不動産の民事信託の受託者への質問票・回答票　185

○コラム　信託監督人という名称　193

(3) 遺産承継を伴う民事信託の場合の質問票　193

【参考書式4-3】遺産承継を伴う民事信託における質問票・回答票　194

(4) 信託監督人による信託の収支計画の確認　209

【参考書式4-4】信託財産の収支計画に対する信託監督人の確認書　210

(5) 信託の方針の決定　212

【参考書式4-5】受託者による民事信託の方針書　212

目　次　xi

(6)　信託不動産に関する質問票　214

　　【参考書式4-6】信託不動産に関する質問票　215

(7)　信託監督人としての就任調書　221

　　【参考書式4-7】信託監督人の就任調書　222

　　○コラム　民事信託のコンサルティングと弁護士法72条　235

第5章　賃貸物件の民事信託に関する受託者と信託監督人の実務

第1　基本的な考え方 ·· 240

　　○コラム　形式的な信託（名義信託）とされるリスク　240

(1)　判例群の存在について　241

(2)　民法改正について　242

第2　賃貸物件に固有の信託事務に対する信託監督人の実務 ········· 244

(1)　信託監督人設置の意義　244

(2)　賃貸物件の民事信託の特色　245

(3)　信託に伴う紛争予防と賃借人保護としての手続の必要性　246

(4)　本章の構成　246

第3　賃貸物件の民事信託の信託条項の記載例 ························· 249

1　事務手続としての民事信託条項 ···································· 249

　　○コラム　民事信託に自己信託は利用できるのか　250

(1)　受託者による賃借人への通知・説明　250

　　【参考記載例5-1】賃借人への通知・説明　251

(2)　賃貸管理用の信託口座の開設　252

　　【参考記載例5-2】信託口座の開設　252

(3)　賃料収受口座　253

　　【参考記載例5-3】賃料等収受口座　254

(4)　賃借人に対する求承諾　255

　　【参考記載例5-4】賃料支払先の変更　255

　　○コラム　複数印鑑制預金口座の活用　256

(5)　敷金返還債務の引受け　257

　　【参考記載例5-5】敷金返還債務の債務引受　257

xii　目　次

(6)　敷金返還準備金としての金銭の信託　259

　【参考記載例5−6】敷金返還債務のための準備金　259

(7)　受託者による新規の賃貸借契約　260

　【参考記載例5−7】新規の賃貸借契約　260

(8)　賃貸借契約の条件　262

　【参考記載例5−8】賃貸借契約の条件　263

(9)　賃貸借契約の変更　264

　【参考記載例5−9】賃貸借契約の変更　264

(10)　賃貸借契約の終了　266

　【参考記載例5−10】賃貸借契約の終了　266

(11)　賃借人の退去と敷金返還　267

　【参考記載例5−11】賃借人の退去　267

　　○コラム　受託者と帰属権利者の同一は利益相反か　269

(12)　指名による賃貸物件の管理の委託　269

　【参考記載例5−12】指名による賃貸物件の管理の委託　270

(13)　賃貸物件の管理の委託　271

(14)　第三者委託の条件　272

　【参考記載例5−13】第三者委託の条件　272

(15)　信託事務の第三者委託　274

　【参考記載例5−14】第三者委託先の特定　275

(16)　賃料の受領と収支報告　277

　【参考記載例5−15】賃料の受領及び報告　277

(17)　賃料延滞と訴訟の提起　279

　【参考記載例5−16】賃料延滞への対応　279

　　○コラム　親族間の民事信託と書面主義　280

(18)　訴訟委任の報酬額の決定　281

　【参考記載例5−17】訴訟（代理人）費用の決定　282

2　信託の終了及び清算の時における賃借人対応の実務 283

(1)　信託終了に伴う賃貸人たる地位の承継　283

　【参考記載例5−18】信託の終了と賃借人対応　283

(2)　信託終了に伴う敷金返還債務の承継　284

　【参考記載例5−19】信託終了時の敷金返還債務　284

第4　信託監督人の実務の書式 286

(1)　信託監督人による支援　286

目　次　xiii

【参考書式5-1】信託監督人から受託者に対する注意事項と心構え　286

(2)　信託監督人による監督　290

【参考書式5-2】信託監督人による信託の清算に関する
確認・調査票（執務調書）　291

○コラム　信託受益権の処分禁止の定めの射程範囲　296

第5　受託者の実務の書式 ･･ 297

1　受託者による賃借人対応の実務のための書式 ･･･････････････････････ 297

(1)　信託設定時における賃借人に対する説明　298

【参考書式5-3】賃借人に対する信託に関する説明書　298

(2)　信託不動産に賃借人が存在する場合の信託事務の処理　300

【参考書式5-4】賃借人への通知書　301

(3)　委託者と受託者の間における賃貸借の確認と債務引受の合意　303

【参考書式5-5】賃貸借に関する確認書　303

(4)　新規賃借人との賃貸借契約　305

【参考書式5-6】受託者による新規賃借人との賃貸借契約書　306

(5)　敷金返還のための準備金の取崩しの依頼　307

【参考書式5-7】敷金返還のための準備金の取崩しの依頼書　308

(6)　受託者による信託事務日誌の記録　310

【参考書式5-8】信託事務日誌──信託不動産の賃貸借管理　310

2　賃貸管理のための第三者委託の実務 ･･･････････････････････････････ 313

【参考書式5-9】職務代行者に対する業務委託契約書　314

【参考書式5-10】信託監督人による確認（調査）票　320

3　賃借人の賃貸借契約違反への対応 ･･････････････････････････････････ 323

(1)　賃借人に対する滞納賃料の催告　323

【参考書式5-11】賃借人への催告書　324

(2)　賃借人に対する信託不動産の明渡請求訴訟　325

(3)　賃借人に対する信託不動産の明渡しの強制執行　325

4　信託終了と賃借人対応 ･･･ 326

(1)　信託終了に伴う賃貸借管理の承継の実務（信託の清算）　326

【参考書式5-12】信託契約の終了の合意書　326

(2)　信託終了に伴う賃借人への説明　328

【参考書式5-13】信託終了に伴う賃借人への説明書　329

(3)　賃借人の承諾　331

xiv 目　次

　　　【参考書式5-14】賃借人の承諾書　331

　　　○コラム　遺留分と受託者　333

第6章　民事信託の計算に関する実務

第1　信託の計算に関する民事信託の信託条項の記載例 ………… 338

　⑴　信託の計算　338

　⑵　信託元本　339

　　　【参考記載例6-1】信託元本の範囲　339

　⑶　信託収益　340

　　　【参考記載例6-2】信託収益の範囲　340

　⑷　修繕のための積立金　341

　　　【参考記載例6-3】修繕積立金　341

　⑸　信託事務の処理のための積立金　342

　　　【参考記載例6-4】信託事務処理積立金の留保　343

　⑹　公租公課のための積立金　343

　　　【参考記載例6-5】公租公課のための積立金の留保　344

　⑺　保険料支払のための積立金　344

　　　【参考記載例6-6】保険料支払のための積立金の留保　345

　⑻　計算期日，計算期間，報告日　345

　　　【参考記載例6-7】計算期日等　346

　　　【参考記載例6-8】収支計算　347

　⑼　信託元本組入れ　347

　　　【参考記載例6-9】信託元本の組入れ　348

　⑽　信託配当　348

　　　【参考記載例6-10】信託配当　349

　　　○コラム　契約書作成と想像力　349

　⑾　受託者による記録の作成　350

　　　【参考記載例6-11】受託者による記録の作成　350

　⑿　受託者の帳簿作成義務　351

　⒀　受益者による記録の閲覧　353

　　　【参考記載例6-12】記録の閲覧　353

　⒁　受託者による信託財産状況報告　354

目　次　xv

　　　【参考記載例6-13】受託者による信託財産状況報告　354
　　⒂　信託財産報告書の内容　355
　　　【参考記載例6-14】信託財産報告書の内容　356
　　　○コラム　民事信託の税務　357

第2　信託の計算に関する実務の書式 ……………………………………………… 359
　　⑴　信託の計算事務の委託　359
　　　【参考書式6-1】計算事務委託契約書　360
　　⑵　納税・申告の事務　362
　　⑶　信託財産の貸借対照表等　363
　　　【参考書式6-2】信託財産の貸借対照表　363
　　⑷　信託財産の損益計算書　364
　　　【参考書式6-3】信託財産の損益計算書　364
　　⑸　信託利益処分計算書　365
　　　【参考書式6-4】信託利益処分計算書　366
　　⑹　賃料収入内訳　367
　　　【参考書式6-5】賃料収入内訳　367
　　⑺　銀行預金　368
　　　【参考書式6-6】銀行預金の内訳　369
　　⑻　税務署への申告　369
　　⑼　信託の計算書　370
　　　【参考書式6-7】信託の計算書　370
　　　○コラム　税務署提出書類　373

第7章　民事信託における受託者の変更に関する実務

第1　基本的な考え方 ……………………………………………………………… 376
1　民事信託における受託者の変更 ………………………………………………… 376
　　⑴　民事信託と受託者交替の可能性　376
　　⑵　民事信託における予備（代替）受託者の待機コスト　377
2　受託者を欠いた場合 ……………………………………………………………… 377
　　⑴　受託者を欠いた場合の問題　377
　　⑵　信託監督人の役割　378

3　バックアップ受託者 ･･ 378

　　　⑴　バックアップ受託者（受託者候補者）設置の実効性　378

　　　⑵　信託監督人への期待　379

　　　　　○コラム　バックアップとしての受益者代理人という考え方　380

　　　⑶　信託規律維持の重要性　381

　第2　受託者変更に関する民事信託の信託条項の記載例 ･･････････ 382

　　　⑴　信託事務処理の困難による受託者の辞任　382

　　　　【参考記載例7-1】受託者の責に帰すべからざる辞任　382

　　　⑵　受託者の辞任の効果　384

　　　　【参考記載例7-2】受託者の辞任の効果発生時点　384

　　　⑶　信託違反による受託者の解任　385

　　　　【参考記載例7-3】受託者の信託違反による解任　386

　　　⑷　信用不安による受託者の解任　387

　　　　【参考記載例7-4】受託者の信用不安による解任　387

　　　⑸　受託者の解任の費用　388

　　　　　○コラム　委託者の地位の相続性　388

　第3　受託者変更に関する実務の書式 ･･･ 390

　　1　受託者の変更・辞任 ･･ 390

　　　　【参考書式7-1】受託者の辞任届　391

　　2　裁判所に対する辞任許可の申立て ･･････････････････････････････････････ 393

　　　⑴　受託者の辞任許可の申立て　393

　　　　【参考書式7-2】受託者の辞任許可申立書　394

　　　　【参考書式7-3】受託者の辞任の上申書　396

　　　⑵　裁判所による新受託者の選任　397

　　　　【参考書式7-4】受託者の選任申立書　399

　　　⑶　信託財産管理命令　400

　　　⑷　信託財産管理者の選任　401

　　　⑸　信託事務の引継ぎ　401

　　　　【参考書式7-5】信託財産の書類引継の確認書　402

　　3　信託不動産の調査確認 ･･ 404

　　　⑴　信託不動産の調査確認書　404

　　　　【参考書式7-6】受託者変更のための信託不動産の確認書　404

　　　⑵　受託者変更に関する賃借人に対する通知書　405

目　次　xvii

　　　　【参考書式7-7】賃借人に対する所有権移転に関する説明書　406
　(3)　前受託者から新受託者への債務引受　408
　　　　【参考書式7-8】賃貸借に関する確認書　408
　(4)　信託の計算とその承認　410
　　　　【参考書式7-9】受託者変更による信託の計算の承認の依頼書　410
　(5)　委託契約の変更　411
　　　　【参考書式7-10】不動産管理委託契約の変更契約書　412
　(6)　信託変更の契約　412
　　　　【参考書式7-11】受託者変更に伴う信託変更契約書　413
　(7)　信託監督人による受託者変更手続の確認　414
　　　　【参考書式7-12】信託監督人による確認票（事務覚書）　414
　　　　○コラム　受益証券と受益権証書（受益権を証する書面）の
　　　　　　　　　違い　418

参考文献等　421
著者紹介　426

第1章

民事信託実務の現状と問題点

第1章 民事信託実務の現状と問題点

第1 民事信託をめぐる近時の動向

1 はじめに

(1) 本書の目的

本書は，民事信託の支援の実務に関わる可能性のある資格者，例えば，弁護士，司法書士，税理士，公認会計士，行政書士，社会福祉士，社会保険労務士，弁理士，土地家屋調査士，不動産鑑定士，宅地建物取引士その他の各種資格者たる専門職，あるいは，民事信託案件に関わる公的機関や金融機関の担当者という専門職を読者として想定している。

本書は，民事信託を支援するに当たって，どのような資格を有する者が支援者として適切であるかを論じるものではない。それぞれの資格が専門分野を異にするので，様々な異なる角度から，異なる形での支援が可能であると思われる（それぞれの資格者ごとの工夫と法令遵守に委ねられよう）。

本書は，主に法務的側面から，信託監督人の実務，そして，その前提となる受託者の実務を中心として，民事信託の支援の実務を検討するものである。もとより，民事信託の実務は法務だけで完了するものではない。そこで，読者は，民事信託における税務会計的な側面，他の制度との整合性の側面その他の実務問題等については，それぞれの視点からの解説書を参照されたい（具体的案件に関しては各分野の専門職に対する具体的な相談が必要である）。

本書は，一般向けの啓発書ではなく，実務家が実務を行うための実務書である。したがって，読者が信託に関する一定の基礎知識を有することを前提としている。限られた紙幅の中，なるべく実践的な実務の解説にあてるため，極力，信託の一般的解説は割愛している。

なお，本書は，法務省の見解である債権説に従い（本章第1・3(3)参照），受託者が信託財産の完全所有権者となることを前提として解説する。

(2) 本書の構成

　本書は，信託監督人の設置が想定される類型の民事信託の受託者実務の書式を提案し，それを踏まえて，民事信託における信託監督人の実務の書式を提案する。各論においては受託者実務と信託監督人実務の双方を解説している。信託監督人実務を知るためには，まず何よりも，受託者実務の具体的内容を知る必要があるからだ。

　信託監督人を設置すべき類型の民事信託とは，後述するとおり，その典型例が賃貸物件の信託である。本書は，かような信託監督人設置型の民事信託における①受託者実務に関する民事信託条項の記載例，②受託者実務の書式を提示した上，③信託監督人の実務の立場から，民事信託の支援の実務を提案し，④信託監督人の実務に役立つように書式化している。

図1-1　受託者の実務と信託監督人の実務

　本書は，これまでの民事信託の実務の9割を占めるといわれ，信託登記制度という分別管理のためのインフラが完備された不動産信託を中心として論じている。

図1-2　賃貸物件の民事信託

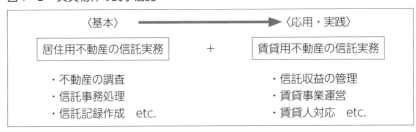

なお，本書は単行本という性格上，重要と思われる事項をピックアップすることで，全ての書式を網羅しているわけではない。個別信託に応じて，本書の書式が不要な場合もあり，あるいは，これだけでは足りない場合もあろう。本書に掲げる書式は，あくまでひとつの提案として，それぞれの資格者における実務の参考にされたい。

(3)　本書で用いる言葉の使い方

ア　信託監督人への就任が想定される者に関する表記

本書では，信託監督人に就任することを想定する者を指す言葉として，文脈に応じて，専門職，資格者，あるいは，資格者たる専門職，そして，専門家という言葉を用いている。これらの言葉は，ほとんど同じ意味を示すために用いられている。しかしながら，文脈に応じて微妙な差異を生じる場合があるので，事前に説明しておきたい。

イ　専門職と専門家

原則的に専門職と専門家は同じ意味で用いられる。一般に，専門職とは，高度の専門知識を必要とする「職業」を指し，専門家は，専門的な知識と能力を有する「人」を指す。

専門職は専門職大学院や専門職後見人などの用法例で知られる。専門家は，税理士法や公認会計士法で，「税務に関する専門家」や「監査及び会計の専門家」などとして規定されているが，運動家や革命家の例のように，必ずしも職業のみを指すものではない。

例えば，寺本『逐条解説』では専門家という言葉を用い（318頁）、遠藤『新しい家族信託』では専門職という言葉を多用する（202頁）。双方共に，弁護士，税理士，公認会計士，司法書士などを指して使用されていると推察される。本書では，主に，専門職という言葉を用い，旧来の用法である専門家責任等を示唆する場合は専門家という言葉を用いる場合がある。

ウ　資格者

資格者は，有資格者などとも言い，一般に，ある一定のことを行うための条件や能力を有している者を指す。本書では，業とするため国家資格を有す

る分野に従事する，いわゆる士業のことを示し，資格を付与された者を意味する。しかし，専門職と同義で用いる場合がある。厳密にいえば，国家資格がなくとも，専門職は専門職である。例えば，公務員の専門職や金融機関における専門職などと呼称される。

本書で，あえて，単独で，資格者と用いる場合，当該資格を規定した業法上の制限や注意義務などを示唆している場合がある。例えば，弁護士以外の資格者に対する弁護士法の規制などに言及するような場合である。資格者それぞれの職務範囲が存在しており，それぞれの資格者の職域を意識することが極めて重要となる場合があるからだ。

エ　資格者たる専門職

なお，本書では，資格者たる専門職として複合的に用いる場合も少なくない。善管注意義務を負担した専門職という意味の他，本書は，規律維持の方法として，資格者で構成される準公的団体による監督や懲戒に重きをおいているからである。また，資格者であっても，試験のみに合格し，まだ実務経験がない場合，必ずしも専門職とはいえない。ある程度の経験を積み，実務家として信頼に足り得る場合を指して，資格者たる専門職と称する場合もある。

オ　未成年後見，成年後見，任意後見，後見その他

広義の後見制度には，未成年後見制度及び成年後見制度，そして，任意後見契約制度などが存在し，それぞれの後見人の名称も異なる。また，任意後見人と区別するため法定後見人と称する場合もある。

本書は，後見制度に関する解説書ではなく，それぞれの制度の差異を論じるものではない。そこで，無用な混乱を避けるため，特に特定せずに，後見制度あるいは後見人として表記する場合がある。また，後見監督人についても同様である。

なお，他の後見制度と区別するため，例えば任意後見制度や任意後見人などの特定が必要な場合には，文脈に応じて，その旨を表記したい。例えば，任意後見監督人との対比で用いる場合，法定後見監督人と表記している場合もある。

一般に，民事信託制度に言及される場合，その対比として，成年後見制度という言葉が用いられる場合が多い。現に，民事信託は成年後見制度の補充である，ともいわれる。そこで，本書でも，そのような一般的用法に従い成年後見という言葉を用いる場合がある。この点，殊更，成年後見制度という場合，未成年後見制度や任意後見制度の視点が抜け落ちてしまう。本来，本人（受益者）の判断能力を欠く場合を論じる場合には，成年後見だけではなく，未成年後見の場合もあり得るからだ。したがって，本書では，本人の判断能力を減退した場合に補充する制度一般を表現する言葉としても，後見制度として記す場合がある。

カ　信託法上の用語について

本書では，なるべく特殊な用法を避け，例えば，単独受益者権のような信託法上の独特の用語については，できるだけ定義を付すようにしたが，紙幅の関係で，定義を省いている場合もある。もしも概念が不明であるような場合，信託法の教科書や逐条解説，条文等に立ち戻り，その都度，確認されたい。

2 ｜ 民事信託組成の過誤と損害賠償請求訴訟

昨今，民事信託の組成を支援した資格者たる専門職が，民事信託の契約書作成に起因して，損害賠償請求訴訟を提起される事例が生じているという[1]。本書は，民事信託あるいは民事信託の支援とは何かを考えるに当たり，最初に，これら訴訟問題に注目してみたい。

民事信託の支援を行った専門職が，損害賠償請求訴訟を提起されるという場合，その原因は何であろうか。当該専門職の助言（支援）に過誤がある場合，あるいは，契約書作成に過誤がある場合がある。それらの要因は民事信託の組成の失敗を帰結する。当該支援の過誤は，信託法の解釈を誤り，信託違反を生じるような助言である場合，あるいは，信託契約書の必要事項を看

---

1 ）鈴木真行「民事信託と商事信託の使い分け」税務弘報64巻 8 号29頁

過してしまった場合などがあろう。

　民事信託の組成の過誤から，信託の継続，あるいは，信託の維持に支障が生じ，また，信託の組成や維持のために想定外のコストが生じ，信託関係者に不測の損害を生じたような場合がある。信託関係者における他の制度利用との抵触（例えば，遺言の内容との抵触），課税予測の失敗などの事由もあり得よう。従来から利用者を支援していた別の専門職との間で紛争が生じる場合もあり得る。

　民事信託の組成を支援した当該専門職における信託法解釈に関する過誤，信託に伴う法律関係の変更に対する看過などは，専門職としての法令実務精通義務違反（善管注意義務違反）を問われ得る問題である。また，民事信託の支援者と民事信託の利用者（依頼者）の間の理解の相違（誤解）が存する場合，当該専門職に対する利用者の期待が過剰であった場合，当該専門職の高額な報酬を不服とする場合なども紛争に至る場合があろう[2]。当該専門職に対する過度の期待と報酬額の問題は相関性が高い。

　なお，遺言代用信託等において，受益者とされなかった法定相続人と当該信託の受益者（あるいは受託者）となった法定相続人の間で紛争が生じ，当該信託を組成した専門職の不法行為責任が問われる場合もあるようだ。同様の紛争は，複数受益者の場合で，受益者の一部が不満を有するときにもあり得る。そのような事例は当該専門職に業務過誤がある場合もあろうが，むしろ，法的紛議性の見込みという問題であろう。弁護士法72条の構成要件該当性という問題に関連する。もっとも，民事信託の組成を支援する当該専門職において信託法解釈の過誤（判例予測の明白な失敗），確認義務違反や説明義務の懈怠等が介在していたような場合，民事信託の組成の失敗の一環と解釈される場合もあり得る。

　ちなみに，高齢者を委託者として，その推定相続人の内の一人が受託者候補者となり，同人が主導して組成された民事信託のような場合，当該民事信託を組成した支援者たる専門職が親族間の争いに巻き込まれるリスクが高い。

2）猪狩佳亮「財産管理契約締結における実務の流れと留意点」市民と法96号36頁

図1-3　専門職に対する訴訟

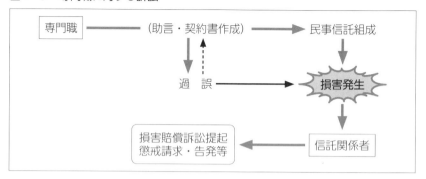

　信託法とは，極めて技術的な法律である。他の法律制度との調整の必要性も存在し，また，信託の複雑性から，無意識のうちに，各種資格者における職務範囲を逸脱してしまうリスクもある。非専門家を信託組成者や受託者とした民事信託では，事実上，民事信託を支援する専門職が主導して組成されたと判断されるリスクがある。資格者に対する懲戒案件の理由を見ると，信託という法技術は，専門職による教示が不可欠である（専門職の存在なくして信託組成はあり得ない）という認識が看取できる[3]。そこに専門職の責任の重さがある。

　民事信託の急速な普及は，信託法の技術的複雑性という側面を故意に無視（あるいは軽視）することによって現実化したところもあるかもしれない。民事信託は簡単であり，誰でもできる，という初期のスローガンがそれを象徴する。民事信託の敷居の高さを下げるために，当初，政策的に強調されたような事情があったのかもしれない。

　民事信託の組成が紛争の火種となってしまっては本末転倒である。本来，信託は法的安定性のための技術であるからだ。それぞれの分野の専門職の密接な協働によって，旧信託法時代からの実務の議論の継続性を重視することで，論理一貫した，法定安定性を重視した紛争予防のための民事信託の実務を標準化する必要がある所以である。

3）渋谷『受託者支援の実務と書式』275頁以下，「広島法務局長懲戒処分書」月報司法書士518号114頁

第 1　民事信託をめぐる近時の動向　　9

コラム

脱法信託あるいは信託の濫用

　実務上，遺産承継型の民事信託の組成に関連する個別紛争が生じるリスクが存在することについては周知のとおりである。その際，不利益を被った法定相続人から，公序良俗違反の脱法信託や信託の濫用として信託の無効の主張，あるいは，当該民事信託を組成した専門職における不法行為責任の主張などが論じられる場合がある。

　この点，従来，遺留分の問題は，委託者が死亡した場合の第一次受益者から第二次受益者への受益者変更の場面で論じられることが一般であった。しかし，近時，弁護士職の立場から，第二次受益者（子）から第三次受益者（孫）への受益者変更においても，遺留分の問題が生じ，信託の濫用という問題が生じ得るのではないか，という指摘がある。特定の子孫から遺留分全てを剥奪することが可能となり，遺留分制度の潜脱が許される結果となるからであるとされる[4]。

　確かに，委託者の子の世代であっても，あるいは，その孫の世代であっても，民事信託の設定によって利益を侵害あるいは制約されたと感じた者は，弁護士に相談し，何らかの法的手段をとる可能性は十分にある。その際に，公序良俗違反の信託の濫用や脱法信託であると主張されないよう，相続関係者に配慮した民事信託でありたい。

　なお，例えば，信託目的として，最年長の男子のみが家産を承継するなどの条項は，公序良俗に反しないのか，公序良俗違反の民事信託契約は無効とされる，という指摘もある[5]。

　近時，遺留分を回避するための民事信託は，脱法信託であるという厳しい指摘もあり[6]，民事信託の限界が問われている。

---

4 ）西村志乃「民事信託と裁判上のリスク」信託フォーラム 6 号33頁
5 ）伊東大祐「信託契約締結上の留意点（民事信託・家族信託分野において）」信託フォーラム 6 号27頁
6 ）新井誠＝遠藤英嗣「対談　家族信託再考—その普及と課題」信託フォーラム 6 号 8 頁（新井誠発言）

10 第1章 民事信託実務の現状と問題点

3 | 民事信託とは

(1) 民事信託とは

それでは，民事信託とは何であろうか。民事信託も信託であり，その構造と効果は同じである。本書では，そのような「信託そもそも論」の説明は省略するが，問題は，信託という言葉に付加された「民事」の意味である。

民事信託とは，受託者の属性（態様）を基準として考えた概念である。受託者の営業目的ではない信託であり，受託者の業として行わない信託のことである。換言すれば，信託業法の適用のない信託のことである。その意味では営業信託の反対概念である。信託業ではないので，金融庁の監督の対象とはならない。

民事信託は，原則として，非専門家が，受託者として，通常，生涯に1度だけ行う信託である[7]。委託者の家族や親族の誰かが受託者となり，信託を運営する場合が典型である。受託者の営業として行うものではないので，リーズナブルな信託である。成年後見人の場合と異なり，弁護士，司法書士，税理士，社会福祉士その他の資格者が当該資格の業としての受託者となることはできない[8]。

なお，民事信託は，家族信託や個人信託と同じものであると言われる場合があるが，誤りである。家族信託や個人信託は，民事信託である場合もあり，商事信託である場合もある。これらは似て非なる概念である[9]。

民事信託も信託であり，その財産管理手続の基本構造や必要となる法務は，同じく個別信託としての営業信託（商事信託）とさほど異ならない。例えば，個人による登記や訴訟と銀行による登記や訴訟の手続構造（枠組）が同じであるのと同様である。

7）野口雄介「個人を受託者とする信託の課題と対応策に関する考察」信託法研究36号57頁。なお，信託業法の営業の分析については，山中眞人「信託業における『営業』の意義―民事信託（非営業信託）の法的な射程範囲」信託フォーラム6号86頁。
8）資格者たる専門職による受託者就任の可能性については，遠藤『新しい家族信託』202～208頁
9）渋谷『受託者支援の実務と書式』21～24頁

図1-4　民事信託と類似概念の差異

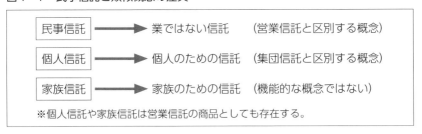

　巷間，民事信託の独自性が強調され，商事信託とは全く別物のようにいわれる場合がある。しかし，同じ信託であり，受託者という主体の属性が異なるだけである。あまりに独自性が強調された民事信託は，時として，信託になっていない場合がある。信託の運営主体たるべき受託者が単なる箱となってしまい，信託の組成直後から信託違反を惹起している事例などが典型例であろう。信託と法人を重量的に用いる一般社団法人を受託者としたような複雑で技術的な仕組みでは特に気を付けたい。

　民事信託と商事信託の差異は，民法と商法の差異に例えられることがある。しかし，その法的側面については，民事信託であるから特別に手続が簡便であるというわけではない。信託設定に伴う法務の必要性に質的差異はない。信託法は，民事信託も商事信託も区別していないからだ。受託者義務の軽減等の量的緩和はあり得るが（任意規定の場合），手続的に法務が不要となるわけではない。

　なお，厳密に言えば，講学上，営業信託と商事信託という言葉は別物であり，実務上，民事信託が商事信託に利用されることもある。営業信託の定義はシンプルであるが（受託者の営業としての信託），商事信託の定義がややこしい[10]。民事信託は，あくまで営業信託と対概念であるが，本書では，民

---

10) 神田秀樹「商事信託の法理について」信託法研究22号50頁によれば，商事信託の定義について，「信託において受託者が果たす役割が財産の管理・保全または処分をこえる場合，あるいはそれと異なる場合である」とする。そして，「受託者が果たす役割が財産の管理・保全または処分である場合を本報告では『民事信託』と呼ぶこととする。なお，このように概念を定義すると，信託が業として行われる場合である『営業信託』（中略）には，商事信託と民事信託との双方が含まれることとなる」としている。

事信託の実務を知りたい読者の不要な混乱を避けるため，ざっくりと，前述のように，営業信託と商事信託を同じもの（営業信託＝商事信託）として扱うことに注意されたい。

(2) 民事信託普及の背景

民事信託の普及の決定的要因として，我が国における超高齢社会の本格的到来に伴うニーズがある。高齢者の能力や信用力の補充，財産等の次世代承継の円滑化その他の理由で，今後，更に民事信託に対するニーズが高まるであろう，ともいわれる。

とりわけ，高齢者支援や次世代承継のための既存の制度の限界が指摘されることが少なくない。例えば，成年後見制度を利用すると，後見人（家庭裁判所）によって財産が膠着（固定）され，被後見人の家族のための利用ができなくなってしまうというようなことがいわれてきた。

また，親族後見人の不正の頻発への対応から，第三者である専門職後見人が選任され，成年後見制度支援信託が設置されるなどして，そのような傾向が強まっている，といわれる（もっとも，後見人の場合と同様に，民事信託の受託者の場合には不正が生じないのか，という問題があることに注意したい）。

民事信託が有用であるといわれる利用方法とされているもの一端は，次のとおりである。

①財産の保有者が高齢者の場合，認知症等で判断能力が減退し，当該財産の運用や処分が不可能となってしまうことがある。そのような事態を防止するため，事前に民事信託を設定し，受託者に財産管理を委ねることで，当該財産の運用や処分を継続して可能ならしめることができる，といわれる。成

図1-5 後見制度の方向性

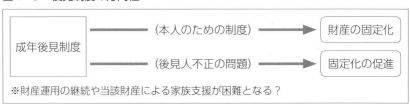

図1-6　民事信託のニーズの増大

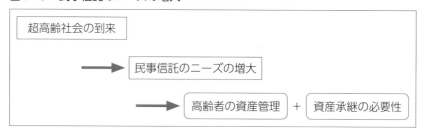

年後見制度を利用する場合と異なり，受託者を自由に選択することができ，公的機関（その意を受けた後見人）から財産の処分・利用を制約されることがない（柔軟性がある），という点もメリットとして指摘されることがある。成年後見制度の補充であるといわれる場合がある。

　②遺言制度を利用する場合，財産承継の指定は一代限りである。しかし，民事信託を利用すれば，数代にわたって財産承継の指定をすることができる。例えば，自分の子どもの配偶者の親族に自分の財産が流出することを阻止することができるといわれる（いわゆる家産の承継）。遺言の利用の発展形であるといわれる場合がある。

　③信託を利用することで，相続手続（遺産分割協議等）を回避し得るともいわれる場合がある。いわゆる「争族」を生じ得るとされる遺産分割協議の回避という観点からは遺言と同じ機能である（もっとも，遺言の場合，遺産分割協議等に移行し得る場合もある）。

　④高齢者の場合，自分の将来，その判断能力や信用力に不安が生じる場合がある。そこで，次の世代（子ども等）と一緒に，継続的で持続的な仕組みを作りたい，という思いが生じる場合がある。高齢者によるアパート建築，経営，投資，あるいは，高齢者に対する融資（二世代融資）の場合などが典型である。民事信託を利用して世代間の運営力や信用力を統合し，継続することができる，といわれる場合がある。

　⑤後継者を受託者とすることで，委託者が創業した当該事業の承継を，委託者の後見の下，委託者の生前に実行するという利用方法がいわれることもある。このような場合，委託者の側に信託を撤回する権利を留保し，あるい

は，財産権たる受益権に制約を設け，様々な形の条件付贈与を実現できる，などの利点もいわれる場合がある。なお，信託の場合，他の譲渡方法と異なり，信託を終了することで，譲渡を撤回し得ることも利点として指摘されてきた。

⑥信託には，財産を原所有者（又は多数所有者）から分離し，受託者に統合する機能があることから，町並み保存，大規模開発，空き家対策その他に活用できるといわれる場合がある。これらは旧信託法時代から存在していた民事信託の類型である。

なお，民事信託を利用する場合，制度趣旨の異なる他の法制度の存在を尊重する必要があり，それらの潜脱や脱法などが生じないように配慮する必要がある。例えば，後見制度は，本人の包括的な保護であるが，一方，信託制度は特定の財産に限るものであり，民事信託でもって後見制度の一切を代替することはできない。受託者の規律の維持（非行や懈怠の抑止）も重要な問題である。

信託外の他の制度との整合性

民事信託を実行する場合，当該依頼者が実行済である遺言書の内容との整合性，あるいは，成年後見制度利用との整合性など，信託以外の制度との関係を調整し，適法性を確保する必要があり，それを怠ると助言を行う資格者専門職の助言過誤（善管注意義務違反）となるリスクがある。

なお，遺言代用信託が設定された後に，それと相反する内容の遺言がなされた場合，それと抵触する範囲で，遺言代用信託が変更されるのか，という問題がある[11]。あるいは，信託設定自体が否定されてしまう可能性があるのだろうか。

信託当事者の誰かに対して成年後見等の民法上の制度が適用されるような場合，それらの制度との関係で，民事信託の適法性や適切性を検討する必要があ

---

11) 『信託法セミナー3』65頁（能見善久発言）

るし，そのような検討を怠ることで，問題が生じることがある[12]。

そして，既に遺言が存在するような場合，遺言者であり委託者である者が，遺言の内容を意識せずして，それと異なる遺言代用信託を設定することで，後日，紛争が生じるリスクもある。

(3) 民事信託の法律関係

信託の基本的な形態を考えてみよう。財産の原所有者である委託者から，財産管理を行う受託者に対して，信託設定に伴い，所有権が移転される。その後，受託者は，完全所有権者として，信託財産を管理する。受託者が完全所有権者であるがゆえに，受託者の権限は強大であり，受託者に対する監督・監視が重要になる。

受託者が完全所有権者となるゆえ，受託者が意思判断を代替できるわけであり，受託者の信用力が加味されるなど，信託たる利便性が生じる。他方，受託者は所有者としての責任を負う。受託者は，原則として，信託に生じた債務に無限責任を負う。受託者の信用力を利用する制度たる所以である。

受益者は，受託者に対して，信託目的に従い信託財産の管理あるいは処分を行うことに関する債権的な請求権を取得する。このように，日本の信託法は，日本の法制度の中において，明治以来の大陸法の伝統との調和を図る構成がとられている。このような債権説を前提として信託法が改正されたことは，信託法改正当時，法務大臣や法務省民事局参事官室の立法担当者によって明言されている[13]。要するに法務省の見解である。なお，立法担当事務局であった当時の民事局長は，寺田逸郎現最高裁判所長官であり，法制審議会信託法部会委員でもあった。

昨今，非専門家に対して信託の理解を得るためであろうか，各論者独自の様々な信託（又は信託法）の説明方法が用いられる場合がある。一般には信託に伴う所有権の移転に抵抗感があるので，所有権移転ではないことを強調

---

12) 渋谷『受託者支援の実務と書式』278頁
13) 寺本『逐条解説』25頁，第165回国会衆議院法務委員会議録第5号18頁（長勢甚遠法務大臣答弁）

図1-7 債権説

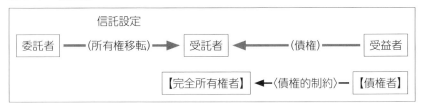

するような説明方法が知られる。あるいは所有権が消滅するという説明方法を聞くことがある。しかしながら，実際は，受託者はリーガルオーナー（完全所有権者）として相応の責任を負担する。登記情報に所有者とあるごとくである。この点，信託法に関する独自の説明方法が，信託法の伝統的解釈と乖離する場合，利用者に不必要な誤解を生じるリスクがある。

(4) 民事信託の典型例

多くの民事信託は，不動産を信託財産とした信託である。不動産が日本人の資産や相続財産の中核であるからだ。とりわけ，賃貸物件の民事信託が少なくないといわれる。信託の運営はコストがかかるが，賃貸物件の場合，賃料収入でもって信託コストを賄うことができる。

不動産の場合，信託登記制度によって分別管理が可能である一方で，単純な金銭の場合と異なり，管理すること自体が大変であるし，賃貸物件の運営は事業性がある。

近年組成される民事信託の少なからずが，委託者の生前に受託者との間で信託契約を結び，信託を開始させる契約による信託（信託法3条1号）である。委託者本人の保護のための民事信託であれば生前信託であることは当然であるし，資産の承継も，その枠組みを生前に実現しておきたいという思いがあるようだ。遺言による信託（信託法3条3号）は，死亡後に信託の効果が生じるため，委託者にとって不確実性が残る（受託者が受託拒否する場合もあり得るし，法定相続人の横槍があり得る）。

民事信託の多くは，当初，委託者と受益者が同一人として組成される自益信託である。自益信託のまま終了する民事信託もあり，途中で，受益者が変

図1-8 民事信託設定時の典型パターン

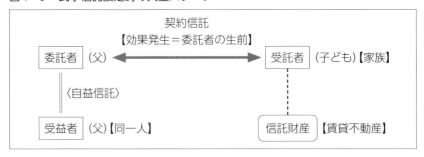

更する民事信託もある。実は商事信託による個別信託も自益信託の場合が多い。

なお，民事信託の受託者となる者は，委託者の長男等を典型例とする親族であることが少なくない。財産の名義変更（所有権移転）を伴うので，親族外への信託に抵抗感もあろう。特別に設立した一般社団法人を受託者にする事例が増加しているが，検討すべき点も残る[14]。

> ### コラム
> #### 信託事務マニュアルとしての信託契約書
> 　信託の契約書は，委託者と受託者との間で作成され，締結される。委託者と当初の受益者が同一である自益信託の場合は，信託の設計に受益者が（委託者として）関与する。しかし，自益信託といえども，相続や指定などにより，受益者が変更した場合，新たな受益者は，信託の設計，つまり，信託契約書の作成には関与していない。委託者と受益者が当初より異なる他益信託の場合は，当初の受益者も，原則的に，信託の設計に関与していない。
> 　信託は受益者のために存在するといえども，受益者自身は，信託契約の作成に参加していない場合があり得る。また，受益者の利益を保護するために選任される信託監督人や受益者代理人も，信託契約の作成に関与しない場合もあるはずだ。また，長期の信託の実務を遂行する上で，重要な役割を果たす第三者委託先も，信託当事者ではないことから，信託契約の作成には参加しない。つ

---

14) 渋谷『受託者支援の実務と書式』34〜36頁，69頁

18　第1章　民事信託実務の現状と問題点

まり，信託の設計には関与していない。

　そもそも，受託者にとっては，信託の開始後，信託契約書こそが，信託事務遂行のためのマニュアルとして，不可欠のものとなる。したがって，信託の契約書は，受託者にとって，詳細であり，かつ，明確であればあるほうが，事務マニュアルとして優れている。逆に，曖昧で，解釈が重層的になり得るような文言の信託契約書は，マニュアルとして使用しづらい。受託者の責任の範囲や枠組みを画する機能もあることから，その後の紛争を予防するためにも，明確で具体的である必要がある。

　ところで，信託の契約書の作成に参加しなかった受益者，そして，その代理人たる受益者代理人若しくは信託の機関である信託監督人にとっては，受託者のやるべき義務，その程度，そして，時期などに関して，頼りになるのは信託の契約書だけである。つまり，受託者が，事務指針，あるいは，事務マニュアルどおりに事務を遂行しているかどうか，その判断の基準となる。

　また，信託契約書の定めを通じて，受益者らは，初めて，受託者の信託事務遂行を監督し得ることになる。それ以外に，受託者の行為の是非を判断することは容易ではない。何が受益者の利益となる行為であるか，という実質的な判断が必要となるからだ。

第2 民事信託の実務の現状と課題

1 民事信託の実務の標準化

　民事信託の実務は，今，既に試行錯誤の段階を脱して，実用化の段階に入りつつある。それに伴い民事信託実務が標準化されつつある。

　当初，民事信託実務の試行錯誤の段階では，個別の資格者それぞれの民事信託実務が存在していた。しかし，民事信託は財産管理の手続である。その手続自体は，財産管理のために不可欠な手続が存在する。しかるに，今，おのずと標準化され，あるべき実務に収斂しつつある。今後，標準的な実務が，民事信託支援を行う実務家の間に共有されていくであろう。

　本文中，縷々説明するように，民事信託実務が標準化されない限り，予備的信託関係者（例えば代替受託者）の設置も容易ではなく，金融機関のコミットも難しい。個別の信託の仕組みをゼロから審査していくわけにはいかないからだ[15]。

図1-9　民事信託実務の標準化

民事信託契約の標準化の必要性
- 実務の共有化による品質の向上
- 過誤・懈怠・看過等のリスクの最小化
- 代替・予備信託関係人の確保
- 外部機関からの理解（金融機関のアクセス）
- 弁護士法72条リスクの最小化
- 組成コストの最小化　　etc.

15）鈴木真行「商事信託と民事信託の使い分け」税務弘報64巻8号26頁

財産管理の実務はアートではない。民事信託の契約書は，具体的で継続的な民事信託の現実の実務の集積の上に成り立っている。個々のリスクが検証され標準化された民事信託の契約書があり，それを事例に応じて修正することで個別の民事信託契約書ができる。他の継続的契約類型の場合と何ら異なることはない。また，各資格者の業務の適法性のためにも，標準化が必要となる。

信託条項数の少ない信託契約書

　信託条項数の少ない民事信託の契約書は，具体的な手続に関する定めを規定せずして，①受託者の裁量に委ねる，あるいは，②受益者の指図に委ねることで成立している場合が少なくない。

　この点，受託者の裁量を広く認めることは，専門家である受託者である場合，つまり営業信託でこそ可能な措置である。しかし，信託条項数の少ない信託契約書では，おのずと，受託者の裁量の幅が広くなり，信託の期中，受託者の判断に依拠せざるを得ない。それゆえ，現状，非専門家の受託者である民事信託においてこそ，むしろ受託者の裁量の幅が広いという転倒を生じている。

　一方，受益者の指図型は，受益者に判断の責任を委ねるものであるから，受益者に専門的な知見や経験，意欲がある場合に機能するものである。商事信託における指図型は，指図者（あるいは指図代理人）こそが当該信託財産の専門家である，という前提がある。

　これに代えて，専門職の業としての信託監督人や受益者代理人の関与を増やし，その判断に依拠することで，信託契約を簡素化することもあり得るが，この場合，信託監督人や受益者代理人が実質的な受託者の立場であるとして，信託業法違反と評価されるリスクも生じる。

　いずれにしても，信託契約書が，通常の文字の大きさで 4 頁か 5 頁程度の簡素なものであるということは，信託関係者の誰かの裁量に依拠するわけであり，信託内での牽制というバランスが崩れ，不適切な信託や不正を招来するリスクが高まる。

　特に，信託の内容（受託者の義務内容など）が具体化されていないと，委託者

や受益者（あるいは信託監督人等）は，受託者に対する監視，監督を行うことができず，また，差止請求権や取消権などの是正措置をとることができないことがあり得る。非専門家で構成される民事信託において，信託の内容が具体化されていないと，何が信託に違反しているかの判断は難しい場合があるからだ。

2 金融機関の支援

不動産の民事信託では，信託登記を具備することで分別管理が実行できる。これに加えて，賃貸物件から生じる金銭その他不動産修繕や敷金返還のための積立金なども，受託者の個人財産から分別管理する必要がある。このためには，実務上，信託口座（受託者口座又は「信託口」口座）の開設のため金融機関の協力が不可欠である。

ところで，民事信託案件も資金需要が生じることは，他の不動産案件の場合と全く同様である。民事信託を組成したゆえに資金調達の道が閉ざされてしまうのであれば，民事信託の利用も頭打ちとなってしまう。民事信託案件に対する融資（信託借入又は信託内借入）が可能となることで，民事信託の利用度が高まる。

また，賃貸物件に融資を行っている金融機関が，債権者として民事信託の組成を承諾しない限り，当該賃貸物件の民事信託の組成は難しい。その意味では，民事信託の更なる普及のためには，金融機関による民事信託の理解と支援が不可欠である。

この点，金融機関による民事信託案件への関心が高まり，複数の金融機

図1-10 金融機関と民事信託

22　第1章　民事信託実務の現状と問題点

において民事信託のサポートサービスの開始が聞かれる。金融機関の民事信託関与によって，民事信託実務に対して，金融庁の監督の目が間接的に届くことになるといえる。民事信託サポート業務は，金融機関の業務としての法令遵守の問題となり，対象となる民事信託案件それ自体の法令遵守も重視されるからだ。

　今後，金融機関のコンプライアンスの観点から，信託法の法令遵守（信託の実質の維持）として，信託口座を開設するための民事信託の基準（要件），与信可能となる民事信託の基準（要件）が策定されることが期待される。

　ちなみに，一般社団法人による受託者特別法人を利用した民事信託の場合，金融機関から受託者に融資を受けることが難しいとの指摘がある[16]。この点，受託者特別法人は，信託のために新設すべきとされるが[17]，金融機関は，一般に，新規設立の法人に対する融資に慎重となる場合がある。民事信託の仕組みは，組成する側の都合のみではなく，金融機関をはじめとする外部機関からの容認がないと，実務上，機能しなくなるリスクがある。

コラム

信託口座（受託者口座又は「信託口」口座）

　信託の信託たる所以は倒産隔離という機能にあるのは当然すぎる話である。信託が，信託関係者の信用力や信託関係者に生じた事由（イベント）に影響されていては，持続的で安定的な信託が実現できないからだ。信託財産は，信託関係者から倒産隔離されることを前提として存在している（信託とは誰の物でもない財産を創出すると言われる所以である）。

　倒産隔離とは，元来，信託財産が，信託関係者の破産手続開始決定や差押えなどの信用力低下に起因する事由に影響されず，管財人や裁判所などの第三者によってコントロールされない，という意味である。広義では，信託関係者に生じた事由＝イベント（信用力低下をはじめ，死亡や後見開始，不祥事その他）に

16）成田一正監修，高橋倫彦＝石脇俊司『『危ない』民事信託の見分け方』（日本法令，2016）108頁。なお，受託者特別法人のリスクについては，渋谷『受託者支援の実務と書式』34〜36頁，39頁

17）新井誠＝大垣尚司編著『民事信託の理論と実務』（日本加除出版，2016）176〜177頁

よって，信託財産が影響（特に固有財産と混在し，管財人，後見人，差押債権者等のコントロール下となることや金融機関で凍結されること）を受けないことである。信託関係者からの倒産隔離が実現されて，初めて，信託であるといい得る。そして，信託関係者の中でも，受託者からの倒産隔離は，信託を信託たらしめる所以でもある。

　ところで，信託の倒産隔離は，実務上，分別管理によって実現される（実務上，信託の倒産隔離は分別管理の結果である）。民事信託における信託の倒産隔離は，信託法が定める倒産隔離それ自体の法的効果だけでは達成できない。けだし，受託者が管理する信託財産が，受託者の債権者によって差押えを受けたり，受託者の死亡によって受託者の固有財産（個人財産）と共に凍結されてしまっては，実際上，信託財産が影響を受けることになってしまい，信託の安定性が害されるからだ（信託コストの支出や配当等が不可能となり，信託違反を生じる場合がある）。例えば，差押えに対して，第三者異議の訴えを提起したりするコストと，長期間，信託運営が中断されるリスクを考えると，非専門家による民事信託にとって，固有財産との混入を事前に防止する分別管理の実現こそが，民事信託における倒産隔離の実現であるということができる。

　従来，民事信託における受託者の分別管理の実現に対する最大の障害は，金融機関における信託口座（受託者口座）の開設であった。信託財産たる不動産の分別管理は信託登記で実現できるが，当該不動産から生じる信託収益たる賃料，そして，信託運営のための積立金等の金銭の分別管理が実現できず，実務上，民事信託の組成が困難であった。金融機関における受託者の個人口座を利用する場合，受託者の債権者からの差押えや受託者の死亡等の事由によって，金融機関によって名寄せされ，凍結してしまうことで，受託者の信用力が信託財産に混入してしまうリスクがある。個人口座の変形である屋号口座の場合でも同様であろう。しかるに，受託者の分別管理義務を全うするためには，受託者の固有財産から隔離され，受託者に生じた事由から切断された信託口座である必要がある。

　数年前より民事信託の信託口座の開設に対応し得る金融機関が現れ，そのような金融機関は増加の傾向にある。今後，信託口座の開設は，金融機関の業務として，普及していくことが期待されている（信託口座開設に相応しい民事信託たる基準・要件も具体化されていくだろう）。

3 | 民事信託支援の適正報酬

　報酬額の多寡は，信託関係という法律関係の形成に対する実体関与の度合いを推認させる事実となる。仮に弁護士以外の資格者が民事信託支援者である場合，対象となる財産額の割合に比例させるような高額の報酬請求の法的根拠（業務としての法令行為たる根拠）は何だろうか（弁護士の場合でも適正報酬額というものがあろう）。民事信託の利用者から，それを支援した資格者に対する損害賠償請求訴訟の存在が聞かれる現在，適正な報酬額についての議論は，資格者たる専門職にとって避けては通れない問題である。

　民事信託における報酬額について，同じ財産管理の制度である成年後見における報酬額が参考となる。支援者に対する報酬額は信託のコストとなる。民事信託は継続的で長期にわたるから，報酬額が総額で高額なものとなり，信託を逼迫させるリスクがある。民事信託が一層普及し，富裕層のみならず，一般の人々に共有されるためには，支援者たる専門職の報酬が合理的で応分なものであることが必要である。この点，民事信託の実務の標準化との相関性が高い問題である（標準化されれば実務が容易となる）。成年後見制度との最大の相違は，標準化の遅れによる民事信託の組成事務の難易度（リスク）が高いことにあろう（報酬の差異が生じる）。

　民事信託の支援者は，成年後見人と異なり，財産管理の主体ではなく，外部からの支援である。後見人の報酬以上の業務が可能かという疑問もあり得る。この点，信託監督人は，民事信託に対して，主体的に関わるので，第三者としての支援者の報酬とは性格が異なる。

　なお，資格者による民事信託支援が，信託関係という法律関係の実質的形成に対して，実体的に関与しているか否かは，当該資格者の報酬額の多寡，及びその算定方法（割合制か定額制か）との相関性が高い。

信託借入（信託内借入）

　信託借入は，受託者が，受益者のために，信託不動産の築造・修繕その他の信託事務遂行を目的として借入を行うものである。この場合，受託者が債務者となるが，実質的な債務の帰属者は受益者として，受益者の債務控除が可能となるとするのが，大きなメリットの一つとされる。

　信託借入が，受益者の債務控除とするためには，税務上の要件を満たす必要がある。そのため，信託契約書から金銭消費貸借契約書をはじめとして一連の契約書の内容を整除し，要件に合わせたものとして，整合性を確保する必要があるといわれる。信託借入を可能とするためには，（信託行為でもって）受託者に信託借入の権限が付与され，また，担保設定を可能とする定めがあることを要するが，それらは信託目録の記録事項として公示されるのが一般である。

　また，信託借入は，受託者が，当該借入金銭を，信託目的に則して，信託のためにのみ使用する必要がある。しかし，貸し手である金融機関としては，受託者の使用使途までを管理することは容易ではない。また，受託者が，担保となった信託不動産の修繕，その他信託財産の価値の維持や向上に融資金を使用しないのであれば，担保も劣化してしまう。それに，信託自体の維持が困難となる場合があり（信託違反を生じ，信託が終了に至るリスクもある），借入の仕組みが壊れてしまうリスクもある。

　金融機関は，困難ではあるが，債権者として，これらを確認し，管理することが必要となる。この点，当該民事信託に対して資格者専門職の信託監督人が設置されている場合には，当該信託監督人をもって，チェックを可能ならしめるような仕組みを検討する余地があろう。

4　民事信託の実務の解説と民事信託の活用例の解説の違い

　従来，民事信託が論じられる場合，民事信託の活用例が論じられる場合が多かった。民事信託の活用例とは，民事信託を利用して何ができるか，というアイディアである。それは民事信託の具体的な実務内容を説明するもので

26　第1章　民事信託実務の現状と問題点

はない。他の手続に例えてみれば，登記や訴訟を利用して何ができるか，というアイディアであり，登記や訴訟の具体的な手続（実務）を論じるものではない。

　民事信託の活用例の解説は，あくまで，民事信託の具体的な実務の存在が前提となる。民事信託の活用例とは，民事信託の実務を利用して，何ができるか，という問題だからだ。

　しかるに，民事信託の活用例をいくら論じ，学んでみても，民事信託の具体的な実務ができるようになるとは限らない。民事信託の実務とは，具体的な手続であり，規律に他ならないからだ。そもそも，土台である民事信託の実務の内容が明らかにされない限り，民事信託の活用例は絵に描いた餅にすぎない。例えば，登記を取引の決済に利用するという活用例は，あくまで登記の具体的な実務（手続）の存在を前提としていい得ることである。民事信託の場合，後者の実務内容の検討に先立って，前者の活用例に関する議論が随分と先行した。いわゆる「スキーム本」の刊行が先行する一方，具体的契約条項に及ぶ詳細な検討が深まらなかった，という指摘も同様の趣旨だろう[18]。

　なお，活用例に関する解説書においては，活用する目的のテーマに引きずられて，しばしば，その信託法の解釈に誤解が混入してしまう場合があることに注意したい。

　この点，民事信託支援の実務家として第一に重要なことは，民事信託の具体的な手続や必要書面（書式）などを具体化することである。そして，民事信託の実務の規律を構築することである。

　民事信託の活用例に関する議論と具体的な実務に関する議論は異なる。これまでの両者の概念（領域）を明確に区別しないような傾向が，民事信託の実務の標準化を遅らせた要因の一つかもしれない。民事信託の活用例のアイディアは，民事信託の実務の具体的な手続に制約されるとともに，かようなアイディアは民事信託の実務の現実的な手続を通じてのみ実現し得るもので

18）伊東大祐「信託契約締結上の留意点（民事信託・家族信託分野において）」信託フォーラム6号25頁

ある。

支援する対象の明確化

　民事信託支援の実務を専門職として具体的に論じる場合，当該専門職が，誰を支援するのか，何の立場で支援するのか，それは如何なる段階にあるのか，などの諸条件を明確にする必要がある。

　一般的，全方位的に，民事信託の実務を論じると，抽象論となってしまう。そして，資格者たる専門職において，いざ，特定の具体的な実務を行う必要が生じる場合，立場や視点，時点が特定されないような解説は役立たないことが少なくない。

　例えば，委託者を支援する立場からの実務の解説書と，受託者を支援する立場からの実務の解説書では，その内容が異なる場合がある。確かに，委託者の実務，受託者の実務共に，理論的・抽象的には，共通事項がたくさんある。なるほど，双方，受益者の利益を保護するという共通目的があろう。しかし，そのような抽象的なキャッチフレーズだけでは，具体的な実務は行えない。

　民事信託の場合においても，具体的にいつ何をすべきか，という問題は，誰の立場で，という視点が不可欠である。信託の場合，関係者が多いので，主体を特定して論じないと，誰が，何をすることが必要かが明確化されず，錯綜しがちである。

　また，専門職の執務規律としても，自分が，誰を支援しているのか（誰との間で委任契約が存在するのか）が明確になっていないと，知らぬ間に利益相反を生じてしまい，懲戒リスクを招いてしまうことになりかねない。このような場合，支援業務に熱心になって信託関係に深入りするほど利益相反のリスクを高める逆説がある。専門職が中心となって取り纏め，関係者の意思判断を主導してしまう陥穽が生じるからだ。信託のように技術性が高く，ときとして当事者本人らの理解が追いつかない場合があるような事例では，一層，そのリスクが高まる。

　例えば，専門職が，委託者から依頼されたのにもかかわらず，自らの立場を明確とせず，関係者全員の利益擁護者たる意識で，主宰者的立場で，民事信託の組成を主導してしまった場合，後日，不利益を被ったと感じた当事者からの

クレームとなる可能性が生じる（利益相反リスク）。この点，関係者の意思判断形成の場としてではなく，先行する主体的な意思判断を前提とした履行行為の場として行われ，関係者全てが利益状況に同意して行われる登記の取引の決済のような場面とは異なることに注意したい。民事信託の組成の支援とは，積極的な法律関係の新たな形成に対する支援である場合があるからだ。

第2章

民事信託における受託者と信託監督人の実務・総論

第1 信託監督人の意義

1 信託監督人による監督の前提としての受託者の実務

　非専門家で構成される民事信託の仕組みの中にあって，信託監督人は，一般に，唯一の専門職として，その責任はすこぶる重い。親族の間の民事信託において，信託監督人の善管注意義務は，専門家責任として際立つ。受託者に不正や不祥事が生じた場合，信託監督人は，その監督責任の懈怠を問われるリスクがあり，責任を追及される可能性がある厳しい立場にある。

　信託監督人による監視・監督の対象は受託者の信託遂行である。つまり，信託監督人は，受託者の信託の実務を監督する者である。したがって，信託監督人は，受託者の実務の内容に精通している必要がある。球技の内容と実技を知らず（できず）して，球技の監督にはなれないのと同様である。

　なお，信託法上，信託監督人の権限として，信託非訟事件の申立権などの法律事務が規定され（信託法132条1項，92条），差止請求権や取消権の行使など，自己の名でもって，法律事務を行う場合がある。そこから，信託監督人に就任する者としては，実務的な法律知識が求められることになる（同時

図2-1　受託者の実務と信託監督人の実務との関係

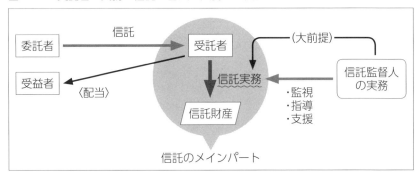

に法律事務に関する規制との関係はどう考えるべきかという問題も生じる）。

2 民事信託の規律の維持のために

　現在，民事信託は着実に普及しつつあり，金融庁が所管する金融機関による民事信託のサポートサービスまで登場するような状況に至っている。金融機関による民事信託へのコミットは，金融機関のコンプライアンス重視の姿勢から，民事信託実務の規律化を促進するはずだ（金融機関としても不適法・不適切とみなされる民事信託案件には与信できないだろう）。

　今後，金融庁としては，監督や検査の指導上，金融機関における信託口座の開設を許容し得るための民事信託の要件，そして，金融機関が融資可能な民事信託の基準などについて，ガイドライン等を策定していく必要が生じるのではあるまいか。そこでは，民事信託における法令遵守（信託の実質の確保）が必須となるはずだ。

　民事信託の普及に伴い，様々な関係諸機関から注目を浴びることで，民事信託の規律の維持が一層求められるような状況にある。信託法は，民事信託から裁判所の一般的監督権を撤廃し，公的機関の監督から放任することになった。そのような法制下，いかにして民事信託の規律の維持を図ればよいのだろうか。

　信託法上，裁判所の一般的監督権の撤廃に替えて，民事信託の規律の維持

図2-2　民事信託の監督の新旧

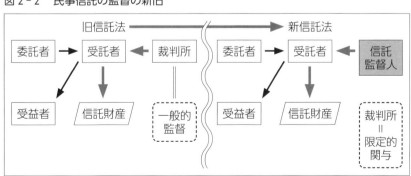

のために用意した手法の一つが，信託監督人の制度である。個別の民事信託の仕組みの信頼性を維持し，向上させるためには，信託監督人の設置が求められる。

とりわけ，信託案件に対する与信や銀行口座開設など，金融機関の関与が生じる場合，専門職である信託監督人の設置が，当該民事信託の信頼性・客観性の維持に役立つ。また，信託監督人という地位は資格者たる専門職による民事信託の支援の法的根拠ともなる可能性がある。

そのようなトレンドを背景にして，資格者たる専門職が信託監督人として就任する民事信託の案件は増えていくだろう。しかし，それら専門職にとっての問題は，その信託監督人の実務の内容が，具体的に明らかにされておらず，その実務のノウハウが共有されていないことである。

各資格者の業務範囲と信託監督人の職務範囲

様々な業法の下，多様な資格が存在し，それぞれの資格者が社会的な機能を果たしている。各種資格者が信託監督人への就任を要請された場合，まず第一に，当該資格者は，業として報酬を得て，信託監督人に就任することができるのか，という問題がある。

信託監督人は，信託業法の規制対象外なので，資格者が業として就任することができる。元来，信託監督人は，民事信託の促進のために創設され，裁判所の監督に代替することを意図された公益的な制度であるから，後見制度における後見人の場合と同様に，その対象を広く求めることが重要であり，業務独占規制になじまない，と考えられる。

また，信託監督人は，受託者の信託事務を監督するため，信託の対象となる信託財産の内容やリスクに精通している必要がある。例えば，信託の対象が工業製品の特許権などであるような場合，技術的知識を有していない法律職よりも，むしろ，弁理士などの専門家こそが，信託監督人にふさわしいという場合もあろう。それと同様にして，不動産信託では，不動産の知識が必要となる。この点，信託監督人たる資格者として，どの資格者が適任であるか，という問いに対して，一義的な解が存在しない所以である。

第1　信託監督人の意義　　33

　上記第一の問題の次の問題として（第一の問題と相関するが），当該資格者が，信託監督人に就任した場合，各資格者業法上で規定されている当該資格者の業務範囲と信託監督人の職務範囲が異なる場合，当該資格者による具体的な信託監督人の現実的な職務範囲はどこまでか，という問題を考える必要が生じる。

　信託法上，信託監督人には，信託監督人という地位に基づき，自己の名をもって，地方裁判所に対する非訟事件の申立てをする権限があり，また，法的紛議性の見込みも想定できる場合もあり得る取消権や差止請求権の行使をする権限も認められている。これらの権限を，弁護士法72条にかかわらず，弁護士以外の信託監督人が行使し得るのか否か，という当該信託監督人となるべき資格者にとっての検討課題がある。そして，弁護士法72条は，他人の法律事件について規定するが，業としての信託監督人による法律事務が，受益者の代理人ではなく，信託の機関として，自己の法律事件と言い得るのか，という問題を考える必要が生じる。

　信託監督人の職務は，裁判所による監督の代替として，裁判事務が少なくないので，弁護士法72条との関係が，整理され，不安が払拭されない限り，弁護士以外の資格者では，信託監督人の職務を全うして，受益者を保護することができない，となりかねない。

　この点，各資格者たる実務家が，安心して信託監督人に就任し，民事信託実務の規律を維持するため適切に権限を行使するためには，それらの可否や制限の有無，そして，法令上の根拠は何か等について，準公的機関たる各資格者団体から，公式な見解が表明されることが望まれよう。

3 ｜ 信託監督人が参考とすべき実務

⑴　成年後見監督人との比較

　民事信託のための信託監督人は，原則として，非専門家である個人の受託者を監督する者である。非専門家である個人の受託者とは，親族受託者（委託者の親族が受託者）である場合を含む。

　信託監督人の制度をもって，非専門家である親族受託者を監督する専門職となり得るという側面からすれば，親族後見人に対する法定後見監督人の立

図2-3　各種監督人の設置

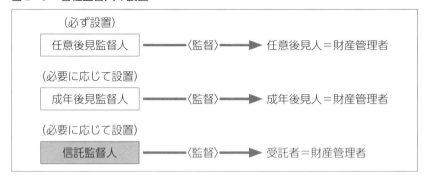

場と類似する。親族後見人は、非専門家であることが一般であるからだ。

　後見監督人の場合、後見人に不正な行為や不適切な行為があった場合には、後見監督人の責任ともなり得るとされる。後見人という他人が管理している財産に責任を負うという意味では、自分自身が後見人を務める以上に、その責任が大きい業務とされている[1]。

　後見監督人は、本人（被後見人）のために、本人の法律行為を代理する者（後見人）を監督する。一方、信託監督人は、受益者（本人）のために、財産の所有者として行為する者（受託者）を監督する。

　当該財産の法律関係に限っていえば、受託者の権限のほうが大きい。したがって、それを監督する場合、信託監督人の責任が、後見監督人よりも軽いことはあり得ないだろう。それに代理人の不正よりも所有権者としての不正のほうが、その発見と監督が難しいという側面も否定できまい。

(2)　成年後見制度における後見人の不正という問題

　成年後見制度の補充（補完）といわれてきた民事信託において、成年後見人の実務のリスクは、同様に、受託者の実務に潜むリスクでもある。とりわけ、受益者が判断能力を欠くに至り、あるいは病気療養中その他であるような場合、成年後見人の置かれた状況に近い。

1）『成年後見監督人の手引き』60頁

図2-4 成年後見制度における不正防止対策

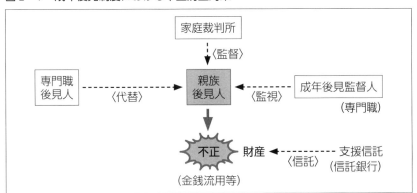

　最高裁判所事務総局家庭局によれば，平成22年6月から平成24年3月までの22か月間で，親族後見人等の不正行為は538件あり，毎月24件もの不正行為が発覚し，1日当たり約800万円の被害が発生しているような状況にあるという[2]。家庭裁判所の監督下にあるにもかかわらずである。

　このような状況を鑑みるに，どうして民事信託の受託者の場合には，不正が生じないと言い切ることができようか。公的な監督機関を持たない民事信託において，受託者による不正が頻発すれば，社会から民事信託に対する信頼が喪失されるであろう。

　親族後見人の不正の防止のために，家庭裁判所は，後見制度支援信託の運用，そして，専門職による後見人や後見監督人を活用することを行っているという[3]。民事信託の場合，このような成年後見人の不正防止策を参考として，活用し得る現実的な方法は，さしあたり信託監督人の活用ということになろう。

---

2)『成年後見監督人の手引き』5頁
3)『成年後見監督人の手引き』7頁

4 信託監督人の責任

(1) 後見監督人の責任

後見監督実務においては、成年後見人の不正に関して、後見監督人に損害賠償責任を認めた裁判例が存在する。大阪地裁堺支部平成25年3月14日判決（金商1417号22頁）である。

同判決における事案は次のとおりである。平成17年3月、弁護士が後見監督人に選任された。その後、平成20年9月になって、後見人が本人の預貯金から約7500万円を着服したことが発覚した。ところが、当該後見監督人は、3年半の間、後見人の後見事務を調査しておらず、後見人の着服に気がつかなかった。

そこで、同判決は、後見監督人は、自らの判断で、後見事務を監督すべき職務を誠実に履行する必要がある旨を指摘し、そのような調査を怠った後見監督人には善管注意義務違反があるから、後見人の着服金について賠償義務を負う、とした。

これを受託者と信託監督人の関係に置き換えてみると、受託者の不正等によって信託財産に損害が生じた場合、それに気がつかなかった信託監督人は、調査や監督を怠ったとして、信託監督人に損害賠償責任が生じるのか、という問題となる。

図2-5 後見監督人の責任

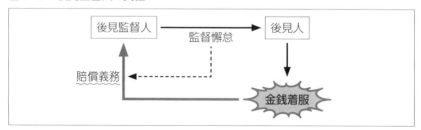

(2) 信託監督人の善管注意義務

資格者たる専門職が信託監督人に就任した場合、信託監督人は当該専門職

の水準の善管注意義務を負う。善管注意（善良なる管理者の注意）とは，その職業や地位にある者として通常要求される程度の注意を意味し，受託者が専門家である場合には，専門家として通常要求される程度の注意による[4]。

　例えば，実際には能力がないのに，あたかも高い能力があるかの如く表示した場合，あるいは，自らは専門的な能力があることを告げたりした場合，表示した能力に応じた注意を要求される[5]。

　これらは，受託者の善管注意義務（信託法29条2項）に関する説明であるが，信託監督人の善管注意義務（信託法133条1項）の場合にも該当する解釈であろう。

　そうであれば，非専門家である受託者の善管注意義務よりも，専門家である信託監督人の善管注意義務のほうが重いという逆転現象が生じることになる。監督される者よりも，監督する者の責任のほうが重いということになる。

　この点，例えば資格者たる専門職がホームページ等で民事信託の専門家又は経験豊富などと銘打った場合，真実には専門性や豊富な経験を欠いていても，そのように表示した高度な水準の専門家責任を問われる結果に至る。

　なお，信託法は，信託監督人に対して，善管注意義務とは別の義務として，誠実公平義務を定める（信託法133条2項）。実務上，この誠実公平義務の内容はわかりづらい。この点，受託者の公平義務という場合，受益者が複数ある場合に，それら受益者を公平に扱う義務である（信託法33条）[6]。

図2-6　善管注意義務の二重構造

4）寺本『逐条解説』113頁
5）寺本『逐条解説』113頁
6）寺本『逐条解説』134～135頁，田中『新信託法と信託実務』105～107頁，樋口範雄『入門・信託と信託法』（弘文堂，2007）201～211頁

ちなみに，受益者代理人の場合，誠実公平義務は「その代理する受益者のために」行使するとされるが（信託法140条2項），信託監督人の場合，単に「受益者のために」とあることに注意したい。

5 親族相盗例の適用の有無

信託監督人の設置は，民事信託の受託者の不正や不適切を防止することが，その目的の一つであるとされる。特に問題となり得るのは，委託者の親族が受託者となる親族受託者の場合であり，また，親族受託者が，委託者の推定相続人の一人であるような場合である。親の財産を長男や長女が受託する場合が典型例である。

親族後見人による不正が問題視されてきた後見制度での調査結果では，親族後見人において，①親族間の財産を区別する意識が薄いこと，②推定相続人には相続の前倒しという意識があること，③世話の対価として当然という意識があること，④不正を不正と認識する能力の欠如，そして，⑤経済的困窮その他の理由が挙げられている[7]。

これらの点，民事信託における親族受託者にも存在し得る意識であろう（親族後見人だけが特別ではない）。

最高裁は，親族後見人に対して，刑法255条による244条1項（親族間の犯

図 2-7　親族相盗例

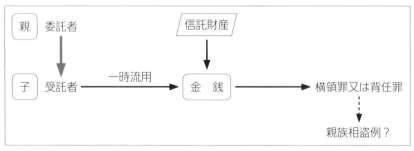

7）『成年後見監督人の手引き』67頁

罪に関する特例。いわゆる親族相盗例）の適用を否定している（最決平成24年10月9日刑集66巻10号981頁）。したがって，被後見人が，後見人の配偶者，直系血族又は同居の親族であっても，これらの親族後見人が被後見人との間で横領罪を犯した場合，刑は免除されない[8]。

親族受託者の場合はどうであろうか。親族後見の判例では後見人の公的性格が強調されたことから疑問となる。

親族相盗例は，家庭に法律は入らずという法諺で知られるが，民事信託では，当事者が，あえて家庭内に信託という法律関係を導入している。したがって，親族相盗例の適用が否定される可能性もあり得るだろう[9]。

6 ｜ 民事信託の受託者の不正はいかなる犯罪を構成するか

一般に，民事信託における受託者が信託財産の金銭を流用し，あるいは，自己のために費消したような場合，横領罪（刑法252条1項）の成立を前提として，前節のように親族相盗例の適用の有無が論じられる（刑法255条，244条）。

この点，親族相盗例の問題は，一部の資格者の間において親族間の信託では横領罪は成立しないという意見が聞かれることがあることから，特に注意を喚起したい。通説判例とされる人的処罰阻却事由説によれば親族相盗例といえども犯罪自体は成立するので[10]，犯罪が成立しない旨の助言は，一種の犯罪の幇助的な色彩を帯びるからだ。また，そもそも，前述のとおり，親族間の民事信託に対して親族相盗例の適用が否定される可能性も残る。

ところで，民事信託における受託者による信託財産の流用や使い込みについては，何罪の構成要件該当性があるとされるのか，必ずしも明確であるとはいえず，少し，ややこしい。①横領罪は，自己の占有する他人の物が要件であるが（刑法252条1項），法務省の見解である債権説に従えば，受託者は完全所有権者として，物の所有を有しているのではないか，②民事信託の受

8）『成年後見監督人の手引き』12頁
9）渋谷『受託者支援の実務と書式』284頁
10）小林充『刑法〔第3版〕』（立花書房，2007）244頁

託者の場合も業務上横領罪（刑法253条）と指摘される場合があるが，民事信託の定義自体からすれば果たして業務となるのだろうか，③民事信託の受託者について背任罪（刑法247条）の適用を考えるとすれば，受託者の事務は「自己の事務」ではなく「他人の事務」といえるのか，④横領罪や背任罪における被害者は委託者なのか受益者なのか，⑤親族相盗例の適用の可否を考える場合，それは，受託者と委託者との関係なのか，あるいは，受益者との関係なのか，その他の理論的な問題がある。

この点，判例は，受託者による信託違反の処分について，背任罪の成立を認めたもの，そして，横領罪の成立を認めたものに分かれているとされている[11]。しかしながら，例えば，信託財産の処分が信託目的に含まれていないような信託における受託者の権限外の処分行為の場合，受益者に所有権が帰属しているわけではないので，刑法上，受託者に所有権があるものとして，背任罪を構成すると解する見解が有力のようである[12]。

7 | 成年後見制度の尊重

成年後見制度の補充，補完をキャッチフレーズとして展開されてきた民事信託の実務が，本人保護の制度である成年後見制度の潜脱に利用されてはならないこというまでもない。

また，民事信託が成年後見制度の補充・補完であるのならば，成年後見人の実務が基準とされるべきことは当然である。

しかるに，委託者が認知症に罹患した場合に備えた民事信託の類型では，賃貸物件の資産活用などの側面で，民事信託の効用が期待されている。

しかしながら，一般的，包括的に，成年後見制度の適用を回避するために用いられるのであれば，それは成年後見制度の潜脱となる。この点，専門職が助言を行う場合，法令実務精通義務並びに善管注意義務の観点から，成年

---

11) 西田典之編『金融業務と刑事法』（有斐閣，1997）154頁，四宮和夫『信託法〔新版〕』（有斐閣，1989）286～287頁

12) 西田典之編『金融業務と刑事法』（有斐閣，1997）157～159頁

図 2-8　成年後見制度と民事信託制度の目的の差異

後見制度への配慮に慎重でありたい（一般的には成年後見と民事信託の併用となろう）。

　民事信託における信託の目的として，当該委託者の生活維持や介護という一般的な事項とする場合もあるようだ。この場合，それを民事信託の受託者が履行できるか否かという問題がある（受託者の善管注意義務の問題となる）。また，介護に関する諸規制との問題もある。

　民事信託の受託者は，当該信託財産に関する範囲で関与するのであり，包括的に本人（受益者）を保護し得る立場にない（一般的に本人を代理する権限はない）。あくまで，民事信託は，信託される当該財産のみに機能するものであり，一般的な本人保護の制度ではないからだ。一般的，包括的な，本人の利益保護のためには，そのために用意され，家庭裁判所が監督する成年後見制度の利用が必要である。

　それゆえ，成年後見制度を回避するための民事信託というキャッチフレーズはある意味でミスリーディングである。そのような場合，それは推定相続人のための（推定相続人が主導する）民事信託が暗喩される場合がある。また，受託者のための民事信託という利益相反（信託違反）である場合がある。民事信託と成年後見制度は共存すべきものであるにもかかわらずである。

受益者代理人は成年後見人に代替し得るのか

　成年後見制度を回避するために民事信託を活用すべしという声があり，そのような民事信託の類型の認知度を高めている。そして，委託者兼受益者あるいは受益者の判断能力喪失の場合に備えて，受益者代理人を設置すべし，という主張が聞かれることがある。

　委託者兼受益者や受益者が判断能力を喪失した場合，成年後見制度の利用が検討されることが原則であろう。成年後見制度の本人保護機能は，信託の対象たる当該財産の範囲だけではないからだ。また，受託者が，当該判断能力を喪失した委託者兼受益者の推定相続人の一人であるような場合，受託者の不正の抑止，そして，その他の推定相続人との紛争予防の観点からも，成年後見制度の利用の検討を行う必要がある。

　民事信託が，成年後見制度の潜脱となってはならないことは，当初より指摘されてきたことである。民事信託の設定を理由として，本人保護のための包括的制度である成年後見制度の利用が回避されることは健全ではあるまい。例えば，成年後見回避型の民事信託の売り物の一つである相続税対策が継続し得るという機能は，本来，被相続人本人のための機能ではなく，相続人のための機能である側面がある。

8 ｜ 信託監督人と受益者代理人

(1) 法的性格論

　民事信託の仕組みの中における専門職関与として，弁護士職の立場からは，受益者代理人の活用が推奨されるような場合がある[13]。この点，特段の制約のない包括的な代理人型の関与形態は弁護士職の職務としてなじみがあることからの見解であるとも推察される。

---

13) 民事信託研究会『民事信託の活用と弁護士業務のかかわり』（トラスト60，2009）56頁，遠藤『新しい家族信託』253〜254頁，遠藤英嗣「信託監督人と受益者代理人の役割分担」信託フォーラム6号115頁以下

図 2-9　受益者代理人と信託監督人（その位置づけ）

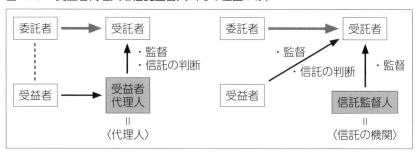

　信託監督人と受益者代理人の差異の第一は何か。それは，その法的性格にある。信託監督人は信託の機関であるに対して，受益者代理人は受益者の代理人である[14]。

　信託監督人は，あくまで信託の機関として，自己の名をもって，その権限を行使するが（信託法132条1項），受益者代理人は，受益者のために代理人として権限を行使する（信託法139条1項）。信託監督人と受益者代理人の権限の重り合う部分については，その差異が微妙であるが，受益者代理人は，他人のための権限の行使という側面が鮮明である。

(2)　職務範囲

　信託監督人は，受託者を監督するための信託の機関として受託者の監督に係る権利を有する。これに対して，受益者代理人は，受益者の代理人として，受託者の監督に係る権利に加えて，信託に関する意思決定に係る権利を有する[15]。

　受益者代理人は，信託に関する意思決定を行うことで，一層，信託の当事者性が強い。受益者代理人が選任された場合，原則として，受益者は，信託に関する意思決定に係る権利を行使することができなくなる[16]（信託法139条4項）。

　仮に，信託当事者ではない第三者たる資格者が受益者代理人に就任する場

---

14)　寺本『逐条解説』307頁，323頁
15)　寺本『逐条解説』322頁
16)　寺本『逐条解説』323～324頁

図 2-10 信託の判断

合，信託に関する意思決定を行うことになじむのか，という問題がある。また，専門職一般が受益者代理人となり，業として報酬を得て，信託に関する意思決定を行うことによって，実質的に信託を運営しているとして，信託業法潜脱であるという主張をされることはないか，慎重に検討すべき論点である。

この点，信託監督人は裁判所による選任が可能であるが，受益者代理人は裁判所による選任はできない。上記の受益者代理人の排他性から，受益者の利益を害する場合が生じるリスクがあるからとされる[17]。

なお，信託監督人は，元々，福祉型信託の利用の促進を図るために，導入された制度である[18]。これに対して，受益者代理人制度は多数人を受益者とする商事信託の運営の便宜というニーズに答えるものとして創設された制度である[19]。また，受益者代理人は，自分が代理している受益者の利益代理であり，その効果は直接受益者に帰属する一方，信託監督人は，後見的な制度として，全体の利益を考え，自己の名でもって行動し，個別の効果帰属主体を要しない[20]。公益性という観点を重視すれば，その職務内容の限定性と相まって，信託監督人の制度趣旨のほうが弁護士以外の資格者の職務になじむのではあるまいか。

(3) 成年後見制度との関係

民事信託において，原則として受益者の信託に関する意思決定権を奪う受

---

17) 寺本『逐条解説』323頁
18) 寺本『逐条解説』316頁
19) 寺本『逐条解説』312頁
20) 『信託法セミナー 3』236～237頁

図 2-11　受益者代理人と信託監督人の制度趣旨の差異

益者代理人が設置されるようなケースはどのような場合だろうか。

　前述のとおり，受益者代理人の制度は，商事信託において，年金信託のように受益者が多数に及び，そもそも受益者間での意思決定あるいはその調整が困難な場合，又は，受益証券発行信託のように無記名式受益証券が転々流通し，受益者の特定が困難であるような場合が想定されている[21]。このような場合，技術的に，信託の意思決定及び受託者の監督を行う者が制度化されていると便利である。

　民事信託の場合，商事信託のような多数受益者は想定できず，また，受益者の判断能力が正常である場合，受益者から信託の意思決定権を奪う必要はない。

　それでは，受益者が認知症に罹患し，判断能力の減退をきたしたような場合はどうか。このような場合，受益者代理人の設置を行えば，受益者の意向を抜きにして，受託者と受益者代理人で信託の運営を行うことが可能となる。受益者が成年後見制度の対象になり得るような状況にある場合，家庭裁判所の審判を回避し，受益者代理人の活用によって信託運営を行うことで成年後見制度の潜脱と評価されないのだろうか，が問題となる。

　受益者の意思判断が減退した場合，あるいは，それに備えて受益者代理人を選任し，受益者代理人が本来選任されるべき後見人の立場を，事実上代替することは，成年後見制度との関係が検討され，適法性の理論化が行われる必要があるが，これまで，そのような検討が行われてきた形跡はない。

　委託者の推定相続人の一人である受託者が主導的に民事信託を組成し，受

---

21) 寺本『逐条解説』321頁

46　第2章　民事信託における受託者と信託監督人の実務・総論

図2-12　受益者の判断能力が減退した場合

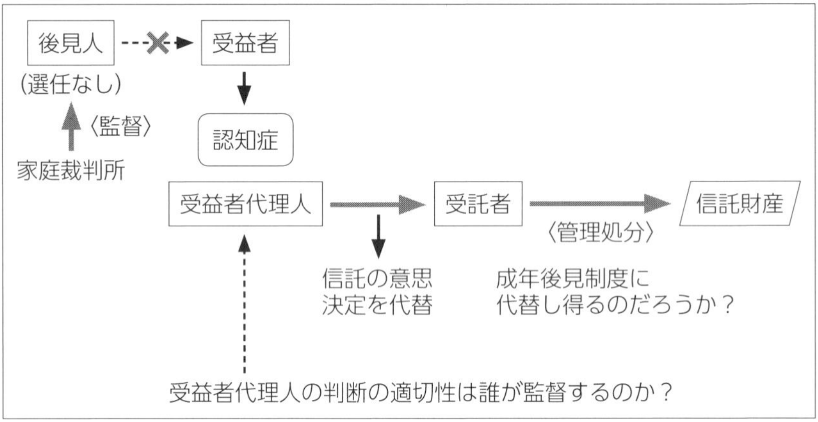

益者代理人を選任し，委託者兼受益者が認知症に罹患しても，相続対策を可能とするための民事信託の仕組みにおいて，推定相続人たる受託者と受益者代理人がなれ合いと化すような場合，受益者代理人制度の濫用であると評価されるリスクがあろう。

　なお，受益者代理人が設置された民事信託においても，現に受益者に対して後見人が選任されることもあり得る（信託以外の法律関係で後見人選任の必要性が生じる場合もあるからだ）。その場合，当該後見人と受益者代理人の意向（判断）が異なる場合，どのように処理されるのか，あくまで受益者代理人は受益者の代理人であることから，複雑な問題を生じる可能性もある。

⑷　受益者代理人への就任と弁護士法72条

ア　業としての受益者代理人の就任

　受益者代理人の場合，受益者の代理人であり，受益者の権利に関する一切の裁判上又は裁判外の行為をする権限がある（信託法139条1項）。問題は，弁護士以外の資格者が，業として報酬を得て，受益者代理人に就任する場合である。実務上，受益者代理人に就任しようとする資格者が不安に感じ，萎縮的効果を生じるのは，弁護士法72条本文との関係である。

　受益者代理人の立場は代理人であり，他人（受益者）のために，一切の裁

判上の行為をする権限も有する。とりわけ，裁判上の行為を行い，あるいは，法的紛議性の見込みが生じるような場合，受益者代理人による代理行為が，弁護士法72条本文の構成要件に該当するように見える場合が生じ得る。弁護士法72条本文は，弁護士等でない者は，報酬を得る目的で，非訟事件その他一般の法律事件に関して，代理することを業とすることができない，としているからだ。

　資格者が受益者代理人に就任する場合，業として報酬を得ることになるわけなので，純粋に信託法の解釈だけで足りるのか，という問題を生じる。資格者が業として報酬を得る目的で受益者代理人に就任する場合と親族が業とせずに受益者代理人に就任する場合とで法的性格にいかなる差異が生じるのか，という問題である。

　この点，資格者が就任する受益者代理人は，業としての代理人として職業後見人の立場に近いともいえるが，後見人の選任は家庭裁判所によって行われ，その職務範囲も指定され，任務終了に至るまで家庭裁判所に監督されている。それゆえ，弁護士法72条との関係では，家庭裁判所が命じた法令上の行為としての正当業務行為となる，と考えられる。また，家庭裁判所が命じたところを職業後見人が信じて行為していれば，当該職業後見人において，自己の行為が許されると信じることにつき相当の理由があるとされ，違法性の意識の可能性が否定されるであろう。

　これに対して，信託当事者間の信託行為でもって選任され，裁判所の監督には服さない受益者代理人についても，信託法による法令上の地位として，弁護士法72条ただし書の他の法律，あるいは，受益者代理人の行為は，信託法上の法令行為として，同条本文に対する正当業務行為として違法性が阻却されると考えてよいのか，という不安が生じる。

　また，弁護士以外の資格者が，受益者代理人として，信託法の規定に基づき，裁判上の行為を行い，あるいは，法的紛議性の見込みを生じる行為を行う場合，当該資格者における資格者業法上の職務範囲を超える場合，弁護士法72条の脱法行為であると主張されないか，という不安がある。

イ 法制審議会信託法部会における委員発言

なお，法制審議会信託法部会第22回会議議事録には，次のような日本弁護士連合会を代表する委員からの発言があることに注目したい。「信託行為の定めで裁判所の行為の代理権も与えられるという点が，やはり……。社債型の信託を考えれば理解できないことはないと思うんですけれども，これは信託制度ですから，あらゆる民事，普通の信託でも何でも可能なんですけれども，そこの段階でやむを得ない状況がある場合というのではなくて，いずれにしても信託行為の定めによって受益者代理が定められて，そうすると裁判所の権限も与えられるということになると，裁判における弁護士代理の原則とか，その辺が潜脱されるおそれもあるのではないか。それはそれとして違法である，脱法であるという議論をすることになるのかもしれませんけれども，一応そういう懸念が会内での議論ではされましたということをお伝えしたいと思います。」

なお，民事訴訟法54条1項は，弁護士による訴訟代理の例外として，法令により裁判上の行為をすることができる代理人を規定し，その例として会社法上の支配人が挙げられるが[22]，非弁護士が脱法する意図で会社支配人に就任して訴訟行為を行う場合は同法違反となるという判例がある（東京高判昭和50年8月5日刑裁月報7巻7＝8号786頁）。また，同判例は，民法上の契約や会社法上の支配人選任などの私法上の行為による地位は，弁護士法72条違反の罪の成立を阻却するものではないとしている。

この点，受益者代理人という信託法上の地位の法的性格が明確にされることで，弁護士法72条あるいは民事訴訟法54条1項の優劣関係が明らかにされない限り，弁護士以外の資格者の立場からの不安感は払拭されない。

ウ 紛争性の有無

弁護士以外の資格者が受益者代理人に就任した場合，紛争性（法的紛議性）が生じるような状況でない限り，弁護士法72条を考慮する必要はないのだろうか。この点，弁護士法72条の構成要件である法律事件には事件性を要

---

22) 日本弁護士連合会調査室編著『条解弁護士法〔第4版〕』（弘文堂，2007）613頁

するか否かの争いがあり，一種のグレーゾーンとして，弁護士以外の資格者
に対して不安を生じさせるところである。

弁護士法72条の対象となるのは事件性を有する案件であることを要すると
いう考え方（事件性必要説）と事件性を要しないという考え方（事件性不要説）
が鋭く対立する。事件性とは，いわゆる紛争性あるいは法的紛議性を意味する。

法務省は事件性必要説であるといわれる場合がある[23]。近時，事件性必
要説の立場を明確に示した司法書士会による注意勧告案件が存在する[24]。

一方，近時の裁判例は事件性不要説の立場のものがあり（埼玉司法書士会
職域判決）[25]，日本弁護士連合会（日弁連）も事件性不要説を主張している[26]。
弁護士以外の資格者たる実務家としては悩ましいところであろう。しかし，
実際に告発を行うのは日弁連であるから，事件性不要説に基づく告発のリス
クも慎重に検討しておきたい。

なお，近時，信託監督人の業務の内容は，一般の法律事件に関しての紛争

---

23) 髙中正彦『弁護士法概説〔第4版〕』（三省堂，2012）359頁，日本弁護士連合会調査
   室編著『条解弁護士法〔第4版〕』（弘文堂，2007）615頁。なお，法曹制度検討会（第
   24回）議事録（司法制度改革推進本部事務局）によれば，当時の法務省大臣官房司法法
   制部司法法制課長から「法務省としては，事件性不要説は相当ではないと考えておりま
   して，事件性必要説が妥当だと考えております。その理由はいろいろございますけれど
   も，事件性不要説では，処罰範囲が著しく拡大してしまいますし，本来，弁護士法第72
   条が想定している射程の範囲を超えるような事柄についてまで処罰の対象としてとらえ
   てしまうことになるからという点が一番大きい理由になっています。事件性不要説の場
   合，新たな権利義務関係が発生すれば，すべて『その他一般の法律事件』に該当するこ
   とになりますので，例えば一般の業者が仲介業を行う賃貸住宅の賃貸借契約や不動産の
   売買契約の締結作用等もすべて法律事件に該当することになってしまって相当ではない
   と考えています」との発言がある。ところで，法務省による事件性必要説は，司法制度
   改革当時の見解であり，かつ，正式な通達等によるものではない。しかるに，現在も法
   務省が同様な見解を維持しているか否かは不明であることに注意したい。
24) 平成28年7月1日付注意勧告案件（日司連ホームページ）
25) 埼玉司法書士会職域判決・浦和地判平成6年5月13日判時1501号52頁，控訴審たる東
   京高判平成7年11月29日判時1557号52頁も原審の結論を維持している（日本弁護士連合
   会調査室編著『条解弁護士法〔第4版〕』（弘文堂，2007））。いわゆる埼玉訴訟判決であ
   るが，同判決は，登記の専属性という論点よりも，むしろ，弁護士法72条の処罰範囲を
   拡大したことでの影響が大きい。
26) 日本弁護士連合会調査室編著『条解弁護士法〔第4版〕』（弘文堂，2007）616頁

50   第2章　民事信託における受託者と信託監督人の実務・総論

解決等の法律事務を取り扱うものではないので，弁護士等に限るとはいえないという有力説がある[27]。同説によれば，信託監督人はその事務を完遂できる弁護士，司法書士や税理士など専門職をはじめ信託制度を知り受託者を監督できる人が最適である，と指摘する[28]。

　ちなみに，日弁連は，一般社団法人信託協会との間で，信託銀行が取り扱う相続関連業務について合意書を締結し，関連する各種相談業務を行う際の規律を確認している，という[29]。各資格者が所属する法定団体も，規律ある民事信託実務の普及を念頭に，個々の資格者におけるリスクを最小化するため，日弁連の間における適切な協議が行われることを期待したい。

　エ　受益者代理人と信託監督人の権限範囲

　受益者代理人と信託監督人の権限の重なり合う範囲では，信託監督人による信託法上の権限行使についても，弁護士以外の資格者においては同様の不安を生じる。受託者に対する監督権限の範囲内においては，非訟事件申立てあるいは取消権の裁判上での行使など，信託監督人と受益者代理人は，信託法上，同じ権能が認められているからである。

　この点，信託の機関として，自己の名で権限を行使する信託監督人の場合，そして，受益者の代理人である受益者代理人の場合とで，両者，弁護士法72条本文における法律事件の「他人性」[30] という点で差異が生じ得るのではないか，という問題がある。弁護士法72条の隠れた構成要件としての「他人性」に関連して，信託監督人の行為は，信託の機関として，自己の名でもってする行為であり，「他人性」がないと解釈できるのか，という問題である。代理人としての法的立場と信託の機関としての法的立場とで，弁護士法の適用関係における差異が生じるのか，ということである。

　オ　謙抑的な実務と解釈論の明確化

　以上のような問題につき解釈論的に不明確さが残る現状，資格者が信託監

27）遠藤『新しい家族信託』255頁
28）遠藤『新しい家族信託』255頁
29）髙中正彦『弁護士法概説〔第4版〕』（三省堂，2012）364頁
30）日本弁護士連合会調査室編著『条解弁護士法〔第4版〕』（弘文堂，2007）619頁

督人あるいは受益者代理人に就任する場合，これら法令上のグレーゾーンの問題に配慮して，事実上，資格者業法の職務範囲内において謙抑的に実務が行われているものと推察される。個々の具体的な資格者が，グレーゾーンにある法令遵守のリスクを負えるものではないからだ。

　例えば，受益者代理人の職務範囲の定め方に関して，当該資格者の職務範囲に限定して信託行為をもって定めたという実務の現場からの報告がある[31]。この点，信託法における想定（期待）に対して，弁護士法72条が一種の制約として機能している。

　なお，実務における謙抑的な運用があるからといって，必ずしも法令上の解釈が決定するわけでも，あるいは，法令上のグレーゾーン問題が解決するわけでもない。規律ある民事信託の普及のためには，早急に，法令の解釈論の問題が明確化される必要がある。実務上，謙抑的な運用が行われるとしても，とりわけ信託監督人の場合，信託の機関として，裁判所の監督に代替する民事信託規律の維持という公益的見地から，受益者保護を全うできるため，信託監督人の監督権限の制約が最小化され，あるいは明確化されるような解釈論が確立されることが望まれよう。

カ　資格者が所属する法令上の資格者団体への確認

　各資格者における弁護士法72条リスクという論点は，刑事罰ということもあり，個々の資格者たる実務家の解釈や判断の領域を超える。各資格者が所属する準公的機関たる資格者団体における責任ある判断に依拠すべき論点であると思われる。

　各資格者が受益者代理人の就任の要請を受けた場合，当該資格者は当該所属団体に対して，就任の適法性並びに適法な職務範囲など不安に感じる諸点を，事前に確認しておくことが賢明であろう。万が一弁護士法違反を主張された場合，当該資格者に対して懲戒請求や告発が行われるリスクがあるからだ。

　一方では，受益者を保護するため，受益者代理人あるいは信託監督人に就任した場合には，善管注意義務に基づき，信託法上の権限を行使する責任も

31）長﨑誠＝竹内裕詞＝小木曽正人＝丸山洋一郎編著『事業承継・相続対策に役立つ家族信託の活用事例』（清文社，2016）225～227頁

生じる。信託規律を維持するための権限行使の懈怠は許されまい。したがって，当該権限について，当該資格者が行使できないような場合には，事前に，信託関係者に対して了承を求めておく必要が生じる。しかるに，民事信託の規律維持を目的とした信託監督人や受益者代理人の実務の普及のためには，上記のような諸点に関して，各資格者団体の公式的な見解の公表が望まれるところである。

キ　法令解釈の過誤による違法性の錯誤の場合

仮に，弁護士以外の資格者の行った行為が，弁護士法72条本文の構成要件に該当するような場合，当該資格者が，自己の行為が刑罰法規に反していない（違法性がない）と誤信していた場合はどうなるだろうか。この場合，違法性の錯誤（法律の錯誤）であり，法律の解釈の過誤は，あてはめの錯誤の問題となる。

この点，学説レベルであるが，あてはめの錯誤として故意を阻却する可能性として，弁護士個人や税理士個人による違法でない旨の回答のレベルでは難しいが，弁護士会，税理士会レベルの回答に限定していえば，違法性の意識の可能性が否定される可能性がある旨の指摘がある[32]。

また，あてはめの錯誤に関する判例として，「刑罰法規に関し確立していると考えられる判例や所轄官庁の公式の見解又は刑罰法規の解釈運用の職責のある公務員の公の言明などに従って行動した場合ないしこれに準ずる場合など」に限り，違法性の意識を欠くことに相当の理由ありとするものがある（札幌高判昭和60年3月12日刑集41巻5号247頁）。

したがって，カで指摘した通り，弁護士以外の資格者における民事信託実務の普及のためには，少なくとも当該資格者の所属する資格者団体（法令に基づく強制加入団体）あるいは監督官庁による公式見解（適法意見）が出されることが必要である。

32）西田典之『刑法総論』（弘文堂，2006）230頁

(5) 信託管理人制度，そして，三者の比較

　信託監督人，そして，受益者代理人に類似する制度として，信託管理人制度が存在する（信託法123条）。信託管理人は，信託監督人と名称が似ているので，若干，紛らわしいが，信託監督人が受益者が現存する場合に設置される制度であるのに対して，信託管理人は受益者が現存しない場合に設置される制度である。もっとも，信託管理人は，信託監督人と共に，信託の機関であり，受益者の代理人である受益者代理人とは異なる。

図 2-13　信託監督人・信託管理人・受益者代理人の比較

	【信託監督人】	【信託管理人】	【受益者代理人】
法的性格	信託の機関	信託の機関	受益者の代理人
行使方法	自己の名をもって	自己の名をもって	受益者のため
権限範囲	監督	監督＋意思決定	監督＋意思決定
信託行為による範囲変更	変更可能（ただし，拡大について争いあり）	変更可能	変更可能
受益者の権限との重畳行使	可能	信託管理人のみ	受益者代理人のみ
将来の受益者	含む	含む	含まず
保護対象	受益者全員	受益者全員	一定の受益者（全部又は一部）
裁判所の選任	可能	可能	不可能

受益者の複数と信託監督人・受益者代理人

　受益者が複数である場合で，受益者の意見が対立したような場合，信託監督人としては，どのような立場となるのだろうか。遺産承継型の信託監督人設置案件であって，当初の委託者兼受益者が死亡して，指定された複数の者が受益権を取得したような場合に問題となり得る。

　信託監督人は，あくまで，受託者に対する監督を主とする機関であり，将来の受益者を含んだ，全体の受益者の利益のために，自己の名でもって職務を行う。そして，信託監督人が設置されている場合であっても，受益者代理人の場合と異なり，個々の受益者は，受託者への監督権や信託の意思決定権を奪われることはない。個々の受益者は，それぞれ意見表明をすれば足りる。

　したがって，原則的には，信託監督人は，複数受益者の意見対立に介入する必要はなく，また，利害調整の役割を担う必要はないはずだ。もっとも，実務上，信託監督人に就任した資格者は，信託の仕組み中の唯一の専門職として，受益者間の意見対立に無関心であるわけにはいかなくなる可能性がある。理論と現実の相克が生じる場面である。

　なお，受益者代理人の場合，受益者個々の代理人であり，原則的に個々の受益者は信託法139条4項によって権利行使できなくなるのであるから，受益者間の意見対立が生じた場合でも，受益者代理人は，個々の受益者を代理しつつ，受益者全体の統一した意見を表明する代理人として行動する必要がある[33]。

　実務上，当然のことながら，受益者代理人は，個々の受益者の意向に配慮する必要がある。代理人だから当然である。そこで，おのずと，受益者間の利害調整が，職務内容とならざるを得ない。もっとも，そのような場面における受益者代理人の職務は，法的紛議性の見込みが生じ得る場合があり，資格者たる専門職が当該資格の業法上どこまで受益者代理人としての任務遂行が可能なのか，という問題を生じよう。

---

33) 参考となる議論として，『信託法セミナー3』237〜239頁

第2 信託監督人の実務

　信託法は，信託監督人の権限を，善良な管理者の注意をもって，受益者のために，誠実かつ公平に行使しなければならないと規定する（信託法133条）。信託監督人の権限として，いわゆる単独受益者権といわれる権限が規定される（信託法132条1項，92条）。単独受益者権とは，受託者に対する実効的な監督を可能とするため受益者に付与された権利であり，信託行為の定めによっても受益者からは奪うことができないものである（信託法92条）[34]。なお，信託監督人の場合には制限することも可能である（信託法132条1項ただし書）。

　ところで，信託監督人の権限は，必要な場合に行使し得る権限であって，それが信託監督人の日常の職務の内容を示しているわけではない。

　信託監督人の権限（取消権や申立権など）は，あくまで，信託監督人の全体的な具体的職務の遂行を支える（容易にする）ものであり，それ自体が職務の全てではない。信託法132条で信託監督人の権限とされる信託法92条に

図2-14　信託監督人の権限と職務の関係

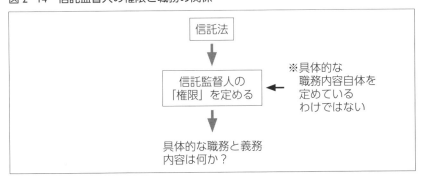

34）寺本『逐条解説』264頁

規定される権限をいくら眺めてみても、信託監督人の具体的な職務の内容がイメージされるものではない。

信託監督人の信託法上の権限は、信託監督人の監視・監督という職務を遂行するための「手段」として与えられており、それ自体が「目的」ではない。

信託監督人の重要性が常に言われてきた一方、信託監督人の実務の具体的内容が提示されてこなかった。これが、信託監督人の設置の普及を阻む要因の一つであったはずだ。

1 信託監督人の職務と成年後見監督人等の職務

信託監督人の実務なるものは、必ずしも商事信託にて一般的であるわけではない。それゆえ、信託監督人の実務を考える場合、まずは後見監督人や任意後見監督人等の実務の集積を尊重するほかない。後見制度の補充（補完）といわれる福祉型信託にあっては当然であろう。

後見監督人等の実務を大別すると2種類あり、それは、(1)後見人に対する本来の監督業務、そして、(2)後見人をサポートする支援業務であるとされる[35]。また、民法上、後見監督人には、①後見人の一定の行為に対して同意を与える職務、②後見人が不在と化した場合に後見人の選任を家庭裁判所に求める職務、③後見人の事務遂行が困難な場合で必要ある場合に後見事

図2-15 成年後見監督人の職務との対比

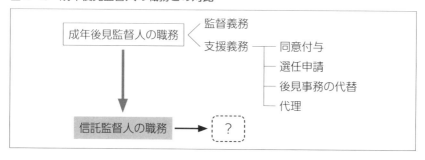

---

35)『成年後見監督人の手引き』12～13頁

務を行う職務，④後見人の利益相反の場合に本人を代理する職務などが規定される（民法864条，851条2号〜4号）[36]。

　信託監督人の職務を考える場合，後見監督人等の職務とされるものが，信託監督人の職務としても妥当なものであるといえるのか否かを検討していく方法が合理的であろう。

2 ｜ 信託監督人を設置すべき場合

　一体，どのような民事信託に信託監督人が設置されているのか，あるいは，どのような類型の民事信託には信託監督人を設置すべきなのだろうか。信託監督人は資格者たる専門職であることが一般であろうから，その報酬や費用が信託のコストとなる。そして，そのようなコストに見合った（コストがやむを得ない）民事信託である必要がある。したがって，まずは，信託監督人を設置すべき民事信託なるものの基準を探ることが大切になる。

　成年後見制度では，どのような場合に監督人が設置されるのであろうか。任意後見監督人は，いうまでもなく必置の機関であり，任意後見契約の効力発生条件である（任意後見契約法4条1項）。

　一方，法定後見監督人の場合，必要であると認められる場合に限り選任される（民法849条）。必要であると認められる場合とは，専門職関与の必要性があると判断される場合であり，例えば，①親族間に財産管理をめぐり紛争が存在する場合，②第三者との間で財産問題の紛争（又は可能性）が存在する場合，③賃料収入等の事業収入がある場合や財産を運用するような場合，④後見人に後見事務の懈怠のリスクがある場合，⑤後見人の利益相反（又はその可能性）がある場合，あるいは，信託財産の多さ（流動資産量）などの場合のようである[37]。

　いかなる民事信託の類型に信託監督人を設置すべきなのか，法定後見監督人の設置の必要性があると判断される場合を参考にすれば，以下のとおりと

36）『成年後見監督人の手引き』46頁
37）東京家裁後見問題研究会編著「後見の実務」別冊判例タイムズ36号41頁以下

なろう。

> □後見監督人の設置基準から考える信託監督人の設置
>   1) 賃貸物件の信託などの事業性（運用）がある場合
>   2) 信託財産の賃貸や売却などの収入がある場合
>   3) 信託財産に関して紛争又はそのおそれがある場合
>   4) 親族間（推定相続人間）に信託財産に関して紛争又はそのおそれがある場合
>   5) 受託者の信託の知識や経験が不足している場合
>   6) 受託者の信頼性又は能力に問題がある場合
>   7) 受託者との利益相反又はその可能性がある場合
>   8) 信託財産が高額である場合

　一般に，不動産の民事信託，とりわけ賃貸物件の民事信託は，上記のような基準からすれば，信託監督人設置案件であるということがいえよう。

　なお，上記3），4）の場合については，当初より法的紛議性の見込みある場合，信託監督人への就任につき，弁護士法72条との関係の検討の必要性が生じる場合もあろう。

民事信託の本人支援のための書類作成

　民事信託の当事者は，非専門家であるから，信託契約書をはじめとする必要書類は，簡素で簡易なもので足りるという意見がある。この場合，信託契約書を作成するのは専門家であろう。専門家であれば，信託当事者の権利の保全という観点が重要であり，非専門家が作成できる水準に合わせた簡易な書面という発想には違和感がある。

　本人によって訴訟が追行される本人訴訟を支援する場合，書類作成を依頼された専門家は，本人が非専門家であるからといって，簡易で簡素な訴状や準備書面を作成するのだろうか。

むしろ，非専門家である本人が当事者であるからこそ，本人訴訟のための書類は万全である必要があり，専門的な要件が尽くされる必要があるのではあるまいか。本人訴訟支援のための書面が，専門家による訴訟の場合に比べて，むしろ，詳細で緻密となる傾向がいわれてきた。

非専門家の当事者による法的手続の追行であるからこその書面主義であり，書面主義であるからこそ，非専門家による追行が可能となる，ともいえる。専門家が当事者から排除された民事信託でも，同様のテーゼが該当している可能性がある。

民事信託を支援するための専門家による書類作成は，依頼者の権利を保全できる書面である必要がある。非専門家である当事者の理解は，書類の簡素さによって確保するのではなく，専門家からの親切で熱心な反復された説明によって確保すべきである。

3 ┃ 親族後見人の問題点から見た親族受託者と信託監督人

法定後見監督人が選任されるのは，一般的に，親族後見人候補では不十分であり，専門職関与の必要性があると判断される場合である[38]。それでは，親族後見人の問題点とは何であろうか。被後見人（本人）と親族後見人の関係性は，委託者（本人）と親族受託者の関係性に類似する。しかるに，親族後見人と親族受託者の問題点は類似すると見るのが自然である。

親族後見人の問題点として，①後見事務の知識や経験が不足，②被後見人と自分との財産を混同しがち，③親の財産は自分のものという意識から財産使用に罪悪感が少ない，④親の財産を使うと相続財産が減るので財産の積極活用に消極的などである[39]。

しかるに，例えば，民事信託の不動産信託においても，金銭の積立が附随する不動産信託，賃料収入がある不動産信託，その他親族受託者が費消しやすい財産が存在する場合で，特に委託者の判断能力が減退するリスクがある

---

38) 『成年後見監督人の手引き』10頁
39) 『成年後見監督人の手引き』11頁

ような場合，同様の問題点が生じ得る。とりわけ，受託者個人に金銭の必要性が生じたような場合，親族ゆえに高まるリスクが存する。

また，親族たる当該受託者に事務処理能力（あるいは几帳面さ）が欠ける心配がある，あるいは，本業が忙しく信託事務が等閑となる心配がある，などの場合も信託監督人の設置が検討されるような場合であろう。

つまり，信託監督人の設置の要否は，①信託類型から要請されるもの（賃貸物件などの事業性の存在や財産の高額性），②受託者の態様から要請される場合（受託者の能力や意識に不安）に大別できるということである。

4 信託監督人の職務内容について信託行為（信託条項）でどこまで定めるべきか

信託行為は，民事信託を設定する委託者の意思である。信託設定形態として一般である契約による信託の場合，委託者と受託者の合意でもって，信託契約（信託条項）を締結（作成）する。

その場合，受託者の信託遂行を監督するために必要となる信託監督人の職務内容は，信託行為（信託条項）で定めておきたい。信託監督人の職務に対する協力や報告等が受託者の義務となる。信託監督人からの指示・指導に対して，受託者が信託監督人を無視できるような仕組みでは（従うか否かが受託者の任意であるような仕組みでは），信託監督人の職務に実効性を欠く。

信託行為（信託条項）においては，信託監督人の一般的監督権の行使の内

図2-16 信託行為（信託条項）と信託監督人

容に加えて，受託者の個別具体的な信託事務の遂行に対する信託監督人の監督が規定される必要がある。信託監督人による監督業務の実効性を確保すること，そして，信託監督人の義務と責任を明確化するためである。

第2章 民事信託における受託者と信託監督人の実務・総論

第3 信託期中における信託監督人の実務

1 | 信託監督人の義務と権限

⑴ 信託監督人の義務

　信託監督人の義務の規定としては，信託法133条が存在する。

　信託法は，信託監督人の義務について，「信託監督人は，善良な管理者の注意をもって，前条第1項の権限を行使しなければならない」とし（信託法133条1項），「信託監督人は，受益者のために，誠実かつ公平に前条第1項の権限を行使しなければならない」と規定する（信託法133条2項）。

　信託法上の信託監督人の義務規定は一般的・抽象的なものなので，信託行為でもって，より具体的な義務を定めることになろう。

信託法上の信託監督人の義務[40]

　□　善管注意義務（信託法133条1項）

　□　受益者のため誠実かつ公平（同条2項）

　□　現に存在する受益者のみならず，将来の受益者のためにも義務を
　　　負う

　現に存在する受益者のみならず，将来の受益者のためにも義務を負うという場合，信託監督人の責任は，個別具体的な特定の受益者の保護というよりも，より客観的なものであるということができる。また，現在の受益者との間で意見の対立が生じることもあり得ることを意味しよう。

---

40) 田中『新信託法と信託実務』229頁

第3 信託期中における信託監督人の実務 63

(2) 信託監督人の権限

信託法に掲げる信託監督人の権限を見てみたい。

信託法は，信託監督人の権限について，「信託監督人は，受益者のために自己の名をもって第92条各号（第17条，第18条，第21条及び第23条を除く。）に掲げる権利に関する一切の裁判上又は裁判外の行為をする権限を有する。ただし，信託行為に別段の定めがあるときは，その定めるところによる」と規定する（信託法132条1項）。

信託法132条1項は，条文の構造上，多くの条文を参照する必要があるので，同項だけを見て信託監督人の具体的な権限の内容を把握することはできない。

それでは，信託監督人の権限とは，具体的には，どのようなものが存在するのであろうか。信託監督人の権限は，役割上，その義務と表裏である。なお，信託監督人は，信託法上，過料制裁の対象の主体となっていることに注意したい（信託法270条1項）。

信託監督人の権限（信託法132条，92条各号）＝一切の裁判上又は裁判外の行為

- ☐ 信託法上，受益者に認められた裁判所に対する申立権（1号）
- ☐ 遺言信託における受託者となるべき者に対する信託の引受けの催告権（2号，5条1項）
- ☐ 信託財産に属する財産に対する強制執行，保全処分，担保権実行，競売，国税滞納処分などに対する異議を主張する権利（3号，23条5項又は6項）
- ☐ 強制執行などに対する異議の訴えを提起し，勝訴した場合，必要な費用，又は，弁護士，司法書士などの報酬の信託財産からの支弁の請求権（4号，24条1項）
- ☐ 受託者の権限違反行為の取消権の行使，あるいは，新受託者が就任するまでの前受託者の権限違反行為の取消権（5号，27条1項又は2項，75条4項）

□　受託者の利益相反行為の取消権（6号，31条6項又は7項）

□　受託者の信託事務の処理の状況並びに信託財産に属する財産及び信託財産責任負担債務の状況についての報告を求める権利（7号，36条）

□　法務省令で定める信託財産に係る帳簿その他の書類の閲覧又は謄写の請求権（8号，38条1項）

□　貸借対照表，損益計算書その他の法務省令で定める書類等の閲覧又は謄写の請求権（8号，38条6項）

□　受託者の任務懈怠による損失填補又は原状回復の請求権（9号，40条）

□　法人である受託者の理事，取締役など役員の受託者の損失填補責任又は原状回復の連帯責任の請求権（10号，41条）

□　受託者の法令又は信託行為違反の行為，又は，そのおそれがある場合，あるいは，公平義務違反の行為などに対する差止請求権（11号，44条）

□　受託者の任務懈怠による損失填補又は原状回復責任，法人である受託者の理事，取締役などの連帯責任，受託者の信託違反行為などの差止めなどに係る訴えを提起し，勝訴した場合，支出した必要な費用，弁護士又は司法書士などへの報酬の支払の信託財産からの支弁の請求権（12号，45条1項）

□　前受託者による信託財産に属する財産の処分の差止請求権（13号，59条5項）

□　新受託者の引継ぎまでの間における前受託者の相続人等，又は，破産管財人による信託財産に属する財産の処分の差止請求権（14号，60条3項又は5項）

□　前受託者や前受託者の相続人，破産管財人などによる信託財産に属する財産の処分に対する差止めに係る訴えを提起し，勝訴した場合，支出した必要な費用，弁護士又は司法書士などへの報酬の支払いの信託財産からの支弁の請求権（15号，61条1項）

第3 信託期中における信託監督人の実務　65

- □　受託者の任務が終了した場合，信託行為に指定された新受託者に
  なるべき者に対する就任承諾の催告権（16号，62条2項）
- □　信託行為に信託監督人となるべき者の指定がある場合の就任の承
  諾の催告権（19号，131条2項）
- □　信託行為に受益者代理人となるべき者の指定がある場合の就任の
  承諾の催告権（20号，138条2項）
- □　受益証券発行信託の場合の受益権原簿の閲覧又は謄写の請求権
  （22号，190条2項）
- □　限定責任信託の場合の給付可能額を超える受益者への給付の金銭
  の填補又は支払の請求権（24号，226条1項）
- □　限定責任信託の場合の受益者に対する給付により欠損が生じた場
  合における金銭の填補又は支払の請求権（25号，228条1項）
- □　受益証券発行限定責任信託の場合で会計監査人が任務を懈怠する
  ことで信託財産に損失が生じた場合の会計監査人に対する損失の填
  補の請求権（26号，254条1項）

　報告や閲覧請求などの受託者に対する一般的監督権の行使，あるいは，信託の維持のための催告権などを除いて，信託監督人の職務は，裁判所の法的手続申立，異議申立などの法律事務が少なくないことが特徴である。

(3)　信託監督人の裁判事務

　前述のとおり，弁護士以外の資格者が信託監督人に就任したような場合，自己の名をもってする裁判上の行為として，弁護士法72条の適用除外となるのか否か，という問題がある。

信託監督人が自己の名をもってする裁判上の行為の例

- □　信託法上の各種非訟事件の申立て
- □　信託財産の差押えや強制執行に対する異議の訴え
- □　受託者の権限違反行為に対する取消しの訴え

66　第2章　民事信託における受託者と信託監督人の実務・総論

□　受託者の信託違反行為の差止めの訴え
□　受託者の任務懈怠による損害賠償の訴え
□　受託者の利益相反行為の取消しの訴え

　また，信託法上，信託監督人には信託非訟事件の申立権者としての地位が
規定されている（信託法132条1項，92条1号など）。専門職たる信託監督人は，
ある意味において，裁判所と当該民事信託を媒介する役割を担っている，と
いうことができる。信託監督人が，旧信託法時代に存在していた裁判所の監
督の代わりである，といわれる所以であろう[41]。

　この点，前述のコラム（本章第1・2）で記されたような論点が存在する。
また，本章第1・8(4)で論じられたような不安がある。弁護士以外の資格者
が信託監督人に就任した場合，信託監督人として自己の名をもってした非訟
事件申立てなどの裁判事務について弁護士法72条あるいは民事訴訟法54条1
項との間の問題は生じない，ということが確認されないと，安心して，信託
監督人の職務を遂行できない。この問題が曖昧にされたままであれば，事実
上，弁護士以外は信託監督人に就任できない（あるいは，その権限の主要なも
のが行使できず，実効性に欠けてしまう）という結論になりかねない。信託監
督人に要請される専門知識の分野は，信託財産類型や信託の仕組みに応じて
異なるにもかかわらずである。

　実は，弁護士法の存在が，信託業法における規制とともに，我が国におけ
る民事信託普及のための壁となっている側面がある。これまで，必ずしも弁
護士職全体としては民事信託の普及に熱心であったとはいえないにもかかわ
らず，弁護士法72条の存在が，民事信託普及に熱心である他の資格職におけ
る民事信託支援への萎縮をもたらしているからである。

　ところで，信託監督人の裁判事務と弁護士法72条の関係については，①信
託監督人自身の行為（自己の名をもってする行為）なので，他人のための法律
事件を規定する弁護士法72条本文の構成要件該当性がないとする見解，②弁

---

41)『信託法セミナー3』237頁（道垣内弘人発言）

護士法72条ただし書の「他の法律」に信託法92条，132条が該当し，弁護士法72条本文の除外事由となるとする見解，③信託法上に規定された信託監督人の権限として法令行為あるいは正当業務行為となり，弁護士法72条本文の違法性が阻却されるとする見解，④信託監督人の裁判事務に対しては，実質的に他人のための法律事件と解して，原則として弁護士法72条本文が適用あるいは同条の脱法として処罰されるので，信託監督人の権限中，裁判事務はできないとする見解，⑤信託監督人の自己の名をもってする裁判事務を④のように解して，かつ，その中でも，法的紛議性の生じるものについてのみ弁護士法72条が適用され（事件性必要説）、信託監督人に禁止されるとする見解，という5つの考え方があり得る。

　どのような考え方に従うのか，個々の資格者たる実務家に対する告発や懲戒のリスクを考えると，個人の実務家における解釈と判断の問題という領域を超えているのが実情であろう。当該資格者が所属する資格者団体（準公的機関）あるいは監督機関からの公式見解が切に望まれているところである（本章第1・8⑷参照）。

信託法の規定による非訟事件

- 遺言信託における裁判所による受託者の選任（信託法6条）
- 信託財産と固有財産に属する共有物の分割請求（信託法19条4項）
- 受託者の信託事務処理に対する検査役の選任（信託法46条）
- 受託者の解任（信託法58条4項）
- 新受託者の選任（信託法62条4項）
- 信託財産管理命令（信託法63条）
- 信託財産管理者の選任（信託法64条）
- 信託財産管理者の報酬の決定（信託法71条）
- 信託財産法人管理人による管理命令（信託法74条2項）
- 受益権の価格の決定（信託法104条）
- 信託管理人の選任（信託法123条4項）
- 信託管理人の辞任の許可（信託法128条2項，57条2項）

68 第2章 民事信託における受託者と信託監督人の実務・総論

- ・信託管理人の解任（信託法128条2項，58条4項）
- ・信託管理人の任務終了の場合における新信託管理人の選任（信託法129条，62条4項）
- ・信託監督人の選任（信託法131条）
- ・信託監督人の辞任の許可（信託法134条2項，57条2項）
- ・信託監督人の解任（信託法134条2項，58条4項）
- ・信託監督人の任務終了の場合における新信託監督人の選任（信託法135条，62条4項）
- ・受益者代理人の辞任の許可（信託法141条2項，57条2項）
- ・受益者代理人の解任（信託法141条2項，58条4項）
- ・受益者代理人の任務終了の場合における新受益者代理人の選任（信託法142条，62条4項）
  - （※受益者代理人は，当初の選任だけが非訟手続として規定されていない。）
- ・特別の事情による信託の変更を命ずる裁判（信託法150条）
- ・特別の事情による信託の終了を命ずる裁判（信託法165条）
- ・信託財産に関する保全処分（信託法169条）
- ・管理命令における管理人の選任（信託法170条）
- ・信託の終了を命じた場合における信託の清算のための受託者の選任（信託法173条）
- ・限定責任信託の会計帳簿等の提出命令（信託法223条）
- ・受益者の定めのない信託における信託管理人の選任（信託法258条6項）
- ・信託管理人の任務終了の場合における新信託管理人の選任（信託法142条，62条4項）

　信託監督人は，受益者のために自己の名をもって，信託法上，受益者に認められた裁判所に対する申立てを行うことができる。信託法上の非訟事件は，受託者の住所地を管轄する地方裁判所の管轄に属する（信託法262条1項）。

　信託監督人は，その善管注意義務として（信託法133条1項），申立事由が

第3　信託期中における信託監督人の実務　　69

存在する場合，信託監督人は当該申立てをすべき義務が生じるのだろうか。

　例えば，受託者の任務違反により信託不動産に損害を与えた場合，信託監督人は，受託者の解任の申立てを裁判所に対して行うべきか（信託法58条4項），という問題である。受益者に適切な判断能力が存する場合，受益者との協議によって方針を決定することになろうが，受益者が病気や不在などで連絡不能な場合など，信託監督人は，単独の判断主体として困難な立場に置かれる可能性がある。

(4)　信託監督人における単独受益者権の制約

> **受益者の権利で，信託監督人が行使できない権利（信託法132条1項）**
> 　□　受益権を放棄する権利（信託法92条17号，99条1項）
> 　□　信託の変更，併合，分割の場合における受益権取得請求権（信託法92条18号，103条1項又は2項）
> 　□　受益証券発行信託の場合における受益権原簿記載事項を記載した書面等の交付又は提供の請求権（信託法92条21号，187条1項）
> 　□　受益証券発行信託の場合における受益権原簿記載事項の記載又は記録の請求権（信託法92条23号，198条1項）

　受益権取得請求権の行使などは受益権の財産権に関わる問題であり，また，民事信託では受益証券発行信託を考慮する必要性は低い。

> **信託監督人と受益者の単独受益者権の関係[42]**
> 　□　受益者も受託者に対する監督権限を失わない。
> 　□　受益者は，信託監督人と，重畳的，競合的に権限を行使できる。

　信託行為により，信託監督人の権限を変更することができる（信託法132条

42）田中『新信託法と信託実務』228頁

1項)。信託行為の定めなき限り，複数の信託監督人は，その権限を共同行使する（同条2項）。

　信託行為において，信託監督人の権限を変更しようとする場合，それが，どこまでの制限あるいは拡大が許容されるのか，という点が慎重に検討される必要がある[43]。

2 ｜ 信託監督人による受託者に対する是正措置の行使

(1) 差止請求権

　信託監督人が受託者の不適切な信託事務処理を発見した場合，いかなる是正措置がとられ，あるいは，とるべきなのだろうか。

　信託法上，信託監督人の是正手段として，代表的なものが差止請求権と取消権である（信託法132条1項，92条5号・11号等）。なお，信託行為に別段の定めが可能であり，信託監督人の場合，任意規定化されている（信託法132条1項ただし書）。

　どちらも強力な権限であり，信託監督人としても，その行使には相当な覚悟が必要である。また，信託監督人の立場からすれば，それらの権限の行使は，信託監督人の善管注意義務上，必要が生じた場面において，信託監督人が行使すべき義務となるか否かという，信託監督人にとって厳しい問題がある。信託監督人が差止請求等の権限の行使を怠った結果として，信託財産に損害が生じた場合，信託監督人に対する責任追及がなされる可能性があるからだ。

　受託者の行為に対する差止請求権は，①受託者の行為が法令若しくは信託行為の定めに違反するものであるか，あるいは，法令若しくは信託行為の定めに違反するおそれがある場合であって，②受託者の当該行為によって信託

---

43) 田中『新信託法と信託実務』229〜230頁は，信託行為による信託監督人の権限の拡大を可能とする。これに対する反対論として，『信託法セミナー3』229〜233頁の道垣内弘人発言。なお，法制審議会信託法部会第22回会議議事録には，第三者にどこまで権限を委ねることができるかという問題と平仄を合わせる旨の発言がある。

第3　信託期中における信託監督人の実務

図2-17　信託監督人による差止請求権行使

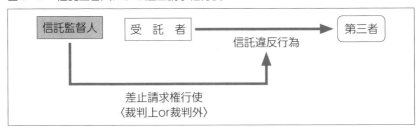

財産に著しい損害を生じるおそれがある場合，当該受託者に対して，当該行為をやめることを請求することができる。根拠条文は，信託法132条1項，そして信託法92条11号による信託法44条1項である。

　なお，立法担当者によれば，受託者に対する差止請求は，裁判外の行使でも可能であるが，裁判外の行使によっては，その効果が十分には期待できないこともあり得るので，実際は，裁判上の行使（とりわけ，差止請求権を被保全権利とする民事保全法上の仮の地位を定める仮処分の申立て）がされることが多いと思われる，としている[44]。

　なお，仮に弁護士以外の資格者が信託監督人に就任している場合，信託監督人は自己の名をもって権限行使するのであるが，弁護士法72条本文の構成要件該当性（又は同条ただし書の除外法令あるいは正当業務行為としての違法性阻却事由等）が問題となるリスクがあるのか否かが検討される必要がある。

(2) 取消権の行使

　受託者が，信託財産のためにする行為として，権限の範囲を超える行為を行った場合，信託監督人は，当該行為を取り消すことができる（信託法132条1項，92条5号，27条）。ただし，取消しの対象となる受託者の行為の相手方が，信託財産のための行為であることに悪意であり，権限外行為であることに悪意又は重過失があった場合に限る（信託法27条1項1号・2号）。

　信託監督人と受益者は，取消権を重畳的に行使できるが，この悪意・重過

---

44) 寺本『逐条解説』167頁

図2-18 信託監督人による取消権行使

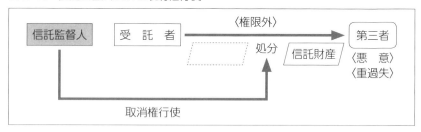

失の立証責任は，信託監督人や受益者の側が負う[45]。受益者の判断能力が減退している場合には，当該取消権を適切に行使することは信託監督人の単独の判断と責任とならざるを得ない。

受益者取消権は，信託法改正により，受益者の立場からは使いづらくなってしまったものの一つである。受託者の利益や取引の安全などを重視した結果ともされる[46]。その結果，上記の立証責任の負担や信託登記の効果の削減が生じたが，民事信託では，受益者の利益の保護を図り，受託者の権限濫用を阻止するため，信託登記（信託目録）を工夫して，信託法改正によって生じた不利益を補充することが考えられる[47]。

受託者の信託財産のための権限外の行為とは，処分権限なく信託不動産を売却し，担保設定することや，信託行為に反して，権限なく，信託不動産の賃貸を行い，あるいは，信託財産について信託行為に反した契約を第三者と締結するなどの行為である。

例えば，信託財産の管理のみを目的とする不動産の民事信託において，受託者が，信託行為の定めに反して，信託不動産を第三者に売却するような場合が，権限違反行為の代表例として考えられる。

この場合，当初，信託監督人は，受益者のために，自己の名をもって，受

---

45) 法制審議会信託法部会第13回・第22回会議議事録，渋谷『信託目録の理論と実務』159～169頁
46) 能見善久=新井誠「対談　信託法のこれからを語る」信託フォーラム１号８頁（能見善久発言）
47) 渋谷『信託目録の理論と実務』159～165頁

図2-19 職務範囲のギャップ

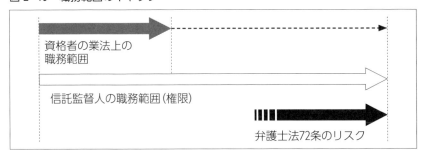

託者並びに買主たる第三者に対して，裁判外において，口頭，そして，文書で，取消権の行使を行うことになろう。そして，受託者と買主たる第三者の取引の進行状況や緊急性に応じて，裁判所に対して保全処分を求めることなどが求められよう。

受託者の権限の範囲は，信託目的から演繹しようとすると，曖昧な部分が生じてしまう。そこで，実務上は，受託者の日常的な信託事務を除いて，原則的には，信託行為でもって，受託者の権限と特定されたものを，受託者の権限の範囲とするほかないだろう。

この点，信託目的の解釈論で，受託者の権限の範囲を定めようとすれば，第三者の悪意や重過失の判断も難しくなり，取引の安全を害し，かつ，受益者等による取消権の行使に迅速さを欠くようになる。包括的な信託契約書（信託条項が少ない数頁の契約書）が実効性を欠く所以である。また，受託者の包括的な裁量型の信託に至っては，取消権の行使が難しく，受託者の不正や権限濫用を牽制できないリスクがある。

ところで，取消権の行使は，信託監督人による受託者の信託事務の是正手段として大きな権限である。取消権を行使すべきような状況にある場合，それは信託監督人の義務となるのか，適時に取消権を行使しなかった場合の損害の賠償責任などが問題となろう。

なお，信託監督人に就任する各資格者の職務範囲あるいは弁護士法72条との関係で生じ得る疑問については，差止請求権の行使の場合と同様である。同条の潜脱といわれない範囲は何かという問題もある。

74 第2章 民事信託における受託者と信託監督人の実務・総論

(3) 受託者への説得

　信託監督人が，受託者の信託事務の違法や不適切を発見した場合，差止請求権や取消権の行使に至る前に（緊急の場合でなければ），信託監督人は，受託者に対して，是正の申入れを行い，是正の指導を行う必要がある。まずは，信託監督人は，受託者との間で，十分な協議を持ち，受託者との信頼関係を維持しつつ，是正の可能性を探求すべきだろう。

　そして，信託監督人は，受託者から入念に事情を聴取し，受託者の意図を確認し，今後の方針と受託者の適切性に関する判断を行う必要がある。当該不適切が，受託者の理解の不十分によって生じたのか，職務懈怠によって生じたのか，あるいは，意図的な行為によって生じたのか，その他の原因の検証を要する。

(4) 受託者の行為が犯罪となる場合

　受託者による信託違反行為が，その逸脱の程度が激しく，横領罪（刑法252条）あるいは背任罪（刑法247条）の構成要件に該当するような行為に至る場合もあり得る（本章第1・6）。

　受託者の犯罪の疑義が生じるような場合，信託監督人は，どうすべきであろうか。この点，信託監督人は，捜査機関に対して，告発をすべきか否か，という問題が生じる。告発とは，告訴権者以外の者が捜査機関に対して犯罪事実を申告し，犯罪の訴追を求める意思表示をいう[48]。官史・公史の場合は，その職務を行うことにより犯罪があると思料するときは告発する義務があるが（刑事訴訟法239条2項），信託監督人は，信託の機関といえども，一般に，私人である。

　なお，親族間の信託の場合，横領罪あるいは背任罪等において，配偶者，直系血族や同居の親族との間で犯した罪は親族相盗例として処罰阻却事由となるのか（本章第1・5），それ以外の親族が被害者となる場合，被害者からの告訴がないと公訴を提起することができないのか（刑法244条，251条，255

---

48) 小林充『刑事訴訟法〔新訂版〕』（立花書房，2009）79頁

条), という問題がある[49]。また, 親族相盗例における受託者との関係は, 民事信託の場合, 委託者との関係なのか, 受益者との関係なのか, という問題がある。

このように, 親族間の犯罪として親告罪となるか否かについてもグレーゾーンが残るが, 実務上, 信託監督人は, 受託者の犯罪の疑いに対しては, 親族間の信託の場合, 原則として, 親族たる委託者や受益者に対して適切な報告を行い, まずは親族の判断を聴取することになろう。

委託者あるいは受益者との間で, 受託者が親族ではないような場合 (例えば委託者の友人であるような場合), 親告罪の問題は生じない。そこで, 信託監督人として, 横領罪あるいは背任罪などの犯罪が成立していると疑われるような場合, 被害者に対して被害届や告訴を促すか, あるいは, 自ら告発すべきか, という問題に直面する可能性がある。この点, 信託監督人は, 原則として, 受益者らと協議を行いつつ, 受益者らと共に, 捜査機関に対する相談を行うことになるのではあるまいか。

また, 一般社団法人を設立して受託者としているような場合, 当該法人の理事が不正を行った場合, 当該法人との関係で, 業務上横領罪等 (刑法253条で単なる横領罪よりも処罰が重い) が成立する可能性があるかもしれない。この点, 理事は, あたかも会社の役員の犯罪のように, あくまで法人に対する信認関係に背いていると解されるからだ。

仮に, 委託者あるいは受益者と当該理事が親族関係にあったような場合, 親族相盗例の適用可能性はなくなるということだろうか。そうだとすれば, 理事としての業務上横領罪の可能性を含めて, 親族間の信託において, 受託者特別法人を介在させることは, 事実上, 受託者側に対する責任の加重となる可能性がある。

(5) 信託監督人への受託者解任権の付与

後見監督人の場合, 後見人に不正な行為, 著しい不行跡その他後見人の任

---

49) 渋谷『受託者支援の実務と書式』284頁

務に適しない事由があるときは，家庭裁判所に対して，解任請求を行うことができる（民法846条）。この点，民法上，後見監督人の権利として規定されるが，実務上，後見監督人が，後見人の不正や任務に適しない事由を知ったときは，家庭裁判所に対する解任請求を行うべきとされている[50]。例えば，後見人が財産目録を作成せず，財産状況の報告を行わないような場合，後見の任務に適しない事由があるときに該当するという[51]。

信託監督人の場合，原則として，信託法92条1号の「この法律の規定による裁判所に対する申立権」として，信託法58条4項の受託者がその任務に違反して信託財産に著しい損害を与えたことその他重要な事由があるときの裁判所に対する受託者の解任請求を行使し得ると考えられる。

また，受託者の解任権は，原則として，委託者及び受益者が有しているが（信託法58条1項），信託行為の定めでもって，第三者に解任権を付与することもできるので（信託法58条4項）[52]，信託監督人に受託者の解任権を付与することも可能であると考えられるが，見解が分かれるところでもある[53]。

図2-20 信託監督人による解任請求

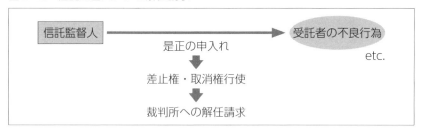

---

50)『成年後見監督人の手引き』41頁
51)『成年後見監督人の手引き』41頁
52) 寺本『逐条解説』201頁
53)『信託法セミナー3』232頁（田中和明発言）は，信託行為の定めで第三者に与えることができる権利を信託監督人に与えることも可能とする。なお，遠藤英嗣弁護士は，受託者の解任を，受益者と信託監督人の共同行使とすることが妥当とする（「信託監督人と受益者代理人の役割分担」信託フォーラム6号120頁）。

(6) 信託監督人による受託者の解任の現実性

　裁判所に対する受託者の解任請求は，後見人の解任請求の場合よりも，要件が厳格化されている。しかし，信託行為をもって，信託監督人に解任権を付与できるとした場合，信託監督人による解任権の柔軟性を確保することも可能であろう。

　もっとも，専門職後見人の供給が可能である後見人の解任の場合と異なり，受託者の場合，いわゆる専門職受託者の供給は，信託業法の業務独占規定が存在することから，不可能である。また，厳格な規制によってコストの負担を強いられる信託会社が，低廉の費用でもって，中途から民事信託を引き受けることが可能であるか疑問である。

　なお，当初より，受託者候補者の予備（代替者）を用意しておくことが推奨されることがあるが，実務上，予備（バックアップ）の設置には課題が残ることについて，第7章を参照されたい。

　したがって，信託監督人の解任権の行使には慎重さが要求されることになろうが，みすみす不正のリスクを放置することは許されない。不正による損失が生じるのなら，信託を終了させた場合がよい事例もあり得るであろう。

　ちなみに，後見人の場合，解任事由に該当するとされた事例として，後見人が本人の財産を自己のために費消している場合，本人の収益を自己の収益と混同している場合，本人の財産に自己のために担保権を設定した場合，あるいは，家庭裁判所の後見監督指示に従わない場合，金銭の一部が使途不明な場合，また，後見人の任務に適しない事由として人間関係や財産目録等の

図2-21　信託監督人による解任の可能性

作成義務違反や財産管理の不適切のおそれがある場合などがある[54]。

3 信託監督人による受託者実務の補充

(1) 受託者の不在時の信託監督人の機能

前述のとおり信託監督人が、受託者の信託遂行が不適切であり、あるいは、権限濫用が行われていると判断した場合、信託監督人が是正措置を講じる場合があり得る。また、例えば、受託者の権限濫用が発覚したような場合、信託監督人は、受託者が不適格であると判断することで、裁判所に対して解任請求を行う場合がある。あるいは、受託者が信託事務を放置することや、受託者が自ら辞任することもあり得る。

そのような場合、受益者が判断能力を欠く場合など、いわゆる福祉型信託においては、民事信託の仕組み内における唯一の専門職であり、信託関係人である信託監督人が、信託の維持又は運営のため、コントロールの役割を果たす必要が生じる。信託監督人が、新たな受託者となるべき者を選任し、就任までをコントロールしないと、信託は終了してしまう。

また、受託者の突然の死亡や病気その他の事情が生じた場合で、かつ、自然災害で破損した建物の補修対応のごとく、至急、信託事務を遂行する必要が生じた場合も、専門職たる信託監督人が何もしないで見ているわけにはいかないだろう。そのような場合、社会常識上、信託監督人が信託事務を代替

図2-22 信託事務の空白

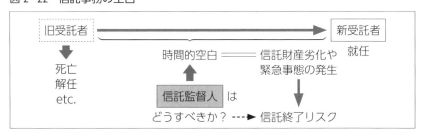

---

54)『成年後見監督人の手引き』104頁

せざるを得ないような場合が生じる可能性がある。

　信託監督人は受託者ではないが，これらの場合，実質的に受託者的な機能を果たさざるを得ないのではあるまいか。事実上，受託者が欠ける期間が生じる場合があり，そのような場合でも，信託遂行の必要性は継続しているからだ。例えば，信託不動産に対して損害，紛争，あるいは，信託不動産による第三者への損害等が生じた場合，誰かが，それらに対応する必要が生じる。

　信託監督人は，裁判所に対して，財産管理人の選任などを求めることができようが，どうしても，時間的空白が生じてしまう。そこで，受託者が不在であり，受益者が判断能力を欠くような場合，事実上，信託監督人が対応せざるを得ない場合があり得る。

(2)　急迫の事情がある場合における必要な処分

　この点，後見監督人あるいは任意後見監督人の職務においては，急迫の事情がある場合，後見人に代わって，必要な処分を行う必要がある（民法851条3号，任意後見契約法7条1項3号）。急病や事故など，後見人や任意後見人自身がその業務に従事できないような事情があるとき，当該監督人に，本人保護のため，至急，対応をしなければならないような場合が生じる。例えば，後見人が所在不明の際，本人の家屋が倒壊しそうな場合の修繕の措置の必要性などである[55]。後見監督人が，それを傍観していてよいわけがないとされる一方，信託監督人は傍観していても許されるものだろうか。

　民事信託の受託者の事故や病気は，信託監督人設置の案件以外でも，その間，誰が，どうするか，という問題を生じる（特に受益者に判断能力を欠く場合）。仮に一般社団法人が受託者であっても，信託事務を担うのは組織における特定の具体的な個人であって，当該個人について生じた事故や病気の場合，同じ事情となる（具体的担当者を欠く法人は信託違反を惹起するリスクがある）。

　さしあたり信託監督人を設置する場合，実務上，急迫の事情のある場合，

55）『成年後見監督人の手引き』101頁

図 2-23　受託者不在時

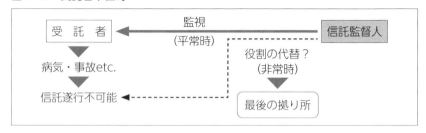

　信託監督人が受託者の信託事務を担えるようにすべきか否か，それはいかなる法律構成でもって可能なのか，信託業法の抵触可能性などが検討される必要がある。信託監督人の職務としたい場合，信託行為でもって定めておく必要があるからだ。

コラム

受託者の不正が発覚した場合

　受託者による信託財産の無断流用などの不正が発覚した場合，信託監督人は，どのように対応すべきだろうか。賃貸物件の収受賃料の一時借用あるいは修繕積立金の流用などが考えられる。

　信託監督人は，受託者と面談して，その事情を確認し，被害額その他を勘案して，まずは，受託者に対する損失補填や原状回復を求め，そして，受託者に辞任を促し，あるいは，受益者による解任を促し，又は，裁判所に対する受託者の解任請求を行い（信託法58条4項，92条1号，132条），そして，信託財産管理者による管理を命ずる処分（信託法63条）や受託者の職務を代行する者を選任する仮処分命令（信託法73条）の申立てなどが検討されよう。あらかじめ，その対応を信託行為で規定しておく場合もあろう。

　信託監督人は，受託者の不正に対して，犯罪として，被害届を出し，捜査を求め，あるいは，検察官に告発する場合もあろう。受託者の行方不明という状況もあり得る。

　後見監督人の場合，後見人の不祥事が生じれば，家庭裁判所に報告して家庭裁判所の指示を仰ぐことになるが，そのような公的仕組みが存在しない信託監督人は，単独でもって厳しい判断を迫られることになる。受益者の判断能力が

正常である場合には，受益者と協議して対応を決めることになろうが，受益者の判断能力が減退しているような場合，信託監督人が孤独な判断を強いられる場合がある。

(3) 受託者の欠けた場合のダメージコントロール

　成年後見監督人の場合，後見人が欠けた場合，後見監督人は，遅滞なくその選任を家庭裁判所に請求することを要する（民法851条2号）。民事信託における信託監督人は，受託者を欠いた場合，そこまでの義務を負うだろうか。

　民事信託において，受託者を欠いた場合，唯一の専門職として信託監督人は，実質的に，信託のコントロールを行わざるを得ない立場となろう。とりわけ，委託者兼受益者の判断能力が減退してきた場合にしかりである。そのような場合，信託監督人は，信託を継続すべきか終了すべきかの判断を行うこと，信託を継続するとして受託者候補者を探すこと，受託者が不在の場合における緊急の信託事務の判断や対処を行うこと，信託の計算事務を継続し，受益者に不利益を与えないように措置すること，その他の難問から逃げることはできない。

　民事信託の受託者を欠いた場合に信託監督人が行うべきことは，信託行為でもって，具体的に定めておく必要がある。それがない場合，現に受託者が急死したような場合，信託監督人の対応が困難となり，あるいは，信託監督人の独断となってしまうリスクがある。

　ところで，信託監督人を欠いた場合，あるいは，指図権を有する受益者の判断能力が減退した場合，その他の信託関係人を欠いたり（判断能力が減

図2-24　ダメージコントロール

退）した場合を想定して，あらかじめ，それらの予備（代替）者を設置すべきである，という意見がある。

　この点，どこまで完璧な仕組みの民事信託を組成するべきか，という問題であるが，それはどこまでコストをかけるべきかという問題でもある。一部の信託関係人を欠いた場合（あるいは判断能力を失ったような場合），信託終了もやむなしとするか，信託の継続を絶対とするか，コストと必要性のバランスの問題となろう。

　信託関係人の予備や代替者の設置を欠くからといって，民事信託の組成の失敗とまでいえるか。民事信託の実務が普及し，その実務内容が展開，発展すればするほど，将来のイベントが心配となり，民事信託の仕組みが商事信託の仕組みに近づき，重装備の民事信託となる傾向がある。結局，低コスト性という民事信託のメリットが減殺されてしまう場合も生じてしまうが，民事信託の限界をどこに設定するか，という実務の標準化の問題でもある。

4 ｜ 信託監督人による同意

⑴　信託の同意権者としての信託監督人

　成年後見監督人の場合，成年後見人の一定の行為に対する同意権者となっており，その場合，成年後見人は後見監督人の同意を得る必要がある（民法864条）。例えば，成年被後見人名義の財産の売買や担保設定，借入などの処分行為，成年被後見人を原告とする訴訟の提起，成年被後見人の不動産の大規模修繕のための請負契約締結，成年被後見人を代理しての営業や元本の利用その他について，成年後見人は成年後見監督人の同意を要する[56]。

　信託監督人の場合，成年後見監督人と異なり，信託法上，このような同意権は規定されていない。一方，信託監督人の権限を拡張することについては，肯定論から反対論までを含めて，様々な意見が存在することに注意したい[57]。

56）『成年後見監督人の手引き』90〜92頁
57）『信託法セミナー3』229〜237頁，遠藤英嗣「信託監督人と受益者代理人の役割分担」信託フォーラム6号118〜121頁

第3 信託期中における信託監督人の実務 83

それでは，実際に信託監督人に対して，そのような同意権を付与すべきであろうか。受託者に対する同意権者となることは，信託監督人が，信託の重要な判断を共同して担うことを意味し，信託の当事者性を帯びることになる。それは，信託監督人の責任の問題と表裏である。事案によっては，信託監督人が最終判断者となることを意味する場合があり，信託監督人の責任は重くなる。信託監督人にとって，そのような判断が可能な状態であり続けるような，当該民事信託に対する強いコミットを強いられる。そもそも，原理的な問題として，信託の機関たる信託監督人に対して，当事者性を帯びることになる同意権を付与することが，果たして適切か否かという問題がある。

一方，信託財産の処分や信託財産を担保とした借入など，受託者の行為が行われた後では，事後的な救済が難しい場合がある。訴訟の提起や大規模修繕の請負契約の締結などもしかりであろう。受託者の信託事務において，判断のミスが生じた場合，不可逆的な損害が生じるおそれがある場合，あるいは，受託者の不正が生じやすい局面では，信託監督人を同意権者として，信託監督人が，当該行為の内容を，事前に，知り得るようにしておくことがあり得よう。

この点，信託監督人が，受託者に対して，取消権や差止請求権を行使し得るような事項であれば，そのような事項に対して信託監督人の同意にかからしめるのは，取消権等の表裏（反面）であると考えられる[58]。むしろ，信託監督人の同意事項としておき信託監督人による事前のチェックを可能とし，登記事項にすることで登記官や銀行等の外部機関からの事前のチェックを可能としておく[59]などの措置が，事前抑止（ゲートキーパー）機能としてあり得る。

問題は，受託者のいかなる行為について，信託行為をもって，信託監督人の同意を要する行為であるとするか，ということである。また，信託契約を

---

58) 受託者の利益相反行為の承認や介入権の行使につき，『信託法セミナー3』233頁（沖野眞已発言）
59) 伊東大祐「信託契約締結上の留意点（民事信託・家族信託分野において）」信託フォーラム6号25頁

図2-25 信託監督人の同意権？

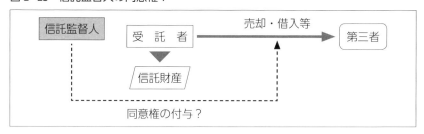

締結するに当たっては、同意権の設定とその特定について、当該信託監督人（候補者）に対する事前確認が必要となろう。

信託監督人に対する同意権の付与

　信託監督人を設置した民事信託の契約書では、信託監督人に対して、受託者の重要行為に対する同意権を与えているものが少なくない。事前に、受託者の権限濫用や不適切処分を阻止する仕組みとして、信託監督人による監督職務を実効化することを意図された信託行為である。

　しかしながら、信託監督人に対して、受託者の信託財産の処分行為に対する同意権を与えることができるか否かについては、積極論（肯定論）と消極論（否定論）が存在する。民事信託の分野で活発な議論が行われている論点である[60]。信託監督人に対する同意権の付与という問題は、信託法上の性質論、監督職務の範囲とは何かという実務論、そして、信託監督人となる資格者における職務範囲論及び責任論、その他に問題が複層化している。

　信託行為をもって、信託監督人に対して、受託者の信託処分行為に対する同意権を付与できるとする積極論は、①同意権の付与は、信託行為でもってすれば、第三者に対しても可能であり、信託監督人への付与を否定する理由はないこと、②信託監督人は、受託者の権限外行為に対する取消権などを行使し得るので、事前の同意権は、その反面にすぎない（取消しはできるのに、同意はでき

---

[60] 『信託法セミナー3』229～235頁、伊東大祐「信託契約締結上の留意点（民事信託・家族信託分野において）」信託フォーラム6号29頁、遠藤英嗣「信託監督人と受益者代理人の役割分担」信託フォーラム6号115頁

ないのはおかしい)，③未成年の受益者などの能力を補完することが想定されていた，などを理由とする。要は，当事者の信託行為による信託の仕組みのデザイン（の自由度）を重視する見解である。

　一方，信託監督人に対する同意権付与への消極論は，①制度趣旨として監督の範囲に限定すべきであること，②受益者代理人制度との区別がなくなってしまうこと，③信託監督人は受益者の代理人ではない，などを理由とする。要は，信託法が設けた受益者代理人制度との差異を強調する立場である。

　この点，実務上，信託監督人による監督を実効化するためには，事前に，受託者の不適切行為を抑止し得る仕組みを考える必要がある一方，信託監督人に就任する資格者において，どこまで責任を負担できるのかという問題とのバランスを考えることが大切である。

(2) 信託監督人の同意事項とすべき事項

　受託者の信託事務に対する牽制構造として受益者の同意（承諾）を定めるような場合，信託監督人の同意が重畳的に定められることになる場合がある（共同行使形態もあり得る）。非専門家の受益者では判断が難しいような局面では，受託者に対する牽制構造として，信託監督人の同意権の設置が重要な機能を果たす可能性がある。

　なお，受益者の判断能力が減退したような場合，その要保護性のレベルに応じて，当該受益者に後見人等を付すべき場合もあると考えられるので，専門職たる信託監督人として，信託監督人に同意権が付与されることで後見制度の潜脱とならないように留意すべきであろう。

　信託監督人の同意権は，受託者の信託事務における権限濫用阻止や不正の防止という目的や信託事務の適切性の確保という必要性に依拠する。そこで，受託者による信託財産の出費，減少，重大な変更を生じる可能性を持つ信託事務の実行などに対して同意が行われることが考えられる。受託者による信託財産の処分，一定額以上の信託財産の支出，重要な信託財産の変更などの場合である。

　例えば，受託者が信託財産を処分する場合，信託監督人が同意権者とされ

図2-26 同意の内容？

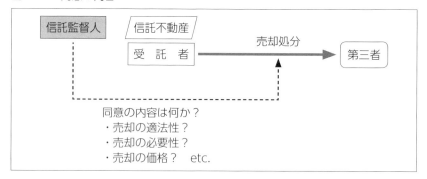

れば，後日，信託監督人は，処分価格の妥当性などの責任を問われることになる。例えば，後日，他の親族などから信託不動産の売却価格の適正をめぐる紛争などが生じた場合，信託監督人が巻き込まれるリスクが生じる。しかるに，専門職として，どこまで責任を負うことができるのかを考える必要があるとともに，同意権の行使方法やその同意の判断に至る合理性を証するための証拠となるべき文書の確保と保管などの措置が必要となろう。当初，信託監督人の同意権の信託行為の定めを行う段階で，当該信託監督人（候補者）との協議，そして承諾を要する所以である。

(3) 信託財産の処分と信託監督人の同意

受託者に対する信託監督人の同意事務の可能性を考えるに際して参考となるような実務は，成年後見人における居住用不動産の処分の実務である。後見人の処分に対して家庭裁判所の許可が必要となる実務となるからだ（民法859条の3）。

そもそも，成年後見実務において，居住用不動産とは何かという定義の問題がある。例えば，かつて居住した不動産ではあるが，現在は賃貸物件となっている不動産あるいは将来居住する予定で購入したが一度も居住していない不動産なども，その処分に家庭裁判所の許可を得るべき居住用不動産か

否かが問題となり得るという[61]。

　また，成年後見実務において，居住用不動産の処分とはいかなる行為を指すのかが問題となる。売却や担保設定が処分に該当することは当然としても，賃貸借はどうであろうか。成年被後見人が賃貸人となる場合，それは処分となり，賃借人となる場合には処分とならないという。賃貸借の解除の場合，賃借人としての解除は許可が必要であり，賃貸人としての解除には許可が不要であるとする[62]。ちなみに，信託の設定は，これらに準ずる処分となるという[63]。

　なお，成年後見実務において，居住用でない不動産の場合，例えば，本人（被後見人）の入院や施設入所費を工面するための売却処分が必要となる場合においても，価格の適正性，成年後見人の利益相反，親族からの疑念を生じるリスクが指摘されている点に留意したい[64]。実務上，家庭裁判所と相談しつつ進められることになろう。

　これら成年後見実務で問題となるような処分に関して，民事信託の実務ではいかに対応すべきであろうか。とりわけ成年後見制度の補充とされるような民事信託の類型において受益者が判断能力を減退するような場合に問題となる。民事信託においても，受託者による信託財産の処分は，成年後見人に指摘されるようなリスクが存在するわけであり，そのようなリスクを最小化するための措置が大切である。

　一つの方法として，成年後見人が家庭裁判所の許可を要するような事項については，信託監督人の同意を要する事項とすることが考えられよう。信託監督人制度は，裁判所の代わりとしての制度である旨の指摘もある[65]。なお，受託者の裁量の範囲という問題でもあるが，非専門家たる受託者に対して，どこまで適切な裁量判断を期待し得るのか，それに耐え得るのか，ある

---

61) 山﨑政俊「『不動産・動産』管理の実務上の注意点」実践成年後見52号41頁
62) 山﨑政俊「『不動産・動産』管理の実務上の注意点」実践成年後見52号42頁
63) 山﨑政俊「『不動産・動産』管理の実務上の注意点」実践成年後見52号41頁
64) 山﨑政俊「『不動産・動産』管理の実務上の注意点」実践成年後見52号40頁
65) 『信託法セミナー3』237頁（道垣内弘人発言）

図2-27 家庭裁判所の許可

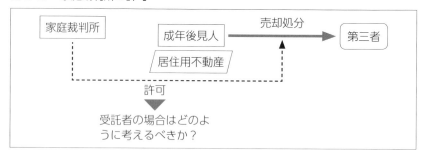

いは，不正の余地の最小化のための措置は必要ないのか，などの検討の必要が生じよう。

(4) 信託監督人と指図代理人の実務の差異

民事信託推進論において，専門職を業としての指図権者（信託業法65条）とできないか，という検討が行われる場合がある。商事信託において，業による指図権者の存在が一般であることからの発想であろう。

それでは，商事信託の指図権者の仕組みはどのようになっているのだろうか。商事信託における指図権者の仕組みは，集団信託と個別信託の場合で異なる。民事信託の実務の参考となるのは個別信託だから，不動産信託などの個別信託での仕組みを参照する必要がある。

ところで，個別信託たる商事信託において，指図権者は，受益者から指図の代理権を授与された指図代理人であることが多い。これは次のような事情による。商事信託による不動産信託では，受益者として一般社団法人等を利用したSPV（特別目的法人）とすることが少なくない。

その場合，SPVに指図権が付与されるが，SPVでは信託の判断ができない。そこで，本来の実質的な受益者の立場にある者が，指図代理人として信託の判断を行うという技術的な構造が採用される。

したがって，指図代理人が，指図権者として，信託の判断を行うことは，むしろ，当然の構造となる。そして，経済的に所有者的な立場となり，そのリスクをとる受益者的な立場であるからこそ，信託の重要な判断を行うこと

図2-28　商事信託における指図代理人の仕組み

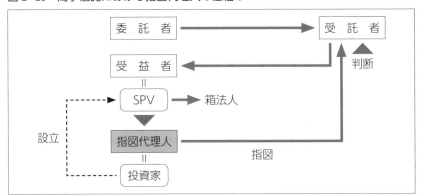

が可能となる。信託の損失は、SPVの背後にある投資家の損失となるからだ。

これに対して、信託財産に対して全くの第三者たる専門職が、業としての指図代理人に就任して、信託の判断を行い、受託者に指図を行うことは、その立場上、本当に現実的なのか、という疑問を生じる。信託の運営判断に過誤を生じ、信託に損失を与えた場合の責任問題などがあるからだ。

信託監督人の権限は拡張し得るのか否か

信託監督人の権限は、信託行為でもって、信託法上の権限を超えるものとできるのか否か、という議論がある[66]。信託監督人をもって、信託の意思決定に関与させることができるか否か、受益者の代理人的な立場にすることが可能か否か等の論点に関わる。

信託監督人の権限は、制約する方向でのみ変更することが可能である、という意見がある。その一方、同意権や判断権など、信託行為でもって、第三者に付与することも可能なので、殊更、信託監督人だけにそれを不可能であるとする合理性はない、という意見もあり得る[67]。

実務上、信託行為でもって、信託監督人に対して、信託法上の権限に付加し

---

66)『信託法セミナー3』229～235頁
67) 田中『新信託法と信託実務』230頁

て，一定の権能を与えることは可能であると考えないと，信託監督人の活用を不当に狭めることになる。事案に則して，信託監督人に期待される機能は異なるのだから，信託当事者の意向に委ねるべきではあるまいか。

もっとも，信託監督人は，受益者の代理人ではなく，信託の機関として，裁判所による監督の代替としての公益性を自覚し，一定程度の中立性を維持するため，謙抑的であるべき，という視点もあり得る。そして，そのほうが，資格者専門職が就任しやすい側面もある。信託監督人という機能を，受益者代理人に近づけて，より便利にすれば足りるというものではないかもしれない。この点，信託監督人の職務をデザインするに当たり，信託関係者間におけるコンセンサスが必要な所以である。

5 | 信託監督人の職務のために必要なこと

(1) 信託監督人の具体的な職務内容

前述のとおり，信託法は，信託監督人の権限を定める（信託法132条）。しかしながら，信託法をいくら眺めてみても，信託監督人の職務の具体的な内容は見つからない。信託法で規定する信託監督人の取消権，差止請求権，そして，報告請求権などは，あくまで，信託監督人の職務を行うための方法であり，権限である。

それでは，信託監督人の具体的な職務の内容とは，どのようなものだろうか。意外なことに，これまで，信託監督人の重要性に言及されることは数多いものの，信託監督人の具体的な職務内容が議論された痕跡はない。

(2) 信託法の改正作業における議論

2005年に発表された信託法改正要綱試案において，現在の信託監督人は，受託者監督人と仮称された。当時の信託法改正要綱試案では，受託者監督人の制度の創設について，「高齢者や未成年者が受益者である場合など，受益者が受託者を監視・監督することが困難であるような場合には，受託者を監視・監督する第三者を選任することを認めることが，受益者保護の観点から

は便宜である」としている[68]。

同案では，受託者監督人が，受託者を監視・監督するために必要となる権限に関する指摘はあるが，受託者監督人の具体的な職務の内容についての示唆はない。

また，法制審議会信託法部会においても，議事録を読む限り，受託者監督人あるいは信託監督人の具体的な職務の内容に関する議論が行われた形跡はない。

(3) 信託監督人の職務内容としての監督と監視

信託監督人の「監督」という言葉は何を意味するのだろうか。一般に，監督という意味は，監視という意味のほか，指導や指示などを含む。例えば，野球やサッカーの監督などが典型例である。その場合，監視者というよりも，むしろ指導者であり，指図者又は支援者である。

信託法改正要綱試案の時点における名称である受託者監督人というイメージからすれば，受託者の監視者であり，受託者の指導者あるいは指図者又は支援者ということである。

したがって，信託監督人の職務は，単に，受託者の監視をすることのみでは十分とはいえないと考えられる。監視と指導は，相互に，やや相対立する部分がある。監視といえば，牽制関係に重点がおかれ，あるいは，不正の防止，又は，監査というイメージに近くなる。

一方，指導という意味での監督といえば，むしろ，受託者に対する指図者

図 2-29　監督の意味とは何か

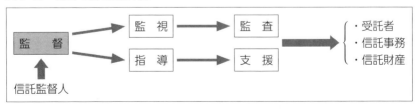

---

68) 信託法改正要綱試案補足説明第44，3

のイメージに類似し，また，受託者に対する支援者というイメージもあり得る。この点，信託監督人の職務の内容は何なのかは，信託監督人の義務は何かにも関連する。

(4) 指導者（支援者）としての信託監督人

監督における指導や指示，指図という意味の側面を強調すれば，信託監督人は，受託者の指導者であり，指図者や支援者となる。あるいは，受託者の相談者ともなろう。むしろ，信託監督人は，受託者の信託事務を支援し，支える者として考えられる。

そのような観点からは，信託監督人は，支援委任契約に基づき，民事信託の受託者を支援する専門職の延長線上でイメージできる姿かもしれない。

専門職の立場からすれば，信託監督人という地位に基づく支援である場合，その責任や権限の所在が明確化され，かつ，（各資格者の職務範囲内において）自己の名でもって法律事務を行うに当たっての法令上の根拠となる可能性がある。

図2-30　資格者にとっての信託監督人たる地位

(5) 監査人としての信託監督人

監督における監視という意味を強調すれば，信託監督人は，受託者の信託義務の遂行を監視する者であり，監査人である。その牽制作用を鑑みると，受託者から一定の距離をとって，公正な立場から，受託者を検査するという解釈があり得る。

かような側面から見れば，受託者の信託遂行事務に対する監査人というイメージであろう。信託の計算事務あるいは信託の決算事務に対する監査から

図2-31　会計監査と業務監査

考えると理解しやすい。もっとも，会計監査だけではなく，いわゆる業務監査が必要であり，信託事務遂行の妥当性や適切性の監査が含まれる。不正の発見や防止は，もとより，監査人の重要な使命である。

(6) 信託監督人の職務内容は一律ではない

　信託監督人の職務の具体的な内容は，信託法だけから決定することはできない。したがって，信託監督人の職務内容は，信託行為（信託条項）によって具体的に定め，また，信託当事者及び信託監督人との間で合意を行う必要がある。信託監督人の具体的な義務の内容にしてもしかりである。

　それぞれの民事信託の類型に応じて，また，個々の受託者の能力と経験に応じて，信託監督人の職務内容が異なってくるはずだ。加えて，信託監督人候補者自身の専門性と習熟度という問題もある。個々の民事信託の類型の必要性の差異に応じて，信託監督人の指導を職務として強調するか，信託監督人の監視としての意味を強調するのか，の差異が生じよう。

　例えば，信託の安定性の確保，あるいは，信託の実質の維持などを重視すれば，信託監督人は，非専門家である受託者の相談役として，あるいは，非専門家である受託者の指示者として，適切な信託事務の履行を支援することになる。この場合，信託監督人は，受託者にとって頼れる存在となる。

図2-32　信託監督人の諸形態

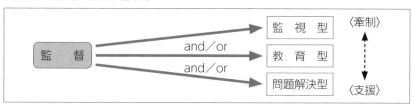

一方，受託者の不正や権限濫用を警戒し，信託の適法性を維持するという観点からは，信託監督人の牽制機能が強調され，受託者の信託事務の監査や検査を中核として，受託者にとっては怖い存在となろう。

(7) 親族の間の民事信託と信託監督人の職務

例えば，委託者が親であり，受託者が子であるような，親族の間の信託において，第三者である専門職としての信託監督人が設置された場合，信託監督人の職務遂行のため，何が必要であろうか。

親族の間の信託を第三者が監視し，牽制することは難しい。何よりも，信託監督人の職務を遂行するために必要なものは，信託の実態を知ることにある。親族の間の信託において，第三者たる信託監督人が，受託者による信託事務の遂行の実情を知ることは，容易ではない。

親族の間の信託は，親族後見人の例に見られるように，受託者による権限濫用，あるいは，横領などの不正のリスクが少なくない。したがって，信託監督人による監視が重要であるとされてきた。

しかしながら，親族の間の信託に対する監視機関の役割を担うのは容易ではない。信託監督人は，あくまでも受益者のために受託者を監督する。つまり，親子間の信託の例では，親のために子を監視するような役割となるからだ。

図2-33 親子間信託と信託監督人

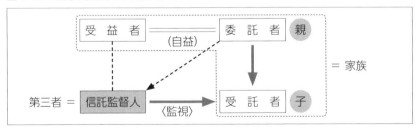

6 信託監督人の職務遂行の方法

(1) 信託監督人の職務遂行の前提となること

　信託監督人に必要なのは，受託者の信託事務の内容（実情）に関する情報である。その実態を知ることである。親族の間の民事信託，あるいは，信頼関係で結ばれた友人の間の民事信託なので，監視役として，その関係に介在することは，いかにも難しい。それゆえ，受託者の信託遂行の実情を知ることは容易ではない。

　そこで，信託監督人は，受託者の信託事務の処理の書面化を促すことが次善の策となる。信託監督人は，書式を提供して，受託者の信託事務を書面化することを支援する。それによって，受託者の信託事務の遂行を透明化し，書式化された書面の内容を確認することで，信託監督人が，受託者の信託遂行の内容や問題点を知ることを可能とする方法がとられるべきである。

　また，親族の間の信託は，信託契約書を締結して信託登記を行うことで，信託の外形を作出した後，何ら権利関係の実質（実態）が信託設定以前と変わらない場合もあると聞く。それこそ名義のみの信託として，あるいは，最悪の場合，通謀虚偽表示的な信託として，第三者に否定されてしまう事態があり得る。また，受託者の自覚のないまま，受託者の善管注意義務違反や信託違反を生じてしまう。

　面倒であろうが，受託者の信託事務を書面化して，信託の実質を確保させる必要がある（それさえ面倒であれば，むしろ，信託を設定しないほうがよい）。民事信託における書面主義は，現実の信託事務の実行のための行為規範を確

図2-34　親子間信託の書面化と情報共有

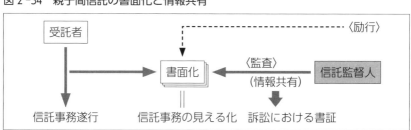

保する方法として，そして，そのような信託事務が実行された事実の証拠となるべき文書となる等，多角的な機能をもつ。非専門家であるからこそ，受益者の保護そして受託者自身の保護のため，書面が必要である。

(2) 信託監督人による監査の仕組み

信託監督人が，民事信託の受託者に対する監査人としての機能を担う場合，受託者の信託遂行の書面化を励行し，第一次的に，書面の内容を監査する方法がある。そして，信託監督人が，受託者の作成した書面の内容に疑問を抱く場合，あるいは，特別な検証が必要であると思慮されるような場合，信託監督人は，受託者に対して，追加の報告，あるいは，面談，そして，信託財産の確認，帳簿と領収書類の調査や銀行預金通帳の原本の確認などを行う方法があり得る。

要は，信託監督人の職務遂行として，いかにして，受託者の信託遂行の内容を知り，その不正や不適切を事前に防止し，信託の実質を維持するか，合理的な職務の仕組みが必要となる，ということである。

また，その大前提として，信託行為たる信託条項が具体的に定められ，受託者の信託事務遂行の手続が明確であり，なるべく想定される事由が網羅されている必要がある。信託監督人は，まず，受託者の信託遂行の内容が，信託条項に則したものであるか否か，そして，信託条項で定められた手続が，受託者によって履行されているか否かを確認することになる。

図2-35 信託条項をガイドラインとしてのチェック

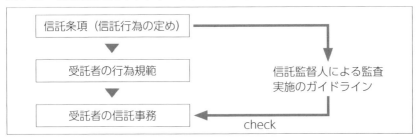

受託者の信託事務が信託条項において明確に手続化されていない場合，信

図2-36　信託監督人の監査の基本型

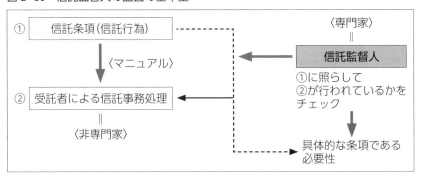

託監督人は，信託行為による具体的な指針を得ることができない。そのような場合，信託監督人は，受託者がやるべきことを具体的に知り得ず，抽象的な信託目的から演繹して，実質的な妥当性の判断を強いられることになる。

しかるに，非専門家向けの契約書ということを理由として簡素化され，財産管理の手続構造あるいは信託事務遂行への監査の視点（それは受益者保護の視点である）を欠くような民事信託契約書では，信託監督人による監督が難しい。

(3) 信託条項の作成と信託監督人

信託条項は，委託者と受託者の間の信託行為によって作成される。したがって，原則として，信託監督人が信託契約等の当事者となることはない。しかしながら，信託監督人は，信託設定から信託期中を通して，その監督のため，信託条項に依拠せざるを得ない。

それゆえ，信託監督人は，信託条項の作成の段階で，適法な信託条項であり，かつ，適切な信託条項となっていることを確認すべきである。実務上，信託の組成並びに信託契約の作成段階において，当初より信託監督人となるべき者が指定されている場合，当該信託監督人候補者が，信託契約書の作成プロセスに介在し，信託条項の適法性及び適切性を確保するため，委託者と受託者に対する支援を行う場合がある。

信託監督人は，信託契約書の作成（個々の信託条項の作成）に関わるに際

図2-37 適切な信託条項の必要性

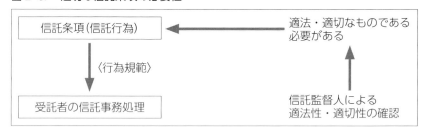

して，受益者保護の立場から，そして，信託監督人による監督の実効化という観点から，助言を行うことが考えられる。委託者が受益者となる自益信託の場合，受益者は信託契約書の当事者となり，自らの権利を保護し得るが，信託監督人は，将来の受益者となるべき者の視点も踏まえて，より客観的な観点から，信託契約書の作成の実務の支援を行うことになろう。

受託者による支出の確認

　受託者の信託事務処理のための支出は，信託財産の減少をもたらすものであり，また，不正の温床ともなり得るので，交通費，通信費その他を含む支出の適切性について，信託監督人による定期的な確認が必要である。信託財産の目減りという観点からは，支出額の適切性の問題となる（例えば，公共交通機関たるバスや鉄道があるのに，タクシーを使用すれば，目減りは早い）。

　信託監督人による監査を可能とするためには，受託者による信託事務日誌の記録，金銭出納帳の記録，そして領収書などの証憑書類の保管が必要である。信託監督人は，これらを照合して，支出の必要性と適切性を判断する。

　信託監督人は，就任後，遅滞なく，受託者に対して，信託事務のための支出の具体的なルール，記録の作成の方法，証憑書類の保管などを説明し，理解を得る必要がある。信託監督人は，そのため，それらを書面で交付し，受領・確認済の署名を得ておくことが有用である。

　信託事務のための支出のルールは，個別の信託（信託財産の額や収支予定）に応じて，策定される必要があるが，一般的には，成年後見人における基準が参照されることになろう。

(4) 信託監督人による受託者の面談

　信託監督人が，監査や指導のため，直接，受託者に対して面談することもあり得る（それは必要なことでもある）。そのような場合，資料や事前の準備のための書面などを欠く面談は，雑談や一般論に終わり，実効性が乏しい場合がある。

　信託は財産管理制度であるから，財産や金銭の管理の状況を検証する必要があり，まず，それは書面で証される必要がある。また，受託者の信託事務の遂行は，他人のための財産管理行為として，帳簿や記録の作成などの文書作成能力が不可欠である。そのような事務処理能力こそが，受託者の信託遂行能力の核となる。

　信託監督人は，受託者に対して質問票を交付して，受託者の記入に要する時間，記入の内容，記入の整理状況などを観察する。また，信託監督人は，受託者に対して，信託の収支や方針の予定表を作成させることで，さしあたり，受託者の文書作成能力や事務処理能力などを測定することが可能となる。

　そのような観察が，信託監督人の監督方針を立てるための大切な資料となり得る。例えば，受託者に文書作成能力を欠く場合，あるいは苦手意識がある場合，信託監督人は，そのような側面をサポートする必要が生じよう。

図2-38　信託監督人の就任と受託者に対する面談

民事信託の仕組みの複雑化

　民事信託の実務が展開され，その経験値が深まりいくに伴い，民事信託の仕組みが複雑化しつつある。例えば，受託者を欠く場合に備えての，予備受託者の設置，あるいは，受益者の意思能力を欠く場合に備えての，受益者代理人の設置，そのような受益者代理人に対する予備の受益者代理人の設置がいわれる。そして，受託者を法人化することで，法人制度のガバナンスを利用する仕組みでは，信託の運営責任と規律に加え，法人の運営責任と規律が必要となる。この点，民事信託の継続性や安定性にリスクがあると感じられる限り，それを最小化するため，今後，新たな仕組みが設置され，精緻化・技術化していくだろう。

　問題は，非専門家が運営する民事信託において，かような複雑で技術的な仕組みが機能し得るのか，誰が交替事由等の発生を判断し，継続的に動かしていくのか，という課題である。民事信託は，本来，個人を前提とする非専門家による信託であり，不安定さを内包する。そこで，そのような不安定さを補充するため，技術的な仕組みが設置される。しかし，果たして，非専門家の受託者がこれを良く理解し得るのか，適切に対応し得るのか，むしろ善管注意義務違反を惹起しないか，受託者の主体性は奪われないのか，などの課題を考えておく必要があろう。

(5) 受託者の支援者・教育者としての援助

　当該民事信託における受託者が，事務処理能力に乏しい場合，あるいは，民事信託の仕組みを理解していないような場合，信託監督人は，当該民事信託の適法性を維持するため，少なくとも一定期間，教育者として，あるいは，支援者として，事実上，受託者と二人三脚で民事信託を運営するような状態が続く可能性がある。

　受託者が，信託事務の遂行を懈怠すれば，信託違反が生じるリスクがある。信託監督人の立場として，教育型又は支援型の関与の形が，当該民事信託の仕組み内における唯一の専門職として，また監督責任上，要請される場合が

図2-39 信託監督事務の双方向

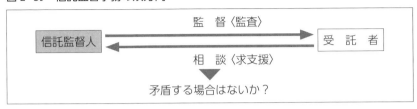

ある。専門職の善管注意義務として，違法状態又はそのリスクを放置することはできない。また，受託者の信託違反は信託監督人の責任ともなり得る。

したがって，当初，信託監督人が，受託者の民事信託に対する理解や認識，そして，能力に懸念を持った場合，最初の面談だけではなく，それ以降，定期的に面談の場を設けて，指導を行い，受託者の理解や認識，能力を補充していき，受託者として育成していく必要が生じる場合がある。

そのような場合，当面の間は，週に1回（あるいは受託者に疑問や不安が生じた都度），信託監督人と受託者の面談の場を設け，その場で，共同して，受託者による1週間の間の信託事務日誌や金銭出納帳などを確認したり，作成方法を指導したり，また，次の1週間の予定を打ち合わせて，やるべきことや作成すべき書類を指示し，民事信託の適法性や適切性に関する注意を与えるなどが考えられる。

このような信託監督人による援助は，監督（監査）という職務と，その性質上，相容れない部分も生じるリスク（なれ合いのリスク）があるが，受託者の理解度と信託監督人との間の信頼関係の構築が，信託監督人による監督（監査）の前提となるので，信託監督人の職務として，その双方を両立させることが求められる。

(6) 福祉型信託において信託監督人と受託者の意見対立（あるいは受託者の不正など）が生じた場合

受益者に判断能力を欠く場合，受託者が信託に関する情報を独占し，受託者の独断専行となるリスクがある。とりわけ，実質的に，委託者自らからではなく，推定相続人の一人たる受託者が主導して組成されたような民事信託

では，そのようなリスクは高くなる。そもそも，このような受益者と受託者の間における情報の非対称性が極端な場合，受託者の専横という状況が現出されるリスクを想定して，受託者を監督する機能を担うこととされたのが信託監督人の制度である。

この場合，あたかも親族成年後見人と後見監督人との関係にも類似する状況であるが，家庭裁判所の監督をバックにする後見監督人等と異なり，信託監督人には公的なバックアップを欠く。したがって，信託監督人と受託者との間で対立関係が生じてしまった場合，信託監督人の職務遂行が困難となる。

信託監督人は，監視者であり，監督者であるから，受託者との意見対立をおそれていては，その職務を遂行することができない。そこで，信託監督人は，裁判所に対する受託者の解任請求の可能性なども視野に入れて，職務遂行を行う必要が生じる場合もある。

この場合，特に福祉型信託において，信託監督人が，事実上，信託を維持していくことが求められざるを得ない場合が生じる。受益者に判断能力を欠く場合で，かつ，法定代理人や後見人が存在しないような場合，受託者が不適切とされた場合，信託監督人を除いて，信託全体をコントロールしていくことできる関係者が不在となるからだ。

委託者兼受益者の判断能力の減退

いわゆる認知症対策の民事信託あるいは事業承継のための民事信託といわれるような類型においては，委託者兼受益者が元気である限り，指図権などを活用して，信託の運営判断を委ねる場合が少なくない。本来のオーナーであるからだ。問題は，実際に委託者兼受益者の判断能力が減退した場合である。

委託者兼受益者が，成年後見の審判を受け，成年後見人が選任された場合，当該後見人が，法定代理人として，信託の判断を行い得る立場となる。したがって，成年後見人による信託の終了や信託の変更などもあり得ることになる[69]。この場合，成年後見人の介在による資産凍結を嫌って設定した民事信

---

69) 冨田雄介「家族信託と委託者等の判断能力」信託フォーラム6号108頁

託であっても，結果的に，成年後見人の意向が反映する場合があることになる。

このような事態を避けるため，受益者の代理人としての受益者代理人の設置がいわれる場合がある。この点，受益者の判断能力の減退を設置の条件とした場合，どのように減退という事実を判断するのか，それは可能なのか，という実務問題がある。

もっとも，受益者代理人が設置されているような場合でも，成年後見人が，民事信託の継続が受益者にとって不利益であり，あるいは，さらに有利にしたいと考えた場合，受益者代理人と成年後見人の競合という問題が生じる可能性がある。

一方，受益者代理人をもって，成年後見人の役割に代替することはできず，成年後見制度の潜脱に利用されてはならないという考え方があり得る。受益者代理人は，あくまで，当該財産の信託という限定的な範囲でのみ，受益者を代理するものにすぎないからだ。また，家族間の信託の場合，相続人の立場である受託者主導の信託となってしまうリスクにも注意する必要がある（専門職たる受益者代理人は受託者から報酬を得る形となろう）。

なお，受益者が認知症に罹患した場合であれば，受益者代理人にとって，受益者に代わって受益債権（信託配当金）を受領すべきか否か，という問題も生じ得る。そして，成年後見人が選任されていない場合，どのように受領した配当金を処理すべきか，給付された配当金を誰に渡すのか，あるいは，受益者代理人が管理していくべきなのか，受益者の家族に渡してよいのかなどの問題を生じる場合がある。

また，受益者の代理人としては，その受益者自身が判断能力を喪失した場合，どこまで，第三者である受益者代理人の裁量権の行使が持続され得るのか，裁判所の監督等もなしに（相談する者もなく），それは可能なのかという問題もある（受益者代理人の立場がつらくなる）。むしろ，逆説的であるが，受益者代理人の立場から，成年後見人の選任が必要とされる状況もあり得るかもしれない。

(7) 信託監督人の就任時に調査・確認すべき事項

信託監督人への就任を承諾するため，信託関係者並びに信託不動産の内容を調査・確認し，信託監督人としての任務を遂行することが可能であるか否

かを判断する必要がある。この際，信託監督人への就任予定者として調書（調査・確認書）を作成することが望ましい。

なお，受託者候補者が受託の引受けを検討する際，信託不動産の調査・確認を行う。これと同様，信託監督人が，受託者の監督を効果的に行うためには，信託不動産の確認を行い，その内容，特徴と価値などについて理解する必要がある。財産管理制度としての信託では，信託の対象たる信託不動産こそが，信託事務処理の方法，その適切さを決定するからだ。

信託監督人が，信託不動産の内容や価値を把握していなかったらば，受託者の信託事務処理の適切さの判断ができない。例えば，信託不動産の修繕の必要性や修繕費用の適切性などの判断は，信託不動産の現況を理解してこそ可能である。また，信託不動産を受託者が売却する場合の適正価格などについても同様である。受託者が，受託時に確認すべき信託財産と信託の内容については，信託監督人も確認して，知っておくべきである[70]。適切な監督のための前提知識となるからだ。また，信託不動産の消防法違反や，看板など通行人に危険性のある違法性の除去など，信託監督人に就任する際に把握しておく必要がある。事故が生じてからでは遅いからだ。

7 ┃ 信託監督人の報酬

⑴ 信託監督人の費用及び報酬

信託監督人の職務と責任を考えると，専門家が信託監督人に就任する場合，報酬の問題をどのように考えるのか，という問題がある。信託法上，信託監督人の報酬に関する定めは次のとおりである。信託管理人に関する報酬の定めを準用している（信託法137条，127条）。

> 信託監督人の報酬に関する規定（信託法137条，127条3項～6項）
> □ 原則的に，信託行為で報酬の定めがある場合に限り，受託者に報

---

70) 受託者が確認すべき事項については，渋谷『受託者支援の実務と書式』40～137頁

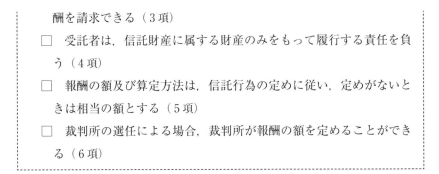

　任意で選任される信託監督人は，報酬の発生，その額と算定方法は，信託行為で定める必要がある。つまり，信託契約書に定めておく必要がある。もっとも，報酬の額や算定方法の内容に関しては，頭の痛い話である。合理的な説明ができるものである必要がある。裁判所の選任に係る信託監督人の場合，報酬額の裁判という制度が存在するので，信託監督人の報酬をめぐる紛争が可及的に阻止され得る。

　また，信託監督人の事務処理のための費用は，信託費用として，受託者に請求できる。このような費用の算定の問題も，実務上，やっかいではある。受託者に対して，具体的な項目とその算定根拠を示す必要があろう。

```
信託監督人の事務処理のため受託者に請求できる費用と賠償（137条，
127条1項，2項）
    □　事務処理のための必要な費用とその利息
    □　事務処理のため過失なく被った損害
    □　事務処理のため第三者の故意又は過失による損害
```

(2)　信託監督人の報酬の財源

　信託監督人の報酬は，信託を維持するためのコストとして，信託財産から支払われることになるはずである。したがって，賃貸物件のような収益を生む信託財産であれば，信託の収入から留保され，信託の計算を経て，信託監

図2-40 信託監督人の報酬の財源

督人の報酬となり，信託監督人を設置する余地ができる。

　受益者の居住用不動産のように収入を生まない信託財産の場合は問題である。信託監督人の報酬のための金銭の積立金が必要となるからだ。この場合，将来の信託監督人の報酬として，受益者の追加信託を期待する場合，受益者の信用リスクにさらされてしまい，信託の仕組みが不安定となるリスクがある。もっとも一括で積み立てる場合，いつまでの報酬額の積立てが必要かという問題が生じ，また，積立金額が大きくなり，委託者の抵抗感を生じるリスクがある。非収益物件の信託の実務の難しさの一つである。

　信託監督人は，専門職が業として就任し，重い専門家責任を負担することを原則とするので，民事信託の親族受託者の一部の場合のように無報酬であることはあり得ない。それゆえ，信託監督人の報酬は，信託コストとして，信託当事者に強く意識されることとなる。

(3) 報酬の支払の構造

　信託コストとしての信託報酬は，受託者による信託の計算事務を経て，信託財産から，受託者を通じて支払われることになる。信託の収支を管理し，信託の計算事務を担う責任者は受託者であるのだから，当然の帰結である。受託者は，毎月，信託の収支を確認し，信託の収入から支出分や積立分を控除することで，信託の計算事務を行う。信託監督人の報酬も，受託者からの交付あるいは振込によることになろう。

　したがって，外形上，信託監督人は，監視・監督する対象である受託者から，その報酬を受け取るという構図となる。あくまで，信託監督人は，受益

図 2 -41　信託監督人の報酬の支払と監視の関係

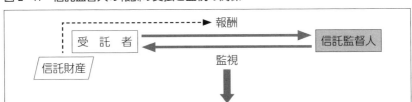

者の保護のために存在するのであるが，だからといって信託外で，受益者の費用負担となることは考えられない。

　信託監督人は，その形式上，監視・監督する対象である受託者から報酬を受けるという構図となるので，事前に，信託行為において，報酬額や支払方法などが，厳格に決定されている必要がある。報酬額の決定等に対して受託者に裁量の余地がある場合，その利益相反性が高まるからだ。

　とりわけ，親族間の民事信託のような場合，わざわざ受託者が監督され，口出しされる一方，信託監督人の報酬を出すことで信託財産が減少することに抵抗感を覚える親族も存在することであろう。信託監督人と意見の対立が生じたような場合，受託者からの報酬支払の拒絶などもあり得よう。信託監督人の立ち位置と力量が問われるところであり，信託監督人の有用性の実感が問われることになろう。

　この点，成年後見監督人の報酬の場合，家庭裁判所が決定することで，報酬と監視との関係の客観性が維持されるが[71]，信託監督人の場合，信託監督人が，報酬支払事務を行う受託者に対して厳格かつ公正に監督を行うことで，報酬と監視との関係の客観性を担保するほかない。

---

71) 伊東大祐「弁護士における民事信託の取組みと展望」信託フォーラム１号65頁は，裁判所の定めた後見人報酬は，受任側からすればギリギリのラインであるにもかかわらず，被後見人の親族等における不満の対象となっているが，裁判所の決定なので，何とか制度が回っているのが現状である，と指摘する。

(4) 信託監督人の報酬額の適正

　信託監督人は，長期にわたる職務であり，報酬の合計額が多額となってしまう場合があり，信託収入が少ない民事信託の場合，信託コストの負担として強く意識される場合がある。そこで，一般に，信託監督人の報酬額として，成年後見人あるいは成年後見監督人の報酬額の水準が基準とされることが少なくないだろう。

　常識的に考えれば，財産管理人としての主体である成年後見人の報酬額に比べて，あくまで受託者を監督する立場の信託監督人の報酬額は，極端に多額となるのは不自然である，と感じられる。

　したがって，信託収入の有無やその額を配慮の上，類似の対象資産の財産管理の場合における成年後見人あるいは成年後見監督人の報酬額を参考として，信託監督人の報酬額が決定されることになるのが合理的な選択の一つとなろう。民事信託の幅広い普及のためには，専門職が行う信託監督人，あるいは，民事信託支援の報酬が，同じ財産管理制度である成年後見制度における報酬を基準として，合理的であり，その内訳が説明可能なものであることが大切である。

　なお，信託監督人の報酬として，成年後見制度の職業後見人と同じ程度の相場である，という指摘がある[72]。

民事信託と商事信託の違い

　財産管理という側面では，民事信託も，商事信託も，その最低限必要な手続は同じである。信託法の少なからずが，手続法的な規定となっている。この点，会社法に似ている。信託法は手続や手続的構造を定めている側面も強い（実際，受益者の意思決定の規定をはじめ，会社法の手続を参照して作られた部分も少なくないものと推察される）。

　このような最低限の財産管理の手続に関していえば，民事信託も商事信託も変わりがない。これは，同じ手続法である不動産登記法や商業登記法を考えて

---

[72] 鈴木真行「民事信託と商事信託の使い分け」税務弘報64巻8号22頁

みれば良く理解できる。登記は，登記当事者が法人であろうが，専門家であろうが，富裕層であろうが，サラリーマンであろうが，非専門家であろうが，貧困層であろうが，その手続及び効果は全く同一である。むしろ，手続的観点からすれば，主体の差に応じて，差異（差別）が生じてしまうほうがおかしな話である。

商事信託と民事信託の差は，会社法と民法の差に例えられるように，関係者が多数となるか否か，また，集団となり得るか否か，という側面が大きい。そこで，取引の動的安全（流通性）を重視するか，当事者の静的安全を重視するか，という差が生じる。より多くの関係者への広がりがあり得る財産管理制度としての商事信託であるから，金融庁が規制するわけである。

しかし，関係者の範囲が狭い民事信託だからといって，財産管理に最低限必要な手続を省略したり，懈怠が許されるわけではないはずだ。同じ信託である。民事信託であるから手続が緩やかであってよいという考え方は，例えば，本人訴訟であるから訴訟手続が緩和され，本人登記申請であるから登記手続が緩和されるという発想に近いように思われる。そのような場合，むしろ，手続それ自体が緩和されるということではなく，周囲がサポートを行う必要がある，ということではあるまいか。

8 信託監督人自らの規律の維持

(1) 信託関係者の間の利益相反関係の確認

民事信託の関係者の間における利益相反関係は，当該民事信託の適法性又は適切性に関連する。また，成年後見制度の補充のために民事信託を利用す

図 2-42 受託者のための信託？

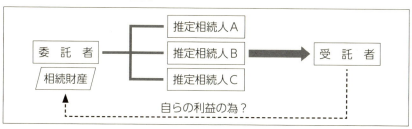

る場合，成年後見制度の関係者との利益相反の問題が生じる場合がある。とりわけ，受託者自らが信託財産の帰属権利者となっているような信託の場合，受託者の自己の利益を図るための民事信託となっていないか否かに対する確認が必要である。

親の財産について，子が主導して信託を組成し，かつ，受託者に就任しているような場合，親の利益のためと称しつつ，実は，子自らの利益を図るための信託である場合があり得る。他に推定相続人が存在するような場合，自らの相続財産の確保のために信託が利用される場合があり，要注意である。

(2) 信託監督人に対するバックアップ

信託法上，信託監督人を一般的にサポートする機関，そして，支援する機関は存在しない。信託監督人は，信託当事者の以外に，報告すべき機関も存在しない。一方，信託監督人の報酬は信託財産から支払われると考えられるから，形式上，信託監督人の監督対象である受託者から報酬が支払われると考えられる。

民事信託の仕組み上，信託監督人の職務の規律の維持は，信託監督人である専門職の個人の自己規律や意欲に委ねられているような状態にある。そのような貧弱な状況の中，長期にわたって，個人の信託監督人に対して，信託当事者との関係で常に緊張を強いることが可能なのだろうか。

成年後見監督人における家庭裁判所のような監督機関が存在しない中，信託監督人の規律を維持するため期待できるのは，信託監督人に就任する各資格者を監督している資格者団体並びに懲戒機関である（特定の監督官庁をも

図2-43　信託監督人の規律維持

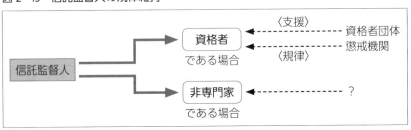

たず，資格者団体と懲戒機関が同一である場合もあるが，一般に懲戒機関は監督官庁である)。とりわけ，親族内の信託の仕組みの中に入り，孤軍奮闘することになる信託監督人に対する支援を与え，規律を維持するためには，現段階では，当該資格者団体の指導と監督に依拠せざるを得ないだろう。

任意後見人は受託者となれるのか

　過去，受益者（あるいは委託者兼受益者）の任意後見人は，受託者たる地位を兼任できるのではないか，という議論が存在した。受託者は，受益者の保護のために行動することに対して，任意後見人も受益者の保護のために行動を行うから，その方向が一致している，兼任も可能ではないか，という趣旨であった。当時，受託者候補者を探すことが困難であるという事情もあったであろう。

　しかしながら，民事信託が設定された場合，任意後見人は受益者の代理人として，受託者を監督する立場となる。受託者に対する監督・監視，それによる受託者の権限濫用の抑止が，信託法における基本的要請の一つである。そこで，受託者と受益者との間の牽制作用が重要となる。そのような牽制を担う信託関係者が同一人に帰してしまっては，信託の基本的仕組みが毀損されてしまう。

　したがって，現在では，受益者の任意後見人が受託者に就任することはできない，と理解することが一般であろう。

第 3 章

民事信託における信託監督人の設置に関する実務

第3章　民事信託における信託監督人の設置に関する実務

第1　信託監督人の設置に関する民事信託の信託条項の記載例

(1)　信託監督人となるべき者の指定

　立法担当者は，信託法改正の当時，信託監督人は，弁護士や公認会計士等をはじめとする専門家が選任されることが多い，と考えられるとしており[1]，専門家が業として就任することが原則的場面として想定されている。

　信託法上，信託監督人となる資格に関する制約は，①未成年者ではないこと，②成年被後見人ではないこと，③被保佐人ではないこと，そして，④当該信託の受託者ではないこと，だけである（信託法137条による同法124条の準用）。

　民事信託の阻害要因であると指摘されることもあった信託業法には，信託監督人となる資格に関する規制が存在するのだろうか。信託業法は，信託業の独占を規定するが（信託業法3条），信託業とは信託の引受けを行う営業のことである[2]。しかるに，信託業法は，信託業のほかに，指図権者の規律は規定しているものの（信託業法65条，66条），信託監督人には一切触れず，その規制を行っていない。

　したがって，信託法並びに信託業法上，信託監督人となる者の資格に関する要件は，判断能力に関する規制以外は，存在しない。

(2)　信託監督人の選任に際して考慮すべき事情──成年後見監督人の場合との比較

　成年後見監督人の選任の場合，家庭裁判所は次のような事情を考慮して，監督人の候補者の適格性を審査する，とされており（民法852条，876条の3第2項，876条の8第2項，843条4項），その事情の例示として，①被後見人

1）寺本『逐条解説』318頁
2）高橋康文『詳解　新しい信託業法』（第一法規，2005）58頁

の心身の状況並びに生活及び財産の状況，②監督人の候補者の職業及び経歴，③監督人の候補者と被後見人との利害関係の有無，④被後見人の意見，⑤その他の一切の事情などがある。

そして，上記⑤その他の一切の事情の例として，①監督人候補者の心身の状態並びに生活及び財産の状況，②監督人候補者と被後見人との親族関係の有無，③監督人候補者の意見，④監督人候補者と後見人との利害関係の有無等であるとされる[3]。

一般に，信託監督人の選任は，委託者の信託行為でもって行われ，成年後見監督人のように審査機関などを介するわけではない。しかしながら，信託監督人の選任は，当該民事信託の信頼性と客観性を確保することで，信託財産の担保価値などに関わる。したがって，信託監督人が誰であるか，信託監督人の公正性や専門性は重要となろう。

信託監督人の場合，専門職が就任するのが通常であろうから，それを前提として，信託監督人の候補者と受託者との利害関係の有無などが考慮されることになる。

(3) 第三者性——任意後見監督人の場合との比較

任意後見監督人の選任に際して，家庭裁判所は，任意後見監督人の第三者性を重視しているといわれる[4]。任意後見監督人の第三者性とは，監督される側である任意後見人と利害を共通しない第三者という意味であるという[5]。

例えば，任意後見監督人の選任の申立人である任意後見受任者が，任意後見監督人の候補者を推薦している場合，あるいは，その任意後見受任者の申立代理人が任意後見監督人の候補者である場合，当該候補者を任意後見監督人として選任することは避けるべきであるとされているという[6]。

民事信託で言えば，監督される受託者と監督する信託監督人の関係におけ

3）『成年後見監督人の手引き』19頁
4）『成年後見監督人の手引き』28頁
5）『成年後見監督人の手引き』29頁
6）『成年後見監督人の手引き』28頁

る第三者性ということになろう。

(4) 信託監督人の指定

信託監督人を、信託行為で定める場合、信託監督人の特定等について、信託契約書の信託条項で規定されよう。

参考記載例 3-1　　　　　　　　信託監督人の指定

【記載例の骨子】
◎客体
　信託監督人
◎条項の目的
　信託行為でもって、具体的な信託監督人を指定する。

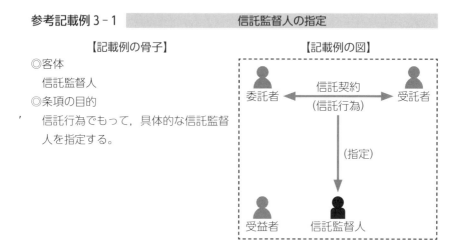

```
第○条　信託監督人となるべき者として下記の者を指定する。
　　　　○○県○○市○○町○－○－○
　　　　×　×　×　×
　　　　昭和○年○月○日生　　（○○会所属登録番号○○号）
```

信託法は、信託行為において、受益者が現に存する場合に信託監督人となるべき者を指定する定めを設けることができる、としている（信託法131条1項）。

コラム

民事信託実務と書式の少なさ

信託監督人は、専門家として、非専門家である受託者が信託事務を遂行し得

るように，事務日誌，金銭出納帳，確認書や報告書その他の信託事務に必要な書式を，受託者に対して，事前に提供し，事務処理の方法を指導する必要がある。

民事信託の実務に際して，資格者が戸惑う点の一つは，民事信託の実務においては既存の書式が少ないことである。どうしてだろうか。ここに民事信託実務における本質的な問題の一つが関わる。

従来の資格者の実務は，官公庁に対する事務が中心である場合が少なくない。税務は税務署，登記は法務局，許認可届出等は行政官庁，裁判事務は裁判所，成年後見は家庭裁判所から監督される。そして，その書式の少なからずは，まずは，官公庁側の事務処理の便宜等のため，官公庁側から提示されることが多かった。

しかしながら，民事信託の場合，不動産であれば信託登記は存在し，あるいは，税務署等に対する届出等の手続が存在するが，その信託実務の多くは，私人間の契約関係であり，官公庁が介在するわけではない。

民事信託支援の書式が少ない（整備されていない）のは，これまでの民事信託実務経験の蓄積の少なさという事情もあったが，むしろ，官公庁による書式の提案・提示がないという現実的な事情が少なくない。

(5) 信託監督人に対する協力

信託監督人となるべき者は，信託行為でもって指定されるのが原則である（信託法131条1項）。これまで見てきたとおり，信託監督人の職務なり，義務や責任なり，それらの実務の内容や方法が確立していない現段階の現状では，信託行為で信託監督人を指定するだけでは足りない。

信託監督人は民事信託のお飾りではない。しかるに，信託行為でもって，信託監督人の指定に併せて，信託監督人の職務内容その他の事項を具体的に定めることで，信託当事者からの信託監督人の職務に対する理解と納得等を得ておく必要がある。

何よりも，信託監督人の職務の実効性を確保するため，信託監督人に対する信託当事者の協力や報告などを，信託行為でもって義務化しておくことが大切である。そうでなければ，信託監督人は無力な存在となってしまう蓋然

性が高い。

参考記載例 3 - 2　　受託者による信託監督人に対する協力

【記載例の骨子】
◎主体
　受託者及び信託監督人
◎内容
　信託監督人の職務権限
◎条項の目的
　受託者の信託監督人に対する協力義務を定める。

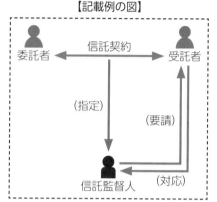

第○条　受託者は，信託監督人の任務の遂行のため下記のような信託監督人の要請があった場合，信託監督人の求めに応じて，速やかに対処するものとする。ただし，信託監督人の要請が非合理的であり，また，不可能である場合，あるいは，多額の費用の支出を要する場合，受託者は，信託監督人に対して，その対応方法に関する協議を申し入れることができる。
　一　信託監督人が，受託者の日常の信託事務の処理の内容に関して，受託者に報告を求めた場合
　二　信託監督人が，受託者の信託事務の処理に関する帳簿その他の書面について，受託者に対して閲覧を求めた場合
　三　信託監督人が，受託者に対して，信託財産並びに信託事務の処理に関して説明を求めた場合
　四　信託監督人が，受託者の信託事務の処理の内容を監督するため，信託不動産の敷地内に立ち入り，信託不動産の状況を調査し，信託不動産の内部を確認することを求めた場合。また，その場合，信託監督人が，受託者の同行，立会，説明を求めた場合

五　信託監督人が，その必要があると認め，受託者に対して，信託財
　　　産並びに信託事務処理の内容につき，第三者たる専門家に調査を行
　　　わせ，意見を求めた場合
　　六　その他，信託監督人が受益者の保護を図るために必要であると判
　　　断し，その職務の遂行のため必要不可欠であると合理的に認められ
　　　る事項を要請した場合

〈信託監督人の権限の任意規定性と専門職の職務範囲〉

　信託監督人の権限は，信託法132条1項に定められており，受益者のため
に自己の名をもって信託法92条各号に掲げる権利（いわゆる単独受益者権であ
り，その一部を除く）に関する一切の裁判上又は裁判外の行為をする権限を
有する，とされる。なお，信託行為に別段の定めがあるときは，その定める
ところによるという任意規定である（信託法92条1項ただし書）[7]。

　信託監督人の自己の名による裁判上の行為，あるいは，非訟事件の申立て
などは，信託監督人に就任する各専門職の職務範囲との関係で限界が存在す
るか否かという問題もある（第2章第1・8(4)エ～キ，第2章第3・1(3)）。

〈受託者の視点〉

　本信託条項は，受託者における，信託監督人の職務遂行に対する協力を定
めたものである。信託監督人の職務遂行の実効性を確保するためには，受託
者の協力が不可欠である。なお，信託監督人の職務遂行に伴い特別の費用が
生じた場合（別の専門家に委託したような場合），その費用を信託財産に対し
て請求できるか否か，その要件は何か，などについても，あらかじめ，定め
ておくことが一般であろう。

　もっとも，信託監督人の請求に適法性や合理性を欠く場合には，受託者が，
信託事務の円滑な処理を犠牲にしてまで，従属する必要はない。しかしなが
ら，信託監督人の請求に合理性がありや否やの判断は容易ではない。そのよ

7）この別段の定めに議論が存在することにつき，『信託法セミナー3』228～237頁，田中
　『新信託法と信託実務』229～231頁，法制審議会信託法部会第22回会議議事録

うな場合，まずは，受託者と信託監督人が話合いの場を持ち，受託者と信託監督人の信頼関係の維持に配慮しつつ，適切な対処方法を探ることになろう。成年後見監督人の場合のように，監督者と被監督者の間を調停するような監督機関を持たないゆえの難問である。

〈信託監督人の視点〉

　信託法上に規定された信託監督人の権限は，その少なからずに非常事態のための武器という趣もあることから，日常の職務遂行に対する信託当事者の協力は，信託行為でもって，具体的に定めておいてもらいたいところである。
　なお，信託監督人は，信託契約（信託行為）の当事者にはならないことが一般であろうが，あらかじめ，信託監督人の具体的な選任が決定している場合には，信託契約の作成過程への関与の機会が与えられることで，信託監督人となるべき者の意見の表明の機会が与えられ，その意見が信託行為に反映される必要がある。信託監督人としての士気（モラール）を高め，かつ，民事信託の仕組み上，信託監督人の役割と機能を実効化させるためである。

(6) 受託者の信託監督人への定期報告

参考記載例 3-3　　受託者による信託事務処理の定期報告

【記載例の骨子】
◎主体
　受託者及び信託監督人
◎内容
　報告の確認と承認
◎条項の目的
　信託監督人による受託者の報告の確認方法と承認方法を定める。

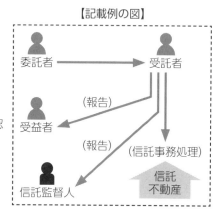
【記載例の図】

> 第○条　受託者は，信託事務処理の内容及び信託不動産の収支について，○か月毎に，該当月の翌月の○日までに，受益者及び信託監督人に対して，書面でもって，報告するものとする。
>
> 2　前項の報告書は，毎日の信託事務処理の具体的な内容，信託不動産に関する支出の明細，信託不動産に関する収入の明細を含むものとする。なお，これらの明細は，裏付けとなる領収書，預金通帳等の写しを添付する。
>
> 3　第1項の報告書は，受託者，委託者兼受益者並びに信託監督人の協議の上，信託の開始の際，遅滞なく，その内容と書式を定めるものとする。

〈報告請求権と定期報告の頻度〉

　信託法132条1項で規定する同法92条各号に掲げる権利として，信託監督人は，受託者に対して信託事務の処理の状況等の報告を求めることができる（信託法92条7号，36条）。親族の間の信託の場合その他，受託者と委託者や受益者との関係が近い一方，信託監督人が第三者であるような場合，信託監督人の立場としては，受託者から定期的に報告を得られるほうが，監督を行いやすい。その定期報告の頻度をどのように定めるのかが重要な問題となる。

　なお，報告内容に関しては，成年後見人や任意後見人の家庭裁判所あるいは所属監督機関等に対する報告の内容の水準が参考となる。一般的には，民事信託は具体的に特定された財産の管理であるから，当該財産の内容に関する限り，包括的で全体の財産管理者である成年後見人の報告よりも，詳細である必要があろう。報告の内容の真実性を証するための帳票類の整理も重要となろう。

〈受託者の視点〉

　親族間における民事信託のような場合，信託監督人に対する報告書の作成こそが，受託者の信託事務の規律維持を支えるものとなる可能性がある。

もっとも，非専門家たる受託者にとって報告書の作成はなじみのない場合がある（文書作成が得意か否かは，専門性というよりも，受託者の職業や経歴，几帳面さなどの個性などに応じるだろう）。

受託者の負荷を下げ，継続的な事務としての持続可能性を高めるため，報告書の書式と記載内容が定められ，フォーマット化されていることが望まれる。また，専門職たる信託監督人による受託者に対する報告書作成の指導などの教育的機能が期待されるところであろう。

〈信託監督人の視点〉

親族間における民事信託のような場合，信託監督人が信託事務の内容を，適宜，知り得え，情報がアップデートされ続けるためには，信託の仕組みとして，持続的に，受託者の信託事務の内容が書面化されることが望まれる。信託監督人からの報告請求や面談を待っていては，情報の取得が事後的になるリスクがある。信託事務の内容の透明化は，信託監督人の継続的な職務遂行にとって，不可欠である。

(7) 信託監督人による報告の承認

参考記載例 3-4　　信託監督人による受託者の報告の承認

【記載例の骨子】
◎主体
　受託者及び信託監督人
◎内容
　報告の確認と承認
◎条項の目的
　信託監督人による受託者の報告の確認方法と承認方法を定めるもの。

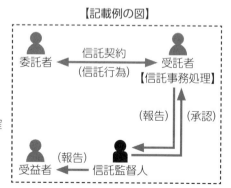

> 第○条　信託監督人は，前条の受託者の報告書を受領した場合，その内容を精査し，必要に応じて受託者に対して質問を発し，その内容を確認する。
> 2　信託監督人が，当該報告につき，その内容及び収支が適切なものであると認める場合には，受託者に対して，当該報告に関する承認を与え，同時に，受益者に対して，その旨を報告するものとする。なお，信託監督人は，受託者が作成した報告書に対して署名又は記名捺印することで，承認するものとする。
> 3　信託監督人が，当該報告につき，その内容及び収支は不適切なものであると認める場合には，受託者及び受益者に対して，不適切であることの理由書を交付した上，受託者との間で，その是正方法を協議するものとする。

〈報告に対するレスポンス〉

　信託監督人は，受託者の報告を受けた場合，何もしないでよいのだろうか。資格者たる専門職が信託監督人として就任している場合，少なくとも，報告に対して同意や承認を与え，あるいは，助言を与えるなどの受託者の信託事務の遂行に対する積極的関与が望まれよう。また，報告に対する同意あるいは意見，是正の指摘などは，受託者や受益者にとって重要なものであるから，信託監督人によって書面で行われることになろう。

(8) 受託者の信託監督人への決算報告

参考記載例3-5　　信託監督人への信託決算の報告

【記載例の骨子】
◎主体
　受託者及び信託監督人
◎内容
　書類の作成・提供及び承認
◎条項の目的
　受託者の作成書類に対する信託監督人の対応を定め，信託監督人の役割を具体化する。

【記載例の図】

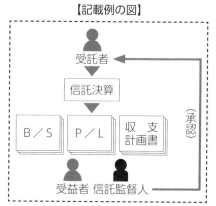

第○条　受託者は，毎年○月末までに，信託財産の決算を行い，その信託年度の信託財産に関する貸借対照表及び損益計算書を作成し，受益者及び信託監督人に提出することを要する。

2　受託者は，毎年○月末までに，次の信託年度における信託事務処理の方針書及び収支計画書を作成し，受益者及び信託監督人に対して提出することを要する。

3　信託監督人は，合理的な期間内に，第1項，第2項の書面の内容を確認し，その内容が相当であると認める場合，受託者及び受益者に対して，その旨の書面を発行する。なお，信託監督人は，必要があると認める場合，受託者に対して，第2項の書面の内容の説明や追加資料の提出その他必要な措置を求めることができる。

　信託法上，信託法37条3項の受託者による毎年1回の信託財産に係る帳簿等の内容の定期報告は，信託監督人が除外されている。そこで，信託法132条1項ただし書の信託行為の定めとして，受託者から信託監督人に対しての定期報告義務を規定したものである。信託監督人の職務の実効性を確保する

第1　信託監督人の設置に関する民事信託の信託条項の記載例　125

ためには，受託者による情報の提供が重要である。

(9)　信託監督人の辞任

参考記載例 3 - 6　　　　　　　　　　信託監督人の辞任

【記載例の骨子】

◎主体

　信託監督人

◎条項の目的

　信託監督人の辞任が可能な場合を示す
　とともに，辞任の場合の信託監督人の
　後任選択・引継義務を定める。

【記載例の図】

第○条　信託監督人は，下記の場合，その任務を辞することができる。

　一　委託者及び受益者の同意を得た場合，又は，委託者が存在しない
　　　場合には受益者の同意を得た場合

　二　病気や高齢その他のやむを得ない理由により，信託監督人の職務
　　　の適切な行使を継続することができないと合理的に認められる場合

　三　受益者との信頼関係が破綻したと合理的に認められる場合

　四　信託監督人の報酬が○か月間継続して支払われない場合

　五　適切な信託監督人の後任候補者が存在し，当該候補者が信託監督
　　　人への就任を承諾し，円滑な引継ぎが行われる場合

2　前項の辞任は，1号の場合，受託者に対する意思表示，2号から5
　　号の場合，受託者及び受益者に対する意思表示で行う。

3　信託監督人が，第1項1号から4号までの信託監督人たる地位の辞
　　任の申出を行う場合であり，引き続き信託監督人の選任が必要である
　　場合，適切な信託監督人候補者の選定並びに円滑な引継ぎに協力する
　　ことを要する。

126　第3章　民事信託における信託監督人の設置に関する実務

4　なお，前項の信託監督人の選任が必要な場合であって，適切な信託監督人候補者が存在しない場合，信託監督人は，受益者に対して，裁判所に対する信託監督人の選任の申立てに協力することを要する。

　信託監督人の辞任は，信託法56条の任務終了，同法57条の受託者の辞任に関する規定が準用される（信託法134条）。信託法57条1項ただし書は，信託行為に別段の定めがあるときは，その定めによる，としている。民事信託における信託監督人は専門職の就任が想定され，また，業としての就任であり得ることから，そのような特色を考慮して，民事信託の受託者の場合と異なる辞任事由があり得よう。

　新信託監督人が就任した場合，信託監督人であった者は，遅滞なく，受益者に対しその事務の経過及び結果を報告し，新信託監督人がその事務の処理を行うのに必要な事務の引継ぎをする必要がある（信託法135条2項）。

⑽　信託監督人の地位の喪失

参考記載例3-7　　　　　　　信託監督人の地位の喪失

【記載例の骨子】

◎主体
　信託監督人
◎条項の目的
　信託監督人に就任した者が地位を失う場合を具体的に定める。

【記載例の図】

第1　信託監督人の設置に関する民事信託の信託条項の記載例　127

第○条　信託監督人は，下記の場合，信託監督人としての地位を喪失する。
　一　信託監督人に就任する前提たる専門職の資格に関し懲戒処分又は注意勧告処分を受けた場合
　二　破産，民事再生の手続開始の申立てを受けた場合
　三　後見又は保佐開始の決定を受けた場合
　四　信託監督人の義務違反や任務懈怠が発見され，受益者との信託関係が破壊された場合
　五　信託監督人が解任された場合
　六　信託監督人の辞任の効力が生じた場合
　七　信託が終了し，信託の清算が結了した場合

---

(11)　信託監督人の解任

　信託監督人の任務終了は，信託法56条の受託者の任務終了に準じる（信託法134条1項）。

　信託監督人の設置事例として，よく言われてきたのは，例えば，いわゆる親なき後の福祉型信託である。委託者の死亡の後，受益者となるのは障害を持った子などの社会的弱者である場合である。このような場合，誰が信託監督人の義務違反や懈怠を認識し，解任などを行うかが問題となる。

　信託監督人の懈怠などを認識し得るのは受託者であるが，受託者は監督される立場であり，原則的に信託監督人を解任できる立場にはない。受託者からみて，あまりに当該資格者が信託監督人としての職務を懈怠しているというような場合，当該資格者の懲戒請求をその所属団体や監督機関に行うことも考えられる（懲戒処分が信託監督人の資格喪失事由となる場合がある）。ただし，受託者による懲戒申立ての濫用に注意する必要がある。

　また，受託者の病気などで職務遂行が困難である場合，あるいは，受託者を欠いているような場合など，信託監督人が受託者の立場を代替するような場面も生じ得るが，そのような場合も，福祉型信託において解任権者が不在

となり得る。いわゆる福祉型信託の場合において，成年後見制度と同じ機能を果たすことが期待されるにもかかわらず，最終的な責任を負うべき監督機関が存在しないリスクが顕在化する場面でもあろう。

　信託監督人の解任は，受託者の解任に準じるが（信託法134条2項，58条），原則的な解任権者は委託者及び受益者である。したがって，委託者兼受益者が判断能力を失した場合，信託監督人の義務懈怠や不良が生じた際，解任することが困難となる。信託監督人の解任は信託行為で別段の定めが可能であるが（信託法58条3項の準用），監督される立場の受託者に解任権を持たせるのが不都合であるとすれば，解任者が不在となる。

　なお，裁判所に対する信託監督人の解任の申立権者は委託者又は受益者であり（信託法58条4項の準用），判断能力を喪失した受益者等のために成年後見人等が選任される必要がある。そうでないと，受益者が判断能力を減退すれば，受託者と信託監督人がなれ合いとなった場合の解任も不可能となる。いわゆる認知症対策のための民事信託という類型自体の限界でもある。また，民事信託における成年後見制度の補充と潜脱の境界事例となり得よう。

複数の受託者（共同受託者）と一般社団法人の受託者

　受託者を複数とすることで，一方受託者の死亡や病気等のリスクに備え，かつ，受託者としての規律維持のための牽制構造を可能とするという考え方がある。この考え方に対しては，一人の受託者候補者を探すのも容易でないのに，複数の受託者を見つけることが可能なのか，という反論が予想される。元来，民事信託においては，受託者候補者を探すこと自体が困難であったからだ。

　例えば，家族の兄弟姉妹が共同受託者となるという考え方もあろう。受託者となる立場からは心強いかもしれないが，むしろ，責任が分散されるような感じとなり，無責任となってしまうリスク，あるいは，意見対立のリスクなどが内包される。

　この点，複数受託者の間で意見が対立する場合，あるいは，役割分担をどうするかという問題もあり，よほど息が合う関係でないと難しい（しかし，親し

い関係すぎると牽制機能が弱まるという逆説がある）。民事信託は，営業信託と同様，様々なリスクを最小化しようとすれば，窮極的には民事信託のコストという問題となってしまう。

　一般社団法人を受託者とする場合も同様である。民事信託のコストに加えて，一般社団法人を運営することのコストが生じるからである。つまり，信託の規律に加えて，一般社団法人の規律を遵守することが必要となり，社員総会，理事会，帳簿義務その他の法人としての規律が維持されなければならない。

　家族間の信託は低コストであることが，利用が促進されつつある要因の一つである。家族間の信託において，信託と一般社団法人の重畳的利用は，家族の負担という問題，そして，仕組みが複雑化し，専門化するという問題も考える時期にあるのかもしれない。

⑿　信託監督人の報酬

　信託監督人の就任に関しては，信託業法の適用外である。したがって，資格者が，資格者自体の業法における制約を除いては，信託監督人に業として就任し，報酬を受けることを妨げる規定は存在しない。

　しかしながら，信託監督人の報酬額の定めは難しい。依頼者を支援する者と，依頼者との間で紛争が生じてしまっては本末転倒である。資格者の報酬額は包括的で根拠不明なものではなく，合理的で，かつ，その算定方法の詳細が明らかにされる必要がある。

参考記載例3-8　　　　　　　信託監督人の報酬

【記載例の骨子】
◎主体
　信託監督人及び受託者
◎承諾権者
　受益者
◎参照すべき実務
　成年後見監督人の報酬
◎条項の目的
　信託監督人の報酬・費用を客観化する。

【記載例の図】

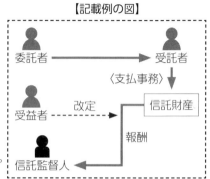

> 第○条　信託監督人は，信託財産から，毎月，金○○円の報酬を得ることができる。受託者は，該当月の翌月末日までに，信託財産から，当月分の報酬を，信託監督人に支払うものとする。なお，信託監督人の報酬額は，物価基準あるいは貨幣価値等の変更に伴い，その時点における同程度の財産額における成年後見監督人の報酬額の水準を参考にして，受益者の承諾をもって改定することができる。
> 2　信託監督人が，受託者の信託事務の処理を監督するため，特別の費用を要した場合，受託者に対して，合理的な範囲で，信託財産から，その費用の償還を求めることができる。

　信託監督人の報酬を信託財産から支出する場合，その具体的な金額あるいは算定根拠を，信託行為でもって定める必要があろう。なお，当該民事信託の期間に応じて，信託監督人の在任期間が長期に及ぶ場合もあり得る。その間，社会における急激な経済的変化（円の価値や社会保障制度の変化を含む）等が生じることもあり得る。信託監督人の報酬額は，類似の機能である成年後見監督人制度において，家庭裁判所が経済状況を勘案して定める報酬水準にスライドさせて考えることが合理的であろう。

⒀ 信託監督人と受益者の間の意見対立

参考記載例 3-9　　　　信託監督人と受益者の権利の行使の競合

【記載例の骨子】
◎主体
　信託監督人
◎対象
　単独受益者権
◎競合者
　受益者
◎条項の目的
　信託監督人と受益者の意見が異なる場合，どちらを優先するかのルールを定める。

【記載例の図】

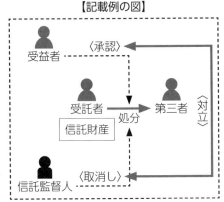

第○条　受託者の同一の行為に対する信託監督人による単独受益者権の行使と受益者自身による単独受益者権の行使の内容が矛盾する場合，信託監督人と受益者は協議を行い，その行使内容が統一されるように努めるものとする。なお，信託監督人と受益者の間の協議が調わない場合，受益者の単独受益者権の行使が優先されるものとする。

　信託監督人と受益者は，受託者に対する監督権限について，それを重畳的に行使できる[8]。信託監督人と受益者の見解が異なる場合もあり得る。例えば，受託者の権限外行為に対して，何が権限の範囲かについて，解釈の相違が生じる場合がある（そのような意見対立が生じることこそが，まさに実務である）。そこで，信託監督人と受益者の意見が対立した場合の処理方法を定めておくことが必要となる。

8）寺本『逐条解説』317頁

⒁ 信託監督人の事務の処理の終了

参考記載例 3-10　　信託監督人による事務の処理の終了

【記載例の骨子】
◎主体
　信託監督人
◎義務
　報告書の作成
◎名宛人
　委託者，受益者，受託者
◎条項の目的
　信託監督人の事務が終了する場合の手続を定める。

【記載例の図】

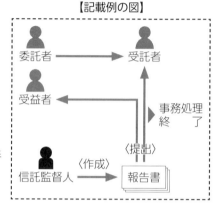

> 第○条　信託監督人の任務が終了する場合，信託監督人は，信託監督人による受託者の信託事務の処理に対する監督の経過と結果に関する報告書を作成することを要し，受益者並びに受託者に対して，当該報告書を交付する。信託監督人は，受益者あるいは受託者の求めに応じて，当該報告書の内容を説明することを要する。委託者及び受益者が，○か月以内に当該報告書の内容に対して異議をとどめない場合，信託監督人の事務の処理は終了するものとする。

　信託法136条は，信託監督人による事務の処理の終了に関して定めるが，委託者及び受託者が合意したとき（信託行為に別段の定めあるときは，その定めるところによる），又は，信託行為によって定めた事由でもって終了する（信託法136条1項）。なお，信託監督人による事務の処理が終了した場合には，遅滞なく，受益者に対してその事務の経過及び結果を報告する必要がある（同条2項）。

第2 信託監督人の設置に関する実務の書式 133

第2 信託監督人の設置に関する実務の書式

(1) 信託監督人の選任

　信託監督人の選任の手続は，いかなるものか。

```
信託監督人の選任（信託法131条）
　　□　信託行為（信託契約）による指定（1項）
　　□　裁判所の選任（4項）
```

　通常は，信託監督人は信託行為によって選任される。つまり，信託監督人の選任が信託契約書の信託条項として規定されることになる。一般に，信託監督人は，信託契約の当事者になっていないと考えられる。その場合，別途，書面をもって，信託監督人の就任の承諾を要することになろう。もっとも，信託契約書上，信託監督人の義務が規定される場合，信託監督人も信託契約書でもって合意するようなこともあり得よう。

　なお，信託行為に信託監督人となるべき者を指定する定めがあるときは，利害関係人は，信託監督人となるべき者として指定された者に対し，相当の期間を定めて，その期間内に就任の承諾をするかどうかを確答すべき旨を催告することができる（信託法131条2項）。

参考書式 3-1　　　　　信託監督人の就任承諾書

【書式の骨子】
◎書式作成者
　信託監督人
◎書式名宛人
　委託者・受益者・受託者
◎書式の目的
　信託監督人の就任の承諾とその職務に対する協力要請を行う。

【書式の図】

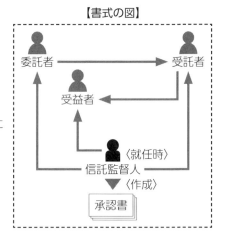

信託監督人への就任の承諾書（ご通知）

委託者　××××　様
受益者　××××　様
受託者　××××　様

　私、○○の資格者で○○会に所属する××××は、委託者××××と受託者××××の間の平成○年○月○日不動産管理信託契約に基づく下記の信託不動産に関する信託（以下、「本信託」といいます。）に関して、同契約の信託条項○条によって信託監督人となるべき者として指定を受けました。
　そこで、私は、本日、本書面をもって、本信託の信託監督人に就任することを承諾いたします。つきましては、信託関係者の皆様に、その旨、通知しますとともに、本日より信託監督人の職務を開始することをお知らせします。今後、信託監督人の職務の円滑な遂行にご協力を賜ることを宜しくお願い申し上げます。

信託不動産の表示

○○県○○市○○町○丁目○番地○の土地

同土地上の建物（建物番号○○）

信託契約の表示　（略）

信託登記の表示　（略）

信託目録の表示　（略）

　平成○年○月○日

　　　　　　　　　　　○○県○○市○○町○丁目○番○号

　　　　　　　　　　　資格名○○　　信託監督人　××××　㊞

　　　　　　　　　　　（○○会　登録番号○○○）

　利害関係者から，催告があった場合，相当の期間内に，信託監督人が確答をしない場合には，信託監督人が就任の承諾をしなかったものとみなされるので，注意が必要である。

⑵　信託監督人の就任に関する合意

　信託監督人は，原則的には，信託契約書の当事者となっていないであろう。そのような場合，信託監督人の就任承諾が必要となるのは当然であるが，これに加えて，信託監督人の職務，義務，責任，報酬，その他の条件などに関して，信託監督人と信託当事者の間において合意を行うことが必要となると考えられる。あくまで，信託監督人の職務に関する条件は，当事者である信託監督人との間で協議され，合意される必要があるからだ。信託法に定める権限規定及び信託行為に定める職務内容だけでは，信託監督人の日常の職務や責任を具体化できないからだ。

参考書式 3 - 2　　信託監督人に関する合意書

【書式の骨子】
◎書式作成者
　信託監督人・委託者・受益者・受託者
◎書式利用時点
　信託監督人就任時
◎書式の目的
　信託監督人の職務内容・権限・義務・手続等，具体的に必要となる事項に関して信託関係者間で合意を行う。

【書式の図】

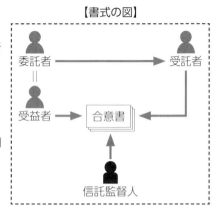

信託監督人の職務に関する合意書

　委託者兼受益者××××，受託者××××，及び，信託監督人××××は，下記信託不動産（以下，「本信託不動産」という。）に関する委託者兼当初受益者及び受託者の間における平成○年○月○日不動産管理信託契約に基づく信託（以下，「本信託」という。）に関して，本日，以下の通り合意するものとする。

（信託監督人の就任）
　下記の者は，委託者兼当初受益者及び受託者の間の平成○年○月○日不動産管理信託契約書をもって，信託監督人となるべき者として指定され，平成○年○月○日，信託監督人は就任を承諾した。
信託監督人
　　○○県○○市○○町○丁目○番○号
　　×　×　×　×
　　昭和○年○月○日生

（信託監督人の職務）

　信託監督人は，善良なる管理者の注意義務に従い，信託法に定める権限をもって，受益者のために，誠実かつ公平に，本信託における受託者の信託事務の処理を監視し，監督を行うものとする。

（信託監督人の権限）

　信託監督人は，受託者の信託事務の遂行を監督するため，下記の権限を有する。受託者は，信託監督人の職務を尊重し，信託監督人が下記の権限を行使することに協力しなければならない。

(1)　信託監督人は，受託者の日常の信託事務の処理の内容に関して，いつでも，受託者に報告を求めることができる。

(2)　信託監督人は，受託者の信託事務の処理に関する帳簿その他の書面について，いつでも，受託者に対して閲覧を求めることができる。

(3)　信託監督人は，受託者に対して，信託財産並びに信託事務の処理に関して，いつでも，説明を求めることができる。

(4)　受託者の信託事務の処理の内容を監督するため，いつでも，信託不動産の敷地内に立ち入り，信託不動産の状況を調査し，信託不動産の内部を確認することができる。その場合，信託監督人は，受託者の同行，立会い，説明を求めることができる。

(5)　信託監督人は，その必要があると認める場合，信託財産並びに信託事務の処理の内容につき，第三者たる専門家に調査を行わせ，意見を求めることができる。その費用は，信託財産に対して請求することができる。

(6)　上記各号の他，信託監督人の職務を遂行するために合理的に必要とされる一切の協力を求めることができる。

（信託監督人の職務遂行義務）

　信託監督人は，善良なる管理者の注意義務に従い，受益者のために誠実かつ公平に受託者の信託事務の処理に対する監督を行うものとする。

第3章　民事信託における信託監督人の設置に関する実務

なお，信託監督人が，受託者の信託違反あるいは信託義務の懈怠を知った場合，信託監督人は，受益者の権利保全のため，遅滞なく，信託監督人の職務として定められた義務を履行することを要する。

（受託者の報告義務）

1　受託者は，毎月の信託事務の処理の内容及び信託不動産の収支について，翌月○日までに，信託監督人に対して，書面でもって，報告するものとする。

2　前項の報告書は，毎日の信託事務の処理の具体的な内容，信託不動産に関する支出の明細，信託不動産に関する収入の明細を含むものとする。

3　第1項の報告書は，信託監督人と受託者の協議の上，信託の開始の際，遅滞なく，その書式を定めるものとする。

（信託監督人の受託者の権限外行為に対する取消権の行使）

1　受託者が信託財産のためにした行為が，受託者の権限に属しない場合，信託監督人が当該行為を知った時には，信託監督人は，直ちに，受託者に対して，当該行為を行った理由を聴取した上，信託監督人は，受託者の行為並びに理由を受益者に報告するものとする。

2　信託監督人は，前項の受託者の権限外の行為に関して，受益者の承諾がなく，かつ，合理的な理由が存せず，そして，受益者の利益を害するおそれあるような場合，受託者に対して，当該行為の取消し又は撤回をすることを求めるものとする。

3　信託監督人は，○週間以内に，受託者が当該行為の取消し又は撤回を行わない場合，又は，受託者から誠意ある応答がない場合，資格者業法の適法性の範囲内において，自己の名をもって，受託者の当該行為に対する取消権を行使することができるものとする。

（信託監督人の差止請求権の行使）

受託者が法令違反又は信託行為の定めに違反する行為を行い，あるいは，それらの行為を行うおそれがある場合で，かつ，そのような行為によって信託財産に著しい損害を生じるおそれがあるとき，信託監督人は，受託者に対して，当該行為をやめることを請求できるものとする。

（信託監督人の期間）

信託監督人の就任の期間は平成〇年〇月末日までとする。受益者又は信託監督人から，他方の当事者及び受託者に対して，期間満了日の〇か月前までに期間終了の通知を行わない場合，信託監督人の期間は，同一条件にて，自動的に更新される。なお，更新の後の期間は〇年間として，以後の更新も同様とする。

（信託監督人の辞任）

1　信託監督人は，下記の場合に限り，その任務を辞することができる。
　⑴　病気その他の一身上の理由により，信託監督人の職務の適切な行使を継続することができないと認められる場合
　⑵　受益者との信頼関係が破綻したと認められる場合
　⑶　信託監督人の報酬が〇か月間継続して支払われない場合
　⑷　委託者及び受益者の同意，又は，委託者が存在しない場合には，受益者の同意を得た場合

2　信託監督人が，信託監督人たる地位の辞任の申出を行う場合で，引き続き信託監督人の選任が必要である場合には，適切な信託監督人候補者の選定を，受益者に対して協力することを要する。なお，信託監督人の選任が必要な場合であって，適切な信託監督人候補者が存在しない場合，信託監督人は，受益者に対して，裁判所に対する信託監督人の選任の申立てに協力することを要する。

3　信託監督人が辞任を申し出て，新しい信託監督人に引き継ぐ場合，新信託監督人に対する引継ぎを完了するまで，信託監督人の任務は終了しないものとする。

（信託監督人の地位の喪失）

信託監督人は，下記の場合，信託監督人としての地位を喪失する。

(1) 信託監督人に就任する前提たる専門職の資格に関し懲戒処分又は注意勧告処分を受けた場合

(2) 破産手続，民事再生手続などの申立てを受けた場合

(3) 後見開始の審判の申立てを受けた場合

(4) 辞任の効果が生じた場合

(5) 解任された場合

（信託監督人の解任）

受益者は，下記の場合，信託監督人を解任することができる。

(1) 信託監督人が職務を懈怠する場合

(2) 信託監督人の非行が明らかとなった場合

(3) 信託監督人の職務の遂行のために能力を欠けると認められる事由が明らかとなった場合

(4) 受益者との信頼関係が破壊されたと客観的に認められるような場合

（信託監督人の報酬）

1　信託監督人は，信託財産から，毎月，金○○円の報酬を得ることができる。受託者は，毎月末日までに，信託財産から，翌月分の報酬を，信託監督人に支払うものとする。

2　信託監督人が，受託者の信託事務の処理を監督するため，特別の費用を要した場合，合理的な範囲内において，受託者に対して，信託財産から，その費用の償還を求めることができる。

（受益者の単独受益者権との関係）

同一の受託者の行為に対する信託監督人による単独受益者権の行使と

受益者自身による単独受益者権の行使の内容が矛盾する場合，信託監督人と受益者は協議を行い，その行使内容が統一されるように努めるものとする。なお，信託監督人と受益者の間の協議が調わない場合，受益者の単独受益者権の行使が優先されるものとする。

（その他の信託条項は省略する）

平成〇年〇月〇日

〇〇県〇〇市〇〇町〇丁目〇番〇号
委託者兼受益者　××××　㊞
〇〇県〇〇市〇〇町〇丁目〇番〇号
受託者　××××　㊞
〇〇県〇〇市〇〇町〇丁目〇番〇号
信託監督人　××××　㊞

(3)　信託監督人の職務報告

　信託監督人としての任務遂行は，まず何よりも，受益者の受託者に対する監督を補充する機能がある。したがって，信託監督人から受益者に対して，職務内容に関して，適宜報告を行い，また，受益者との協力関係を深め，維持していく必要がある。

　とりわけ，親族間の信託の場合，受託者と受益者との関係のほうが，受益者と信託監督人との関係よりも，密接であることがあり得るので，信託監督人が信託関係者の間で疎外されないように注意したい。

参考書式 3-3 　　　　　　　　信託監督人の職務報告書

【書式の骨子】
◎書式作成者
　信託監督人
◎書式名宛人
　受益者（写し）受託者
◎書式の目的
　信託監督人の遂行した職務の報告を行うもの。

【書式の図】

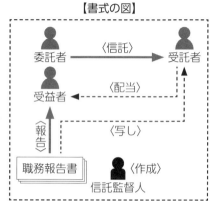

信託監督人の職務報告書

（平成〇年〇月〇日から平成〇年〇月〇日まで）

受益者　××××　様

（写し　受託者　××××　様）

　　　　　　　　　　　　　　　　平成〇年〇月〇日
　　　　　　　　　　　　　　　　信託監督人　××××
　　　　　　　　　　　　　　　　（〇〇会登録番号〇〇〇号）

　私，信託監督人××××は，下記のとおり，平成〇年〇月〇日から平成〇年〇月〇日までの期間における信託監督人の職務報告をいたします。

受託者××××の信託事務の処理に対する監督の結果

　私，信託監督人××××は，平成〇年〇月〇日，受託者による信託不動産の信託事務の処理に関する帳簿及び関連書類を調査・確認し，受託者に面接・ヒアリングを行うことで，平成〇年〇月〇日から平成〇年〇月〇日までの期間における受託者の信託事務の処理の内容を調査・確認しましたところ，受託者の信託事務処理の方法及び内容は適法かつ妥当

であり，下記の通りの支出の妥当性並びに真実性その他に問題がないことを認めましたので，本書面をもって，その旨の報告をいたします。

信託不動産の支出　　金○○円
積立金の残額　　　　金○○円
調査した書類　　　　受託者の信託日誌（平成○年○月○日から平成○年
　　　　　　　　　　○月○日まで）
　　　　　　　　　　受託者の収支報告（平成○年○月○日付）
　　　　　　　　　　平成○年○月○日から平成○年○月○日までの領収
　　　　　　　　　　書類，金銭出納帳，契約書原本類
　　　　　　　　　　預金通帳
受託者の面接　　　　平成○年○月○日○時～○時　信託監督人の事務所
　　　　　　　　　　にて

受託者の面接内容
　信託監督人は，受託者が持参した平成○年○月○日から平成○年○月○日までの信託日誌を確認し，信託事務の処理の内容に関する疑問点について受託者に質問を行った。また，平成○年○月○日付の収支報告の内容を調査の上，支出に関する領収書類及び受託者名義の預金通帳の確認を，受託者とともに行った。

本監督期間内における信託事務の状況
　受託者は，当初，信託事務の遂行に戸惑いがあったが，信託開始から○か月を経た現在，日常の信託事務の遂行に支障を生じることなく，受託者の義務として必要な事項を処理することに慣れてきた。受託者から信託監督人に対して，本監督期間内，下記の通り，○回の問い合わせがあり，信託監督人が回答及び指導を行ったが，受託者は，これを良く理解し，円滑に信託事務を遂行し，信託財産の管理を行った。

本監督期間内における信託収支及び配当実施の状況

　　信託収入の内容（略）

　　信託支出の内容（略）

　　積立金留保金の内容（略）

　　信託不動産の空室率（略）

　　受益者に対する信託配当の状況（略）

　　信託不動産の賃貸借管理の状況（略）

　　信託財産の状況（略）

特記事項

　受託者からの上記面接によれば，信託不動産の外壁の一部に亀裂が生じており，○○工務店に検査を依頼し，修繕の見積りを取る必要がある。同日，信託監督人は，受託者と同行の上，現場に出向き，亀裂箇所を確認した。

受託者からの報告事項

　平成○年○月○日，隣地所有者から受託者に対して，信託不動産西側の一部の境界に関してクレームがあったとの報告を，上記面接時に受ける。まずは隣地所有者のクレームの内容を聞き，その後，対応を協議することとする。

受託者からの質問事項（略）

信託監督人からの回答（略）

信託監督人からの受託者に対する支援・指導の内容（略）

信託監督人の事務及び費用の内容（略）

　（その他の事項は省略する）

　信託監督人の日常の職務遂行は，受託者を現に監督することであるが，受益者に対して，その内容を報告することも重要な職務である。信託監督人の

規律と当該民事信託の客観性は，信託監督人の報告書によって維持されると
いっても過言ではあるまい。信託監督人は，信託の当事者ではないので，信
託監督人が知れば足りるものではない。また，受託者に対しても同時に報告
書を交付することで，報告書の真実性を担保するとともに，受託者の信託実
務に役立たせなければならない。受益者の権利保全のため，信託監督人の報
告の意味は決して小さくない。

(4) 信託監督人の候補者による検討のための控え

信託監督人が就任を要請された場合，検討すべき事項は，基本的には，受
託者が信託を受託する際に検討すべき事項と同じである。受託者の監督のた
めには，受託者が知るべきことを知っておくことは当然である。当該民事信
託の信託財産の内容，紛争可能性，適法性，持続性その他に加えて，受託者
の信託能力その他の受託者の属性が加わる。

あくまで，信託監督人の就任を検討するための控え（メモ）なので，調査
あるいは確認すべき事項に関して，あくまで備忘録として，信託監督人候補
者本人の覚書的に利用することが考えられる。信託監督人は，そのような自
己のメモを基にして，委託者や受託者との面談によって（場合によっては面
談を重ね），上手な聞き手として事情を聞き出すほかない。

以下の書式は，あくまで参考例の一つである。信託監督人の業務は，何よ
りも，長期にわたるものである。しかるに信託監督人への就任の検討用の項
目がこれに尽きるものではない。参考書式4-1の質問票，参考書式4-2の
質問票，参考書式4-3の質問票，参考書式4-6の質問票における各質問項
目，そして，参考書式4-7の就任調書の確認事項なども参考として，具体
的な民事信託類型に応じた信託監督人候補者たる各資格者における具体的な
調書を作成されたい。

参考書式3-4　信託監督人候補者の調書控

【書式の骨子】
◎書式作成者
　信託監督人
◎書式利用時点
　信託監督人への就任の検討時
◎書式の目的
　信託監督人を依頼された者が，その就任を検討するためのもの。

【書式の図】

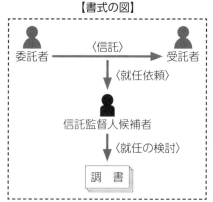

信託監督人の就任要請を検討するための調書（メモ）

作成日　平成〇年〇月〇日
資格者　××××

信託監督人の就任を打診された民事信託の特定
　　　信託不動産の表示〔　　　　　　　　　　　　　　　　　〕
　　　信託当事者の表示〔　　　　　　　　　　　　　　　　　〕
　　　信託契約書の表示〔　　　　　　　　　　　　　　　　　〕
　　　信託登記の表示〔　　　　　　　　　　　　　　　　　　〕
　　　信託目録の表示〔　　　　　　　　　　　　　　　　　　〕

信託監督人への就任を打診された日付，理由，要請者との当職の関係，回答期限
〔
　
　
〕

信託監督人への就任の回答期限と回答のための当職が検討すべき事項
〔
　
〕

当職における信託の理解度，経験，持続的業務の受託の可能性
〔
　
〕

第2　信託監督人の設置に関する実務の書式　147

委託者は何のために信託を行うのか

信託存続の想定される期間

委託者の年齢，職業，親族関係，信用力，資産，負債，健康状態

委託者の人物像と信頼性

委託者の地位は相続されるか

委託者と受益者となるべき者として指定される者との関係は何か

委託者の判断能力（確認方法）

誰が発案して信託を組成したのか

誰が主導して信託を組成したのか

どうして当該受託者は受託者として選ばれたのか

受託者は単数か，複数か，個人か，法人か

当該受託者が受託者となるインセンティブはあるのか（受託を承諾した理由）

148 第3章 民事信託における信託監督人の設置に関する実務

> [   ]

当該受託者は信託財産と利害関係はないのか（将来的にも）

> [   ]

当該受託者の信託報酬はあるのか（その額は適正か）

> [   ]

当該受託者が無報酬の場合，長期にわたり受託者を続け得る理由

> [   ]

受託者の年齢，健康状態，居住地，職業，職種，職場所在地，職業の忙しさ，今後の見通し

> [   ]

受託者の専門知識・経験の有無とこれまでの経歴

> [   ]

受託者の事務処理能力の有無，地道な作業の親和性

> [   ]

受託者の信託に対する理解の程度

> [   ]

受託者の不正や不祥事に対する理解の程度

> [   ]

受託者の趣味，家族状況，交友関係，金銭感覚

> [   ]

受託者の信用力（債務・財産）

> [   ]

受託者が信託事務の遂行が不可能となった場合の対応は何か

第2　信託監督人の設置に関する実務の書式　149

```
┌─────────────────────────────────────┐
│                                     │
└─────────────────────────────────────┘
```

受託者が欠いた場合の代替措置あるいは代替候補者は存在するか

```
┌─────────────────────────────────────┐
│                                     │
└─────────────────────────────────────┘
```

委託者と受託者は親族か，推定相続人か

```
┌─────────────────────────────────────┐
│                                     │
└─────────────────────────────────────┘
```

受益者（将来の受益者）と受託者は親族か

```
┌─────────────────────────────────────┐
│                                     │
└─────────────────────────────────────┘
```

信託財産に関係する（又は関心を有する）その他の親族は存在するか

```
┌─────────────────────────────────────┐
│                                     │
└─────────────────────────────────────┘
```

親族の間の関係は良好か

```
┌─────────────────────────────────────┐
│                                     │
└─────────────────────────────────────┘
```

親族の間でもめごとや心配事，困り事はないか

```
┌─────────────────────────────────────┐
│                                     │
└─────────────────────────────────────┘
```

親族の間は，すぐにでも話合いができるような関係か

```
┌─────────────────────────────────────┐
│                                     │
└─────────────────────────────────────┘
```

親族の居所は同じ場所か

```
┌─────────────────────────────────────┐
│                                     │
└─────────────────────────────────────┘
```

親族の居所は近所か，遠隔地か

```
┌─────────────────────────────────────┐
│                                     │
└─────────────────────────────────────┘
```

親族と各親族の配偶者や姻族との関係は良好か

```
┌─────────────────────────────────────┐
│                                     │
└─────────────────────────────────────┘
```

親族の経済状況で特記すべき事項

第3章　民事信託における信託監督人の設置に関する実務

> ┌──────────────────────────┐
> └──────────────────────────┘

受益者となるべき者と指定された者はどのような人か

> ┌──────────────────────────┐
> └──────────────────────────┘

受益者となるべき者と指定された者の生活の状況

> ┌──────────────────────────┐
> └──────────────────────────┘

委託者兼当初受益者の理解能力の状況

> ┌──────────────────────────┐
> └──────────────────────────┘

委託者兼当初受益者の信託の意思決定能力及び監督能力の状況

> ┌──────────────────────────┐
> └──────────────────────────┘

委託者兼当初受益者の健康状態の状況

> ┌──────────────────────────┐
> └──────────────────────────┘

委託者兼当初受益者の信用状態の状況

> ┌──────────────────────────┐
> └──────────────────────────┘

委託者兼当初受益者の意向（希望）は何か

> ┌──────────────────────────┐
> └──────────────────────────┘

委託者兼当初受益者は指図権あるいは同意権を持つのか

> ┌──────────────────────────┐
> └──────────────────────────┘

委託者兼当初受益者の年齢，判断能力の現状から，指図権あるいは同意権を将来にわたって維持することは可能なのか

> ┌──────────────────────────┐
> └──────────────────────────┘

委託者兼当初受益者が指図権あるいは同意権を行使できなくなった場合，代替策は存在するのか

> ┌──────────────────────────┐
> └──────────────────────────┘

将来の受益者の指定の状況について

受益者となるべき者として指定された理由及び事情

受託者と委託者との間に債権・債務関係はあるか

受託者と受益者（受益者となるべき者）との間に債権・債務関係はあるか

受益者が複数となる可能性はあるのか

信託対象となる財産の特徴とリスク

信託財産の状態，分別管理，倒産隔離

信託財産の適法性，紛争性の有無，法律関係

信託財産の信託適合性，移転の有効性，対抗要件

信託財産の価値，収益性，積立金の有無

賃借人の有無，稼働率，月間収益

信託支出の月額，積立金総額

152　第3章　民事信託における信託監督人の設置に関する実務

信託配当実績，予定

信託の組成支援者は誰か，専門能力（評判），コンタクト

信託契約書の作成者は誰か，専門能力（評判），コンタクト

信託の類型，仕組み，特色，予備

信託の目的，動機，背景

受託者の権限の範囲，管理型，処分型

信託の終了事由，受益者変更事由

残余財産の帰属者，利益相反

委託者の推定相続人及び遺留分侵害リスクの有無

委託者による遺言書等の存在の有無

信託利用によって想定される課税関係

第2　信託監督人の設置に関する実務の書式　　153

```
[ .................................................................. ]
```

当該信託において信託監督人に最も期待されるものは何か

```
[ .................................................................. ]
```

信託監督人の職務の内容は何か

```
[ .................................................................. ]
```

信託監督人の責任の内容は何か

```
[ .................................................................. ]
```

信託監督人の報酬の内容は何か

```
[ .................................................................. ]
```

信託監督人の就任の条件は何か

```
[ .................................................................. ]
```

信託監督人の任務の終了（解任）の条件は何か

```
[ .................................................................. ]
```

信託監督人の同意事項，報告事項，特段の定め

```
[ .................................................................. ]
```

委託者，受託者，受益者との当職の関係（過去，現在）

```
[ .................................................................. ]
```

その他，気になる事項，懸念点，信託当事者に対して質問すべき事項

```
[ .................................................................. ]
```

（その他の事項は省略する）

　あくまで備忘録のための例示である。具体的事案に応じて，内容（項目）は変化し得ることに注意されたい。

第3 裁判所による信託監督人の選任

(1) 裁判所による信託監督人の選任

　受益者が受託者の監督を適切に行うことができない特別の事情がある場合で，かつ，信託行為に信託監督人に関する定めがないときには，利害関係人は，裁判所に対して，信託監督人の選任を申し立てることができる（信託法131条4項）。

　また，信託行為の定めによって信託監督人となるべき者として指定された者が就任を承諾せず，若しくは，就任の承諾をすることができないときにおいても，利害関係人は，裁判所に対して，信託監督人の選任を申し立てることができる（信託法131条4項）。

　裁判所の選任に係る信託監督人が，選任されて以降，選任した裁判所に対して，いかなる義務を生じるのかに関する規定は存在しない。それゆえ，裁判所の選任した信託監督人に対して，裁判所が継続的な監督責任を有するのか，信託監督人が裁判所に対して報告義務を負うのか等は不明である。しかしながら，少なくとも，裁判所が当該信託監督人を選任する判断をしたという選任責任が生じることから，裁判所が，信託監督人を選任しっぱなしで，後は無関心であるという無責任なことはないと期待できよう。

　仮に，弁護士以外の資格者が信託監督人への就任を要請されたような場合，一つの考え方として，裁判所の選任によることで，前述のような当該資格者の業務範囲と信託監督人の職務範囲の乖離の問題に対する判断を，裁判所に委ねるような可能性が考えられる。

第3 裁判所による信託監督人の選任　155

```
·············································· コラム

                    信託監督人の利益相反

　信託監督人に就任した資格者たる専門職は，受託者の代理人として信託登記
の申請を受託できるのであろうか。成年後見監督人の実務の場合，被監督者で
ある後見人からの登記業務の受任は控えるべきであるとされている[9]。

　信託登記は，受託者が申請義務を負うことから，被監督者である受託者から
の依頼となる。その場合，受託者からの依頼となるので，成年後見監督人の場
合と類似した状況となり得る。

　信託監督人に就任を要請された資格者たる専門職は，信託関係者との間の利
益相反並びに従来の自己の専門職としての信託関係者への関与との利益相反な
ど，仔細に検討し，信託の機関として，利益相反が生じないように留意する必
要がある。
```

(2)　裁判所による信託監督人の選任の限定

　立法担当者によれば，裁判所による信託監督人の選任は，委託者の合理的
な意思に反しない範囲に限定されるべきであるとする。信託監督人の選任は，
信託行為の定めによることが可能であるにもかかわらず，信託行為で定める
という選択をしなかった委託者の意思としては，受託者の監督を受益者に委
ねる判断をしていたからであるとするものである[10]。

　具体的には，裁判所による信託監督人の選任が許容されるのは，信託行為
の当時には委託者に予見できなかったような特別の事情が生じたために，受
益者が受託者の監督を適切に行うことがもはや不可能ないし著しく困難とな
るに至った場合に限定することが相当であるとしている[11]。

　例えば，委託者兼当初受益者が認知症や他の疾患などに罹患し，受託者を
監督できる程度の判断能力や身体能力等を減退した場合，あるいは，委託者

---

9 ）『成年後見監督人の手引き』107頁
10）寺本『逐条解説』317頁
11）寺本『逐条解説』317頁

156 第3章 民事信託における信託監督人の設置に関する実務

が死亡した後の受益者に受託者を監督し得る判断能力や身体能力等を欠く場合などは，裁判所に対する信託監督人の選任申立てを否定する理由はないと考えられるが，後見制度等との調整という問題もあろう。

(3) 裁判所による信託監督人の選任の意味

　裁判所に対して信託監督人の選任の申立てが可能であるとして，どこまで，その選任の内容を裁判所に委ねることができるのだろうか。さらにいえば，信託監督人となるべき者の候補者を欠き，あるいは，そのような候補者を指定せずして，信託監督人の探索・選定を含めて，裁判所に信託監督人の選任を委ねることが可能であろうか。

　成年後見人あるいは破産管財人の場合のように，裁判所が，その選定のために，候補者の名簿を有し，あるいは，専門職団体に対して推薦を求めることができるか否かという問題であろう。

　さしあたり，実務上，申立人たる利害関係人が，信託監督人となるべき者の候補者を指定して，申立てを行うことが考えられる。それが一般的な申立形態となるのではあるまいか。

　しかしながら，裁判所が，申立人が指定した信託監督人となるべき者の候補者が相応しくないと考える場合もあろう。そのような場合，裁判所が，独自に，信託監督人を選定するほかなくなる。信託法上，裁判所による信託監督人の選任は，あくまで選任であって，単に，就任を許可することではないからだ。

(4) 信託監督人選任申立書

　旧非訟手続法時代の信託管理人の選任に関する書式を参照して作成した[12]。受託者の住所地の地方裁判所の管轄に属する（信託法262条1項）。

　あくまで，参考のための起案例であるので，具体的な申立案件に際しては，該当裁判所の担当書記官に相談の上，申請手続並びに書類作成を行われたい。

---

12)『新・書式全書　非訟事件手続』354〜355頁

第3　裁判所による信託監督人の選任　　157

参考書式3-5　　　　　信託監督人選任申立書

【書式の骨子】
◎書式作成者
　申立人
◎書式名宛人
　裁判所
◎書式の目的
　信託監督人の選任申立の本人申立てを
　行うためのもの。

【書式の図】

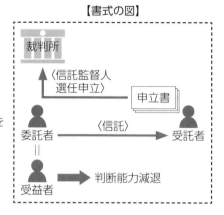

信託監督人選任申立書

平成○年○月○日

○○地方裁判所民事第○部御中

　　　　　　　　　　○○県○○市○○町○丁目○番○号
　　　　　　　　　　申請人　××××
　　　　　　　　　　　　（TEL　　　　）
　　　　　　　　　　　　（FAX　　　　）

申立ての趣旨

　平成○年○月○日の委託者××××及び受託者××××の不動産管理信託契約について，
　　○○県○○市○○町○丁目○番○号
　　　×　×　×　×（昭和○年○月○日生）
を信託監督人に選任するとの決定を求める。

申立ての理由

　申請人は，平成○年○月○日，○○県○○市○○町○丁目○番○号×

×××（委託者兼当初受益者）から委託を受け，後記不動産の信託を引き受けた者（以下，「受託者」といいます。）です。同日の信託の引受時より，委託者兼当初受益者は，受託者を監督して参りました。

ところが，委託者兼当初受益者は，平成○年○月○日頃から，判断能力に減退をきたすようになり，平成○年○月○日，○○病院を受診し，○○○であるとの診断を受けました。

しかるに，受益者が受託者の監督を適切に行うことができない特別の事情が生じましたところ，信託行為の定めには信託監督人となるべき者を指定する定めがありません。

そこで，受益者の利益を保護し，信託の実行を確保する必要があるので，信託監督人の選任を求めるため，信託法131条4項に基づき本申請に及びました。

なお，××××は，○○会所属の○○資格者として成年後見監督人並びに民事信託の実務経験を豊富に有しており，これまで懲戒処分や注意勧告等を受けることもなく，信託監督人として適任者であります。

疎明方法

信託契約書，信託登記事項証明書，医師の診断書，信託監督人の身分証明書，経歴書，上申書をもって申請の理由を疎明します。

添付書類

信託契約証明謄本，信託登記事項証明書（信託目録），診断書，身分証明書，経歴書，上申書

信託監督人の登記

　信託監督人は，自己の名でもって，受託者の権限外行為に対する取消権を行使することができ，また，裁判所に対する各種申立てを行うことができる（信託法132条1項，同法92条各号）。そのような場合，信託監督人が選任されている信託であるか否か，信託監督人として誰が選任されているのか，などを証することが必要となるが，その際，登記事項証明書等の公文書が求められることが一般であろう。実際，信託監督人の行為の相手方，例えば裁判所あるいは取消権を行使された相手方にすれば，当該信託が信託監督人設置型であること，信託監督人として指定された者の特定などの真偽がわからないと対応に困る。

　不動産の信託の場合，不動産登記法上，信託管理人及び受益者代理人は，登記事項として特定され，信託行為でもって選任される場合には登記申請が必要となる（不動産登記法97条1項3号・4号）。これに対して，信託監督人は，不動産登記法上，登記事項として特定されていないことが問題となる。

　この点，不動産の民事信託に対して信託行為をもって信託監督人を設置する場合，信託当事者側において，信託登記を申請する際，積極的に，信託監督人の設置の旨並びに信託監督人となるべき者の指定を登記申請したい。不動産登記法97条1項11号の「その他の信託の条項」を根拠に，信託目録に記録すべき情報上，信託条項欄の登記事項として，申請する他あるまい。従来の法務局における取扱いからすれば，実務上，却下されることはないと考えられているのが一般であろう[13]。信託目録の内容は，あくまで登記事項として，第三者に公示すべき事項に限られるのが原則であるが，信託監督人は受託者の権限外行為に対する取消権という準物権的権能を有し，公示に値する。

13）渋谷『信託目録の理論と実務』172頁

160　第3章　民事信託における信託監督人の設置に関する実務

【信託監督人の住所・氏名が登記された登記事項証明書の例（信託条項欄は該当箇所のみ抜粋）】

権利部（甲区）（所有権に関する事項）			
順位番号	登記の目的	受付年月日・受付番号	権利者その他の事項
1	所有権保存	平成○年○月○日 第○○号	所有者　○県○市○町○丁目○番○号 ××××
2	所有権移転	平成○年○月○日 第○○号	原因　平成○年○月○日信託 受託者　○県○市○町○丁目○番○号 ××××
	信託	余白	信託目録第○○号

信託目録		調製	平成○年○月○日
番　号	受付年月日・受付番号	予　備	
第○○号	平成○年○月○日 第○○号	余白	
1　委託者に関する事項	○県○市○町○丁目○番○号 ××××		
2　受託者に関する事項	○県○市○町○丁目○番○号 ××××		
3　受益者に関する事項等	受益者　○県○市○町○丁目○番○号 ××××		
4　信託条項	（一から三の登記事項は省略する） 四　その他の信託条項 　　信託監督人となるべき者を指定する定めを設ける。 　　信託監督人 　　○県○市○町○丁目○番○号 　　○○○士　×××× 　　（○○○会○○支部登録番号○○号） （その他の登記事項は省略する）		

第4章

信託監督人による民事信託の設定の確認に関する実務

162　第4章　信託監督人による民事信託の設定の確認に関する実務

第1　信託監督人が就任した後に行うべき実務に関する民事信託の信託条項の記載例

(1)　信託の設定及び開始の実務

　民事信託の実務は，まず，受託者（候補者）による受託の準備，そして，信託の設定（受託の引受け）から始まる[1]。そのような受託者の実務が，信託監督人の実務の前提となる。

(2)　信託監督人の就任直後の実務

　信託監督人が就任したら，まず，何をやるべきであり，何をしなければならないのか。それは，民事信託の内容や信託財産の現状の把握に努め，その問題点やリスクなどを理解することである。そのような調査を，どのような方法でもって行うのが，最も合理的で確実な方法なのか，という視点が重要となる。

　信託監督人の職務は，受託者に対する監督であるから，受託者による信託事務の内容の現状を掌握する必要がある。まずは，受託者と面談し，当初は面談の機会を頻繁に持ち，信頼関係を築きつつ，今後の監督方針を定めていくことが重要である。

(3)　物の確認，人の確認，意思の確認

　専門職としての信託監督人は，就任後，遅滞なく，当該民事信託の確認作業を行う必要がある。それは，物の確認，人の確認，意思の確認である。これらの確認は，信託設定時，受託者が行っていることであり，また，信託の組成や契約を第三者として支援した専門職が，善管注意義務の下，既に行っていることでもある。信託監督人は，受託者による確認を，再確認すること

---

1 ）受託者の準備及び信託の設定に関する信託条項の記載例並びに受託者の実務と書式については，渋谷『受託者支援の実務と書式』を参照されたい。

第1　信託監督人が就任した後に行うべき実務に関する民事信託の信託条項の記載例　163

で，これらの確認を行うことになろう。

　民事信託は，特定の財産に関する管理の制度であるから，何よりもまず，物の確認が重要である。物の内容を知らずして信託はできない。それは物の特定であり，物の価値である。物の価値は，物の所在場所，形状，築年数，適法性，瑕疵の有無，紛争性，災害危険度，優位性，利用形態，法令上の制限その他の要素から総合的に決定され，財産管理制度である民事信託の中核となる。

　物の確認は，修繕の要否や積立金の金額，運営の要否など，受託者の信託事務の内容を決めるため，不可欠である。財産管理の対象である物の内容から，受託者の義務が決定されるからだ（物の特色と信託事務の内容は相関している）。

　なお，稀にであるが，信託設定時，物の確認が懈怠された民事信託が存在するが，かような民事信託は形式的な信託（いわゆる名義信託）である可能性があり，民事信託の組成等の支援者たる専門職の善管注意義務の問題となり得る。

　人の確認とは，受託者等の信託当事者の同一性そして属性の確認であり，意思の確認とは，各信託行為が信託当事者の真意に沿ったもであるかの確認である。信託の有効性の確認であるとともに，当該信託のリスクを知る上で，不可避の確認である。

(4)　信託監督人による確認に関する信託条項

　信託監督人の就任後，信託の内容を確認する必要が生じる。信託監督人による信託設定の適法性等の確認に関する民事信託条項の記載例である。

164　第4章　信託監督人による民事信託の設定の確認に関する実務

参考記載例4-1　　信託監督人の就任による適法性の調査・確認

【記載例の骨子】
◎主体
　信託監督人
◎名宛人
　受益者及び受託者
◎時期
　就任後，遅滞なく
◎条項の目的
　信託監督人が信託の適法性を調査・確認し，報告するもの。

【記載例の図】

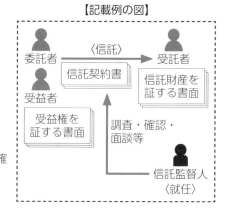

> 第○条　信託監督人は，就任後，遅滞なく，信託当事者の間における信託契約書，受益権を証する書面，信託財産を証する書類その他の重要文書を確認し，信託財産の特定性や現況等を調査し，信託当事者の面談等を行い，信託当事者の属性や信託行為の真実性を確認し，当該信託の適法性や信託の収支計画の妥当性その他の重要事項を検証し，その結果を報告書として，速やかに，受益者に対して報告し，同時に，受託者にその写しを交付するものとする。

〈受託者の視点〉

　成年後見制度では，成年後見人による財産の調査及びその目録の作成時において，後見監督人が選任されている場合，後見監督人の立会いが必要である（民法853条2項）。民事信託における信託監督人の場合においても，信託監督人が選任されている場合，受託者の信託引受に対する立会いが必要であろうか。

　成年後見人は包括的な財産管理であるので，その就任後1か月以内に，財産の調査と目録の作成が必要となる（民法853条1項）。これに対して，民事信託は，特定の財産が対象であり，かつ，財産が特定されている（そうでな

第1　信託監督人が就任した後に行うべき実務に関する民事信託の信託条項の記載例　165

いと信託を設定できない）。

　また，民事信託の場合，財産の調査は，受託者の就任の後ではなく，受託引受の作業の一環として，受託者として就任する際（信託の開始までに）終了しているはずである。

　したがって，当初より信託監督人が選任されている民事信託の場合，受託者の受託の引受け時に，信託監督人が立会いを行い，受託財産の状況を確認し，必要書類の交付などの確認を行うことは望ましいが，成年後見制度の場合との状況が僅かながら異なるということがいえる。ある特定の財産だけの管理を切り出すと，両制度は，現象的に，大変似ているが，成年後見制度にとって，特定の財産に関する財産管理は一種の手段である一方，民事信託制度において特定の財産の管理は，それこそが目的である。

〈信託監督人の視点〉

　信託監督人は，受託者に対する監視・監督という職務を果たすため，何よりも，まず，設定された民事信託の内容に精通する必要がある。そして，信託財産を熟知しなければならない。受益者のために，当該信託が適法かつ適切に設定されているか否かを確認することは，信託監督人の直接的な職務であるといえる。

　信託監督人が，専門職として，民事信託の組成の時から関与している場合は，あらかじめ当該信託の内容を熟知している場合もあろう。しかしながら，信託監督人は，民事信託の組成の後に依頼され，就任する場合があり，また，信託の期中で，選任される場合もある。そして，前任者の死亡，辞任，解任などによって，新たな信託監督人が就任する場合もあり得る。

　いずれにせよ，信託監督人は，その就任後，遅滞なく，信託契約書を精査し，当該民事信託の仕組みを理解し，信託財産の内容を確認し，それらが適法で，適切であることを検証する必要が生じる。

　成年後見制度と異なり，現状，報告すべき第三者機関が存在しないところが，信託の機関としての信託監督人制度のつらいところである。信託監督人が，受益者（あるいはその法定代理人等）に対して報告すべきは当然であると

166 　第4章　信託監督人による民事信託の設定の確認に関する実務

して，受託者に対しても報告を行い，あるいは，少なくとも報告書の写しを
交付すべきである。監督する者が監督される者に報告を行うのも奇異な感が
あるかもしれない。しかし，現に信託事務を行うのは受託者であり，問題が
ある場合，受託者こそが改善を行う主体である。非専門家である受益者を介
して受託者の信託事務の改善を行うことは迂遠な方法である。信託監督人に
よる受託者への指導という意味もある。報告すべき第三者機関を持たない信
託監督人制度においては，さしあたり，信託関係者間で情報を共有すること
で，規律を維持していくしかあるまい。

(5)　民事信託の適切性の確認

　信託監督人は，就任後，遅滞なく，当該民事信託の適切性や妥当性の確認
を行う必要がある。

参考記載例4-2　　　　　信託監督人による妥当性の調査・確認

【記載例の骨子】
◎主体
　　信託監督人
◎名宛人
　　受益者及び受託者
◎時期
　　就任後，遅滞なく
◎条項の目的
　　信託監督人が信託の妥当性を調査・確
　　認し，報告するもの。

【記載例の図】

委託者　→　受託者
　　　　　　　収支予定表
信託監督人　→　修繕計画書
　〈調査〉　　　信託方針書
　〈検証〉　　　　　etc.
　〈面接〉
　　↓
　〈報告〉

第○条　信託監督人は，就任後，遅滞なく，受託者が作成した信託収支
　　予定表，修繕計画書，その他の信託遂行の見通しに関して作成された
　　文書を調査し，受託者に面談することで，当該信託の適切性や持続可
　　能性，信託運営の見通しの妥当性や適切性を検証し，その結果を受益
　　者並びに受託者に対して報告するものとする。

例えば、賃貸物件の民事信託のような場合、信託の収支計画が適切で妥当なものであることが、信託の安定性の維持のために必要である。また、積立金（金銭信託）の金額の妥当性あるいは信託配当に対する留保金の金額の妥当性なども、受託者による信託収支計画や修繕計画の妥当性に依拠する。また、第三者委託を行う場合、その委託契約の内容や委託報酬の金額の妥当性なども、今後の信託の運営管理の妥当性の判断のために重要である。

信託業法と民事信託

　昨年（2015年）辺りから、民事信託に規律が欠けているという懸念の声を聞く機会が増えた。民事信託に規律を欠くのは、ある意味、必然である。規律を担うべき者の存在が不明確であるからだ。

　信託の規律を実現するのは受託者である。しかし、信託業法の受託者業務独占規定の存在によって、原則として、いかなる類型の信託であっても、民事信託の受託者は非専門家となる。業務ではない一回限りの信託である必要があるからだ。本来、規律を実現するのは専門職の役割である。専門職を通じて、当該専門職の所属する職能団体が、規律の維持の責任を担うのが本来である。

　これまで、民事信託では、信託業法違反を避けるために、親族などの身内の非専門家が受託者となり、あるいは、かような非専門家を理事として法人を設立して受託者とするような事例が存在する。民事信託の組成は、公的機関を媒介しない、純粋な私人間の行為による。非専門家である私人にとって、信託の理解自体が容易ではなく、その規律維持にまで十分に配慮することができるかは疑問もある。本来は、民事信託に関わる専門家が当事者となり、専門家の規律を介する方法によって行為規範として規律していくのが筋道であろう。

　しかし、信託業法の独占規定の存在によって、専門家が支援者という第三者の立場に回ることで、さらに状況が混乱している。少なくとも、信託法改正時にいわれていたように資格者たる専門職が受託者となれるとしていれば、今のような混沌とした状況は現出しなかったであろう。

　一方、信託業法の独占規定は、民事信託の規律化を避けるため、都合の良い口実となっている。民事信託をSPVのごとく自由に利用して、様々な制度の潜

脱を意図する者から見れば，信託業法の受託者独占規定の存在は，まさに，錦の旗である。信託業法の独占規定の存在が，信託規律の逸脱をやむなしとの印象を与える根拠となっているという逆説がある。

民事信託を促進する制度を導入した信託法，そして，民事信託の受託者の範囲を抑制する信託業法，そのような相反する両者の組合せが，制度の空白を生み，その狭間に，ニッチなビジネスを可能とした。その実態も把握できないような状態であるから，全ての民事信託に対する規律の維持などは望むべくもない。

少なくとも，資格者たる専門職が受託者となっていれば，その件数や内容が報告され，実態が把握できていたが，何らの統計も存在しないのが実情である（民事信託が何件存在するのかも不明である）。

外部から専門職が第三者としての助言や書類作成を行うのみの支援では，規律の貫徹は困難である。そのような支援者は，当事者でも，代理人でもなく，責任が不明確だからだ。その場合，専門職が関与したからといっても，民事信託の件数の把握も不可能である（本人訴訟支援の場合と同じである）。

なお，専門家責任と規律維持の義務を負担する専門職の立場からは，どうせ受託者となれないのならば，受託者として当事者となって重い責任を負担するよりは，黒子として，非専門家たる受託者を支援したほうが，責任の負担が軽く好ましく，大量に件数をこなすことが可能となるという意見の持ち主も現出することになる。

その意味では，信託監督人は，専門職が信託の機関たる当人となることで，専門家責任に基づいた規律を及ぼすことが可能となる最後の砦（希望）である。

第2 信託設定の適切性の確認の実務の書式

(1) 信託監督人から受託者への質問票の送付と面談

信託監督人が，受託者との間で，財産管理に関する面談を行うような場合，事前に，問診票的な質問票を交付し，信託監督人が面談を行うことが効果的な場合がある。

受託者に対する質問の仕方や言葉使いは，個々の受託者における信託に対する理解のレベルに応じて，異なるはずである。また，一度に全て質問するのではなく，受託者の理解の進捗を見ながら，質問事項を増やしていくようなこともあり得よう。事案の性格やタイミング，個別の受託者の状況に応じて質問事項も変化し得る。

この点，実際の実務においては，信託監督人に就任した専門職が，個別事案や個々の受託者に応じて，その後の信頼関係の構築をも念頭において，文言を工夫し，受託者の理解と認識を促すためにも，事案に適合した質問票を作成すべき場面であろう。なお，本書に提案する質問票は，全て，契約による民事信託で，かつ，設定時における自益信託による不動産信託を念頭においたものである。他の類型又は信託財産の種類の場合，質問事項が異なってくることになろう。

参考書式 4-1　自宅用不動産の民事信託の受託者への質問票・回答票

【書式の骨子】
◎書式作成者
　信託監督人（質問者）及び受託者（回答者）
◎書式使用時期
　信託監督人の就任直後
◎対象
　自宅居住用不動産（管理型）
◎書式の目的
　信託監督人から受託者に対する質問と回答のためのもの。

【書式の図】

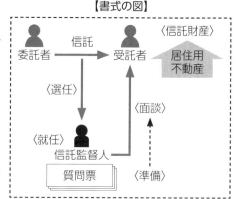

質問票に対するご回答のお願い

受託者　××××　様

　　　　　　　　　　　　平成×年×月×日
　　　　　　　　　　　信託監督人　××××　㊞

前略

　受託者××××様におかれましては，当職の信託監督人就任の直後より，信託監督人の職務にご協力いただき，大変，感謝しております。

　ところで，受託者××××様に対しましては，当職より，平成○年○月○日○○時，当職の事務所にて，面談をお願いしております。

　つきましては，同面談に先立ちまして，受託者××××様には，今回，お送りいたします質問票の内容をご確認いただき，お手数ながら，平成○年○月○日までに，各質問事項につきましてご回答を記入いただきますようお願いいたします。

　各質問事項に関しましては，現時点にて，ご存知であることをご記入いただき，分からないことは，率直に分からないと記していただきまして結構です。今後，信託事務として何をやっていくのか，受託者として信託事務を行うに当たって，分からないことは何なのか，を確認することが大切なことであると思慮いたします。なお，ご回答いただく際，信託契約書をご参照いただき，あるいは，その他の参考資料を確認していただいても一向に構いません。この機会

に，改めて，受託の内容や受託者の事務の内容を確認していただく機会にしていただければ幸いです。

　ご不明な点がありましたら，上記面談日に，当職に対しまして，何でもご質問又はご相談ください。また，面談日の以前におきましても，不明な点や疑問な点などがありましたら，いつでも，当職宛てにご連絡ください。本質問票の記入について以外の事項，例えば実際の実務上の疑問点等でも結構でございます。

　上記面談日には，今後の連携と監督の方法や注意点などを協議させていただくとともに，当職から，信託事務を行うために必要となります書類の書式を提案させていただき，その記載方法もご説明させていただきたく思いますので，相応のお時間を確保いただければ幸いです。

草々

民事信託の受託者への質問票（受託者の回答書）

信託監督人　××××　様

作成日　平成○年○月○日
受託者　××××　㊞

　下記，信託不動産に関する，委託者××××及び受託者××××の間の平成○年○月○日管理信託契約（以下，「本信託契約」といいます。）に基づく信託（以下，「本信託」といいます。）の受託の財産管理事務については，以下のとおりです。

今回，信託を行うことが必要となった理由を教えてください。

今回，受託者を引き受けた理由を教えてください。

信託によって信託財産の名義が変わることの意味はご存じですか。
□よく分かりません（疑問点は以下のとおり）
□知っています（以下のとおり）

```
┌─────────────────────────────────────────────┐
│                                             │
└─────────────────────────────────────────────┘
```

この信託の内容を教えてください。

□概要は以下のとおり

□完全に理解できたとは感じられません（疑問点は以下のとおり）

```
┌─────────────────────────────────────────────┐
│                                             │
└─────────────────────────────────────────────┘
```

受託者の受益者に対する義務の内容を教えてください。

□概要は以下のとおり

□完全に理解できたとは感じられない（疑問点は以下のとおり）

```
┌─────────────────────────────────────────────┐
│                                             │
└─────────────────────────────────────────────┘
```

受託者が賠償責任，補填責任，原状回復責任，信託債務の支払責任などを負うような場合もあることをご存じですか。

□知っています（知っている理由は以下のとおり）

□知りません（疑問点は以下のとおり）

```
┌─────────────────────────────────────────────┐
│                                             │
└─────────────────────────────────────────────┘
```

受託者の信託財産に対する所有者責任をご存じですか。

□知っています（知っている理由は以下のとおり）

□知りません（疑問点は以下のとおり）

```
┌─────────────────────────────────────────────┐
│                                             │
└─────────────────────────────────────────────┘
```

本案件の信託の目的をご存じですか，信託の目的はどのような具体的な意味を持つのか，ご存じですか。

□よく分かりません（疑問点は以下のとおり）

□知っています（概要は以下のとおり）

```
┌─────────────────────────────────────────────┐
│                                             │
└─────────────────────────────────────────────┘
```

この信託における受託者の権限の範囲（何を，どこまでできるのか）をご存じですか。

□よく分かりません（疑問点は以下のとおり）

□知っています（概要は以下のとおり）

> --------------------------------

この信託では，受益者に対して，信託事務のための費用あるいは信託財産の維持のために必要となる費用を請求することができますか。

☐よく分かりません（疑問点は以下のとおり）

☐できます（その根拠は以下のとおり）

> --------------------------------

信託又は信託財産のための費用が必要な場合で，信託財産に金銭が存在しない場合，又は，受益者が支払うことができない場合には，受託者が，その支払義務を負う可能性があることをご存じですか。

☐よく分かりません（疑問点は以下のとおり）

☐知っています

> --------------------------------

受託者が行うべき信託事務の内容をご存じですか。

☐よく分かりません

☐知っています（概要は以下のとおり）

> --------------------------------

信託事務を行うに当たって作成が必要となる書類の種類をご存じですか。

☐分かりません

☐知っています（以下のとおり）

> --------------------------------

信託事務の記録（信託事務日誌や信託収支金銭出納帳など）の書き方をご存じですか。

☐分かりません（疑問点は以下のとおり）

☐知っています

> --------------------------------

信託の計算・会計事務について，外部委託しておりますか。あるいは，外部委託する予定はありますか。

☐外部委託（予定含め）する（委託先を教えてください）

□外部委託しない（理由を教えてください）

　┌─────────────────────────────┐
　│　　　　　　　　　　　　　　　　　　　　　　　│
　└─────────────────────────────┘

どれくらいの期間，この信託が存続すると想定されていますか。

　┌─────────────────────────────┐
　│　　　　　　　　　　　　　　　　　　　　　　　│
　└─────────────────────────────┘

どのような場合に，この信託が終了するのか，ご存じですか。

□分かりません

□知っています（以下のとおり）

　┌─────────────────────────────┐
　│　　　　　　　　　　　　　　　　　　　　　　　│
　└─────────────────────────────┘

信託が終了した場合，信託財産の分配などの清算手続を行う必要があることをご存じですか。

□知りません

□知っています（概要は以下のとおり）

　┌─────────────────────────────┐
　│　　　　　　　　　　　　　　　　　　　　　　　│
　└─────────────────────────────┘

信託が終了した場合，誰に対して残った信託財産を引き渡すべきか，ご存じですか。

□知りません

□知っています（以下の者です）

　┌─────────────────────────────┐
　│　　　　　　　　　　　　　　　　　　　　　　　│
　└─────────────────────────────┘

信託の開始，信託の期中，そして，信託が終了した場合の課税関係については，税理士から助言を受けましたか。

□助言を受けていません

□助言を受けました（税理士事務所名を教えてください）

　┌─────────────────────────────┐
　│　　　　　　　　　　　　　　　　　　　　　　　│
　└─────────────────────────────┘

受託者が，信託財産を，自己のために使ってしまったような場合，刑事罰に問われる場合があることをご存じですか。

□知りません

□知っています（例えば以下のとおり）

```
[                                                                    ]
```

受託者の行為が，その権限の範囲を超えてしまった場合，受益者や信託監督人から，どのようなことが行われるか，ご存じですか。

□知りません

□知っています（例えば以下のとおり）

```
[                                                                    ]
```

受託者の病気や仕事その他の理由によって，一時あるいは一定の期間，信託事務ができないような事情が生じた場合，受託者としてどうすべきか，ご存じですか。

□分かりません

□知っています（以下のとおり）

```
[                                                                    ]
```

受託者の変更が必要となる場合，そのために必要となる手続をご存じですか。

□知りません

□知っています（以下のとおり）

```
[                                                                    ]
```

受託者として信託事務を行う際に，受益者の指図又は同意を得なければならない場合があることをご存じですか。

□知りません

□知っています（以下のとおり）

```
[                                                                    ]
```

受益者から指図を得る場合と受益者から同意を得る場合の違いはご存じですか。

□知りません

□知っています（例えば以下のとおり）

```
[                                                                    ]
```

受託者として信託事務を行う際に，信託監督人の同意を得なければならない場合があることをご存じですか。

□知りません

□知っています（以下のとおり）

受託者として信託事務を行う際，又は，行った後に，受益者や信託監督人に対して報告しなければならない場合があることをご存じですか。
□知りません
□知っています（以下のとおり）

信託を変更しなければならない場合はどのような場合で，信託を変更するための手続とはどのようなものかご存じですか。
□知りません
□知っています（以下のとおり）

受託者の信託事務を続けるに当たって，当初には予想もしていなかったことが生じたような場合はどうすべきか，ご存じですか。
□分かりません
□知っています（以下のとおり）

受託する際，信託財産の内容の確認は行いましたか。
□確認していません
□確認しました（以下の方法で確認した）

この信託の信託財産の特色と注意点を教えてください。

信託不動産の状況について教えてください。
□問題なし（調査書記載のとおり）
□問題あり（以下のとおり）

第2　信託設定の適切性の確認の実務の書式　　177

信託不動産に関する書類を，委託者から受領し，保管していますか。
□未受領
□受領済（書類の表題は以下のとおり）

信託不動産に対する建築基準法をはじめとする法令の違反，土壌汚染，有害物
質の使用の有無などを確認していますか。
□未確認
□確認済（懸念点は以下のとおり）

信託不動産の利用状況について教えてください。
□受益者が利用しています
□受益者以外の者が利用しています（以下のとおり）

受託者は信託不動産に居住する予定ですか。
□居住しません
□居住します（予定は以下のとおり）

委託者兼受益者以外の方が信託不動産に居住している場合，その理由や根拠を
教えてください。

信託不動産の推定される現在の価格をご存じですか。
□知りません
□だいたい分かります（推定額とその根拠は以下のとおり）

信託不動産の近隣不動産の所有者あるいは近隣住民との間で何か問題はありま
せんか。
□問題はありません
□懸念があります（以下のとおり）

178　第4章　信託監督人による民事信託の設定の確認に関する実務

> [   ]

信託不動産の工作物の瑕疵などによって事故が生じたような場合，受託者の責任を問われる場合があることをご存じですか。

□知りません

□知っています（例えば以下のとおり）

> [   ]

信託不動産に地震その他の自然災害への懸念はありますか。

□ありません

□あります（以下のとおり）

> [   ]

信託不動産に修繕（補修）の必要はありますか。

□ありません

□あります（以下のとおり）

> [   ]

居住者に対して信託事務の一部を委託しますか。

□しません

□します（委託事項は以下のとおり）

> [   ]

信託不動産の支出予定は計算しましたか。

□計算していません

□計算しました（以下のとおり）

> [   ]

積立金はありますか。

□あります（以下のとおり）

　　○○用積立金　金○○円　（○○銀行○○支店口座名○○）

　　○○用積立金　金○○円　（○○銀行○○支店口座名○○）

□ありません（支出の手当方法は以下のとおり）

第2 信託設定の適切性の確認の実務の書式　179

> [   ]

金銭の分別管理はできていますか。
□信託口座の開設がありません
□信託口座を開設しています（銀行は以下のとおり）

> [   ]

信託不動産に対する保険付保はありますか。
□ありません
□あります（以下のとおり）

> [   ]

信託不動産に対して必要となる支出額が積立金額を超過してしまうような場合，どのように対処しますか。

> [   ]

築年数，法令遵守，紛争のおそれ，その他信託不動産に対する懸念や心配はありますか。
□ありません
□心配があります（下記のとおり）

> [   ]

委託者兼受益者の年齢，健康状態，職業の有無，収入，資産状態，家族関係などをご存じでしたら，教えてください。

> [   ]

委託者兼受益者が信託に望んでいる事項をご存じでしたら，教えてください。

> [   ]

この信託を組成することを決定し，主導して実行したのは委託者兼受益者ですか。

> [   ]

委託者兼受益者の判断能力に変化の兆しはありませんか。

180 第4章 信託監督人による民事信託の設定の確認に関する実務

> [   ]

将来，委託者兼受益者の判断能力に減退の兆しが生じた場合，受託者はどのように いたしますか，教えてください。

> [   ]

委託者兼当初受益者との関係について教えてください。

> [   ]

委託者に対して差押，破産申立や民事再生申立を始めとする信用不安が生じたとした場合，受託者としてどのようにいたしますか，教えてください。

> [   ]

受託者（貴方）のご経歴を教えてください。

> [   ]

受託者（貴方）の住所・職業・信用状態・健康状態などを教えてください。

> [   ]

受託者（貴方）には，将来，転居，転勤，転職，海外渡航その他の計画はありませんか。
□ありません
□あるかもしれません（以下のとおり）

> [   ]

受託者として何か懸念や心配はありますか。
□ありません
□あります（以下のとおり）

> [   ]

信託の計算や信託の決算の方法をご存じですか。
□知りません（質問はありますか）
□知っています（知っている理由は以下のとおり）

> [   ]

信託の決算のための貸借対照表や損益計算書を作成できますか。

☐作成できません

☐作成できます（経験があれば教えてください）

> [   ]

帳簿作成や記録作成などの事務は得意ですか。

☐苦手です（どのようなサポートが必要ですか）

☐得意です（経験や資格，学習経験があれば教えてください）

> [   ]

受託者（貴方）は，本信託の契約書の各信託条項の内容を全て理解できますか。

☐理解できます

☐全ては理解できません（どの信託条項が理解できませんか）

> [   ]

税務署に提出する書類の必要性が生じる場合があるのをご存じですか。

☐知りません

☐知っています（以下のとおり）

> [   ]

委託者兼受益者の信託組成を支援した専門職の住所，氏名，連絡先などを教えてください。

> [   ]

受託者（貴方）が信託組成の支援を受けた専門職の住所，氏名，連絡先，報酬請求額などを教えてください。

> [   ]

本信託の契約書を作成した専門職は誰でしょうか。信託契約書作成の報酬請求額はいくらですか。

> [   ]

何か相談したいことがありましたら，ご記入ください（何でも結構です）。

□ありません

□あります（以下のとおり）

（その他の質問事項は省略する）

信託不動産の表示（略）

-- 信託監督人欄 --

信託監督人の受領日	平成○年○月○日
信託監督人の調査終了日	平成○年○月○日
信託監督人の面接日	平成○年○月○日

信託監督人としての判断

□問題なし（下記のとおり）

□懸念あり（下記のとおり）

□問題あり（下記のとおり）

信託監督人による今後の対応方針

参考書式4-1の質問票は基本的なもので，汎用性があり，参考書式4-2及び4-3の質問票のベースとなるものである。

なお，委託者の生前に限る自益信託による自宅（居住）用不動産の管理を目的とする民事信託は最も単純な形の信託の一つである。信託の一般的な事項（特に信託財産に関する質問）に加えて，信託財産の収入が存在しないことから，支出の準備などの確認が必要となる。

(2) 賃貸用物件の民事信託の場合の受託者に対する質問票

賃貸物件の民事信託の場合，受託者による賃貸経営という側面があり，単なる信託財産の管理にとどまらない受託者責任が生じるリスクがある。また，賃貸物件の場合，対外的な法律関係が複雑となるので，そのような法律関係に対するケアが必要となる。

ア　事業性を有した信託としての賃貸物件の信託

賃貸経営という側面から，自宅用不動産の場合に比べて，民事信託の受託者における，信託不動産の現状に関しての正確な把握が大切となろう。これは，一般に，自宅用不動産を所有する場合と，賃貸用不動産を所有する場合のオーナーとしての姿勢の差異である。

賃貸用不動産のオーナーは，おのずと，賃貸物件の経営者としての自覚が求められるし，そのような知識と経験を深めることが求められる。賃貸経営とは，収益を伴う事業である。結果的に損失を被るリスクもある。要するに，受託者にとっては，一種の事業性を有した信託となることに注意する必要がある。

この点，賃貸物件の信託は，賃貸という事業を不動産信託という形式を通じて信託されていると考えることが可能である。賃貸物件建設を目的としていた負債が委託者に残っている場合，債権者の承諾の下，信託外における債務引受を行う場合もあり得る。

事業として対外的な法律関係が生じ，当該法律関係に対する配慮と対応を要するのも，賃貸物件の民事信託を負担する受託者の善管注意義務として当然の義務となる。

イ　賃貸物件の民事信託の受託者に対する質問票

　アパートなどの賃貸用不動産を民事信託する（している）場合，信託監督人の設置が必要となる場合が少なくない。

　その場合，まず，信託監督人は，就任後，就任通知を済ませた後，遅滞なく，受託者に対して，質問票を送付することになる。当該質問票は，受託者に対して，記入（回答）を依頼し，その完成をもって，受託者との面談を行うことになる。

　信託監督人は，この際，あまり口出しせず，受託者の書面作成に任せ，その過程を冷静に観察してみることがあり得る。けだし，受託者の記入に要する時間，その回答内容，正確さ，文章力，事実誤認の存否その他を観察することでもって，信託監督人は，受託者の信託事務遂行能力の一端を判断することができるからだ。賃貸物件の民事信託のように，受託者に一定の実務能力を要求する信託類型は，特に受託者の信託事務処理能力の見極めが大切となる。

　そうして，信託監督人は，受託者の信託遂行能力のレベルを評価し，当該民事信託の問題点の把握に努め，まず，信託監督人として何を支援すべきか，何を注意すべきか，などの方針を検討することになる。

　なお，受託者に対する質問票への記入の依頼状は，自宅用不動産の民事信託の場合と同様であるので割愛する。また，具体的な質問票を作成する場合，自宅用不動産の民事信託における質問票における質問事項の多くは賃貸不動産の民事信託に該当する。したがって，その質問項目については，参照書式4－1に掲載の書式の内容も基本型として併せて参照され，組み合わせることで，個別案件及び当該信託監督人の個性に応じた独自の質問票を作成されたい。

第2　信託設定の適切性の確認の実務の書式

参考書式 4 - 2　　賃貸用不動産の民事信託の受託者への質問票・回答票

【書式の骨子】
◎書式作成者
　信託監督人（質問者）及び受託者
　（回答者）
◎書式使用時期
　信託監督人の就任直後
◎対象
　賃貸用不動産（管理型）
◎書式の目的
　信託監督人から受託者に対する質
　問及び回答のためのもの。

【書式の図】

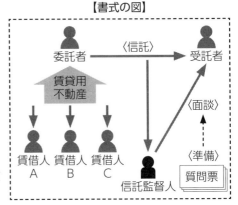

民事信託の受託者への質問票（受託者の回答書）

信託監督人　××××　様

　　　　　　　　　　　　　　　　作成日　平成〇年〇月〇日
　　　　　　　　　　　　　　　　受託者　××××　㊞

　下記，信託不動産に関する，委託者××××及び受託者××××の間の平成〇年〇月〇日管理信託契約（以下，「本信託契約」といいます。）に基づく信託（以下，「本信託」といいます。）の受託の財産管理事務については，以下のとおりです。

信託の内容と受託者の義務の内容は理解しておりますか。
□理解しています
□完全に理解できたとは感じられません（疑問点は以下のとおり）

┌─────────────────────────────┐
│   │
└─────────────────────────────┘

受託者が賠償責任を負う場合もあることをご存じですか。
□知っています
□知りません（疑問点は以下のとおり）

┌─────────────────────────────┐
│   │
└─────────────────────────────┘

186　第4章　信託監督人による民事信託の設定の確認に関する実務

受託者の信託財産に対する所有者責任をご存じですか。

□知っています

□知りません（疑問点は以下のとおり）

信託不動産の状況及び内容は，受託時に確認しましたか。

□未確認

□確認済（確認した項目は以下のとおり）

信託不動産の状況について教えてください。

□問題なし（調査書記載のとおり）

□問題あり（以下のとおり）

信託不動産に関する書類を，委託者から受領し，保管していますか。

□未受領

□受領済（書類の表題は以下のとおり）

信託不動産の適法性や紛争性（のおそれ）について教えてください。

□問題なし（調書記載のとおり）

□心配あり（以下のとおり）

□問題あり（以下のとおり）

信託不動産の利用状況について教えてください。

□受益者も利用しています（以下のとおり）

□全て受益者以外の者が利用しています（以下のとおり）

信託不動産に居住する既存の賃借人に対して，信託による所有権移転（賃貸人の変更）の通知あるいは説明を行いましたか。

□行っていません

□行いました（その方法は以下のとおり）

賃借人の賃料支払口座を受託者名義の口座に変更する手続は済みましたか。
□行っていません
□行いました（その方法は以下のとおり）

賃借人の敷金返還金の債務引受並びに敷金返還用の金銭の積立を行いましたか。
□行っていません
□行いました（その方法は以下のとおり）

一坪当たりの1か月の賃料，1か月の共益費などの賃貸条件，賃貸部屋数を教えてください。

信託不動産の賃貸状況について教えてください。
□満室となっています
□空室があります（以下のとおり）

駅からの近さ，観望，築年数，周囲の環境，その他現地の賃貸市場における賃貸物件としての優位性は何ですか。

信託不動産の賃貸人との間に問題あるいは心配はありますか。
□問題あるいは心配はありません
□問題あるいは心配があります（以下のとおり）

賃貸物件たる信託不動産を建設するために借り入れた負債は委託者に存在しますか。
□建築資金の負債は存在しません

188　第4章　信託監督人による民事信託の設定の確認に関する実務

□建築資金の負債が存在します（その内訳・債権者・債権額・残額・借入条
　件・信託に対する債権者の対応・債務引受の有無その他は以下のとおり）

```
┌─────────────────────────────────────────┐
│                                         │
└─────────────────────────────────────────┘
```

賃貸物件としての魅力を維持するための将来の修繕の計画並びに修繕積立金の
存在はありますか。
□ありません
□あります（金額と計画の概要は以下のとおり）

```
┌─────────────────────────────────────────┐
│                                         │
└─────────────────────────────────────────┘
```

賃借人に賃料の不払その他の債務不履行が生じた場合，どのように対応します
か。
□分かりません
□以下のとおり対応したい

```
┌─────────────────────────────────────────┐
│                                         │
└─────────────────────────────────────────┘
```

賃借人の賃料不払，その他賃貸物件に紛争が生じた場合，相談していきたいと
考えている弁護士等の専門職が存在すれば教えてください。
□存在しません
□存在します（以下のとおり）

```
┌─────────────────────────────────────────┐
│                                         │
└─────────────────────────────────────────┘
```

賃貸管理のために外部の専門業者に委託を行っていますか。あるいは，委託を
行う予定はありますか。
□委託はありません
□委託しています（委託内容，委託料，又は予定は以下のとおり）

```
┌─────────────────────────────────────────┐
│                                         │
└─────────────────────────────────────────┘
```

賃貸管理や会計事務の以外に信託事務の外部委託先があれば教えてください。

```
┌─────────────────────────────────────────┐
│                                         │
└─────────────────────────────────────────┘
```

信託不動産に地震その他の自然災害への懸念はありますか。
□ありません
□あります（以下のとおり）

信託不動産に修繕（補修）の必要はありますか。

□ありません

□あります（以下のとおり）

信託不動産の収支予定は計算しましたか。

□計算していません

□計算しました（以下のとおり）

信託不動産の収支が赤字になった場合の対応を教えてください。

□対応方法は考えていません

□対応方法は考えています（以下のとおり）

積立金はありますか。

□あります（以下のとおり）

　　　○○用積立金　金○○円　（○○銀行○○支店口座名○○）

　　　○○用積立金　金○○円　（○○銀行○○支店口座名○○）

□ありません（支出の手当方法は以下のとおり）

金銭の分別管理はできていますか。

□信託口座が開設できません

□信託口座を開設しています（以下のとおり）

信託不動産に対する保険付保はありますか。

□ありません

□あります（以下のとおり）

賃料を受領する銀行口座を開設しましたか。

□していません

□しています（以下のとおり）

```
[
                                                    ]
```

受益者への信託の配当はありますか。

□ありません

□あります（以下のとおり）

```
[
                                                    ]
```

帳簿作成や記録作成などの事務処理は得意ですか。

□苦手です（どのようなサポートが必要ですか）

□得意です（経験や資格その他があれば教えてください）

```
[
                                                    ]
```

受益者への信託の配当の期日と計算方法について教えてください。

□毎月（計算方法は以下のとおり）

□毎月ではない（計算期日及び計算方法は以下のとおり）

```
[
                                                    ]
```

信託配当の手続と配当方法，来月の配当額の想定を教えてください。

□まだよく分りません

□知っています（概要は以下のとおり）

```
[
                                                    ]
```

信託の決算の方法をご存じですか。

□知りません（疑問点は以下のとおり）

□知っています（概要は以下のとおり）

```
[
                                                    ]
```

信託の決算のための貸借対照表や損益計算書を作成できますか。

□作成できません

□作成できます（経験があれば教えてください）

```
[
                                                    ]
```

第2　信託設定の適切性の確認の実務の書式　191

税務署に提出する書類の必要性が生じる場合があるのをご存じですか。
□知りません
□知っています（以下のとおり）

受託者となった経緯について教えてください。

受託者（貴方）のご経歴を教えてください。

受託者（貴方）に住所，職業，信用状態，健康状態などの変化はありますか。

受託者として何か懸念や心配はありますか。
□ありません
□あります（以下のとおり）

その他相談したいことをご記入ください。
□ありません
□あります（以下のとおり）

（その他の質問事項は省略する）

信託不動産の表示（略）

―――――――――――信託監督人欄―――――――――――

信託監督人の受領日	平成○年○月○日
信託監督人の調査終了日	平成○年○月○日
信託監督人の面接日	平成○年○月○日

信託監督人としての判断
□問題なし（下記のとおり）
□懸念あり（下記のとおり）
□問題あり（下記のとおり）
信託監督人による今後の対応方針

　委託者の生前に限る自益信託による賃貸物件の管理型の民事信託は，受託者の信託不動産及び賃貸経営に関する知識と理解を確認することで，信託監督人が，その補充を助言し，監督の重点を意識することができる。信託監督人においても，賃貸物件の信託は，単なる管理信託ではない，事業性を有した信託であるという認識が必要である。とりわけ，信託の目的で，受益者の生活の維持等の目的を謳っている場合，信託収益の低下により配当が困難となる場合など，何が受託者責任となるのかと具体的に考える必要がある。

第2 信託設定の適切性の確認の実務の書式 193

```
·········································· コラム
```

信託監督人という名称

　信託法改正の過程において，信託監督人制度は，受託者監督員あるいは受託者監督人として，名称が二転三転した。そのような名称の変更は，信託監督人制度のコンセプトの議論に関係していたのだろう。

　信託監督人は，受益者の代理人か，あるいは，信託の円滑な遂行のための機関か，という議論も生じた。受益者の代理人である受益者代理人と異なり，信託監督人は，信託の機関であるとする考え方が，法制審議会の結論である（その意味では，受益者代理人は信託の機関ではない）。あくまで裁判所の一般監督権の消滅に代替するものとして，福祉型信託の監督のために設けられたもの，という発想がある。

(3)　遺産承継を伴う民事信託の場合の質問票

　自宅用不動産か賃貸用不動産かという内容の差異が生じることは，これまでと同様である。

　参考書式中，具体的事案に対しては足りない質問事項や過剰な質問事項が存在し得るので，個別事案に則した形で，加筆あるいは割愛する必要があろう。また，参考書式4-1及び参考書式4-2の質問票中の質問事項には，共通事項が含まれているので，不動産信託であり，また，賃貸物件の信託であるような場合，適宜，参考書式4-1又は参考書式4-2の質問票中，各項目を補充し合い，組み合わせ，必要に応じて割愛することで，個々の具体的な信託監督人の実務に応じた質問票を完成されたい。

　なお，受託者に対する質問票への記入の依頼状は，参考書式4-1の場合と同様であるので割愛している。

194 第4章 信託監督人による民事信託の設定の確認に関する実務

参考書式4-3　　遺産承継を伴う民事信託における質問票・回答票

【書式の骨子】
◎書式作成者
　信託監督人（質問者）及び受託者（回答者）
◎書式使用時期
　信託監督人の就任直後
◎対象
　賃貸用不動産（管理処分型）
◎特記事項
　資産承継型
◎書式の目的
　信託監督人から受託者に対する質問票及び回答のためのもの。

【書式の図】

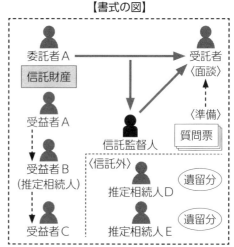

民事信託の受託者への質問票（受託者の回答書）

信託監督人　××××　様

　　　　　　　　　　　　　　　　作成日　平成○年○月○日
　　　　　　　　　　　　　　　　　　受託者　××××　㊞

　下記、信託不動産に関する、委託者××××及び受託者××××の間の平成○年○月○日管理処分信託契約（以下、「本信託契約」といいます。）に基づく信託（以下、「本信託」といいます。）の受託の財産管理・処分事務については、以下のとおりです。

何のために民事信託を利用するのか教えてください。
┌─────────────────────────────┐
│　　　　　　　　　　　　　　　　　　　　　　　　　　　│
└─────────────────────────────┘

信託の内容と受託者の義務の内容は理解していますか。
□理解しています
□完全に理解できたとは感じられません（疑問点は以下のとおり）
┌─────────────────────────────┐
│　　　　　　　　　　　　　　　　　　　　　　　　　　　│
└─────────────────────────────┘

第2　信託設定の適切性の確認の実務の書式　　195

受託者が賠償責任を負う場合もあることをご存じですか。
□知っています
□知りません（疑問点は以下のとおり）

受託者の信託財産に対する所有者責任をご存じですか。
□知っています
□知りません（疑問点は以下のとおり）

信託不動産に関する書類を，委託者から受領し，保管しておりますか。
□未受領
□受領済（書類の表題は以下のとおり）

信託不動産の状況及び内容は，受託時に確認しましたか。
□未確認
□確認済（確認した項目は以下のとおり）

信託不動産の状況について教えてください。
□問題なし（調査書記載のとおり）
□問題あり（以下のとおり）

信託不動産の適法性や紛争性（のおそれ）について教えてください。
□問題なし（調書記載のとおり）
□心配あり（以下のとおり）
□問題あり（以下のとおり）

信託不動産の利用状況について教えてください。
□受益者も利用しています（以下のとおり）
□全て受益者以外の者が利用しています（以下のとおり）

信託不動産の賃貸状況について教えてください。

□満室となっています

□空室があります（以下のとおり）

信託不動産の賃貸人との間に問題あるいは心配はありますか。

□問題あるいは心配はありません

□問題あるいは心配があります（以下のとおり）

賃貸物件たる信託不動産を建設するために借り入れた負債は委託者に存在しますか。

□建築資金の負債は存在しません

□建築資金の負債が存在します（その内訳・債権者・債権額・残額・借入条件・信託に対する債権者の対応・債務引受の有無その他は以下のとおり）

信託不動産に地震その他の自然災害への懸念はありますか。

□ありません

□あります（以下のとおり）

信託不動産に修繕（補修）の必要はありますか。

□ありません

□あります（以下のとおり）

信託不動産の収支予定は計算しましたか。

□計算していません

□計算しました（以下のとおり）

第2　信託設定の適切性の確認の実務の書式　197

信託不動産の収支が赤字になった場合の対応を教えてください。
□対応方法は考えていません
□対応方法は考えています（以下のとおり）

積立金はありますか。
□あります（以下のとおり）
　　○○用積立金　金○○円　（○○銀行○○支店口座名○○）
　　○○用積立金　金○○円　（○○銀行○○支店口座名○○）
□ありません（支出の手当方法は以下のとおり）

金銭の分別管理はできていますか。
□信託口座の開設ができません
□信託口座を開設しています（以下のとおり）

信託不動産に対する保険付保はありますか。
□ありません
□あります（以下のとおり）

賃料を受領する銀行口座を開設しましたか。
□していません
□しています（以下のとおり）

賃借人に対して信託による賃貸人変更の通知・説明などを行いましたか。
□していません
□しています（以下のとおり）

賃借人に対する敷金返還債務の債務引受の手続を行いましたか。
□していません

198 第4章 信託監督人による民事信託の設定の確認に関する実務

□しています（以下のとおり）

既存賃借人に対する敷金返還のための積立金はありますか。
□ありません
□あります（積立総額，対象債務と個別金額は以下のとおり）

賃貸管理について，不動産管理会社等に委託（信託事務の第三者委託）していますか。
□していません
□しています（以下のとおり）

受益者への信託の配当はありますか。
□ありません
□あります（以下のとおり）

帳簿作成や記録作成などの事務処理は得意ですか。
□苦手です（どのようなサポートが必要ですか）
□得意です（経験や資格その他があれば教えてください）

受益者への信託の配当の期日と計算方法について教えてください。
□毎月（計算方法は以下のとおり）
□毎月ではありません（計算期日及び計算方法は以下のとおり）

信託の計算や信託の決算の方法をご存じですか。
□知りません（疑問点は以下のとおり）
□知っています（概要は以下のとおり）

第2　信託設定の適切性の確認の実務の書式　199

信託の決算のための貸借対照表や損益計算書を作成できますか。
□作成できません
□作成できます（経験があれば教えてください）

税務署に提出する書類の必要性が生じる場合があるのをご存じですか。
□知りません
□知っています（以下のとおり）

委託者が死亡した際，受託者は何をすべきかご存じですか。
□分かりません
□知っています（概要は以下のとおり）

受益者変更の手続を行うに当たり，受託者が気をつけるべきことをご存じですか。
□知りません
□知っています（概要は以下のとおり）

受益者変更で生じる課税関係について税理士に相談されましたか。
□相談していません
□相談しました（注意事項は以下のとおり）

受益者変更の際に登記申請が必要となることをご存じですか。
□知りません
□知っています（概要は以下のとおり）

受益者となるべき者の指定は，委託者の死亡時における者（第2次受益者）だけですか，あるいは，第2次受益者の死亡時に次の第3次，その後，第4次と続いていますか。

□第2次まで
□第2次以降もあります（以下のとおり）

受益権の内容は，受益者となるべき者と指定された者ごとに異なりますか。
□同じです
□異なります（内容の違いは以下のとおり）

受益者となるべき者の指定はあらかじめ決定されていますか。
□決まっていません
□決まっています（以下のとおり）

受益者となるべき者を指定する指定権者の定めはありますか。
□あります（指定権者は以下のとおり）
□ありません

信託期間中，受益者に対して受益権の処分を禁止し，制限する定めはありますか。
□ありません
□あります（概要は以下のとおり）

委託者兼当初受益者の判断能力が減退した場合の対処方法は検討されたでしょうか。
□未検討
□検討済（対処方法の予定は以下のとおり）

委託者のための任意後見受任者の定めはありますか。
□ありません
□あります（連絡先を教えてください）

受益者となるべき者として指定された者との関係について教えてください。

受益者（及び受益者となるべき者として指定された者）との関係は良好ですか。
□良好です
□少し懸念があります（以下のとおり）

委託者の推定相続人は何名ですか。その続柄を教えてください。
□よく分りません
□知っています（概要は以下のとおり）

委託者の信託外の推定相続人との面識はありますか。
□面識があります（以下のとおり）
□面識はありません（その理由は以下のとおり）

委託者の推定相続人は全員受益者となるべき者として指定されていますか。
□全員が受益者
□一部のみが受益者（具体的には以下のとおり）

委託者の推定相続人が全員受益者となるべき者として指定されている場合，それぞれの受益権割合を教えてください。
□よく分かりません
□各割合は以下のとおりです

推定相続人の遺留分という制度とその内容をご存じですか。
□知っています
□知りません

推定相続人のうち遺留分を有する相続人の範囲，そして，各人の遺留分割合を
ご存じですか。

□知りません

□知っています（概要は以下のとおり）

>

委託者の信託外の推定相続人の将来の遺留分の想定を算定しましたか。

□算定しました（以下のとおり）

□算定していません（その理由は以下のとおり）

>

本信託設定（又は受益者の変更）は，委託者の遺留分を侵害するおそれはあり
ませんか。

□ありません（以下のとおり）

□あります（その懸念は以下のとおり）

>

本信託の設定（又は受益者の変更）が信託外の推定相続人の遺留分を侵害する
おそれがある場合，それに対する対策（金銭の積立てなど）はありますか。

□あります（以下のとおり）

□ありません（その理由は以下のとおり）

>

遺留分権者から遺留分減殺請求権が行使されるような場合，受託者が相手方
（被告）とされるような場合もあり得ることをご存じですか。

□知りません

□知っています（概要は以下のとおり）

>

受益者が複数となる可能性はありますか。その場合，受益者は全て委託者の推
定相続人ですか。受益者の間に割合の差異，その他不公平感を生じるような可
能性があるものはありますか。

□あります（以下のとおり）

□ありません

> ```
>
> ```

委託者に遺言は存在しますか。

□存在しません

□存在するか否か知りません

□存在します（その内容を知っていれば，以下にご記入ください）

> ```
>
> ```

委託者の判断能力に減退のおそれはありませんか。

□ありません（その理由は以下のとおり）

□懸念があります（その理由は以下のとおり）

> ```
>
> ```

受益者連続に関する30年ルールをご存じですか。

□知りません

□知っています（概要は以下のとおり）

> ```
>
> ```

委託者の地位は相続されるか否か，ご存じですか。

□分かりません

□知っています

本信託の受益者となるべき者の指定が実行されることで，委託者の相続人間で利害対立が生じるような懸念はありませんか。

□懸念なし

□懸念あり（懸念は以下のとおり）

> ```
>
> ```

信託期中，委託者の相続人間で紛争性ある利害対立が生じるような場合，そのような利害対立を解決するための専門職の資格が限定されることはご存じですか。

□分かりません

□知っています（理由は以下のとおり）

> ```
>
> ```

204 第4章 信託監督人による民事信託の設定の確認に関する実務

本信託の組成を判断し，主導したのは委託者ですか。

□委託者です（以下のとおり）

□委託者だけではありません（以下のとおり）

今，信託不動産を売却した場合，予想される市場価格をご存知ですか。

□知りません

□知っています（その金額と根拠は以下のとおり）

信託不動産は売却したい場合，すぐに売れる物件ですか。

□すぐに売れます（理由は以下のとおり）

□すぐに売れません（理由は以下のとおり）

受託者が信託不動産を売却できる場合，あるいは，売却しなければならない場合は，どのような場合であるかご存じですか。

□分かりません

□知っています（以下のような場合）

受託者が信託不動産を売却する場合，どのような方法及び手続でもって売却を行うのか，ご存じですか。

□分かりません

□知っています（概要は以下のとおり）

受託者が，信託不動産を売却する場合，受託者は，売却価格，瑕疵担保責任，利益相反回避，その他の責任を負う可能性があることはご存じですか。

□分かりません

□知っています（例えば以下のとおり）

受託者が信託不動産を売却した場合，この信託はどうなるのか，また，その売

却代金の受領並びに金銭はどのようにすべきか，ご存じですか。

□分かりません

□知っています（概要は以下のとおり）

今，信託不動産の賃貸を募集して，成約された場合の賃料は，1か月，一坪いくらと予想されるか，ご存じですか。

□知りません

□知っています（その金額と根拠は以下のとおり）

信託不動産の修繕や一部建替えのため，受託者が，銀行借入ができる場合があることをご存じですか。借入を行う場合，どのようなことに気をつける必要があるかご存じですか。

□知りません

□知っています（注意事項は以下のとおり）

信託関係者の病気その他の事情で任務遂行が困難となる場合のために，備えはありますか。

□特にありません

□あります（概要は以下のとおり）

賃貸物件の所有あるいは賃貸経営その他不動産業関連のご経験はありますか。

□ありません

□あります（以下のとおり）

受託者となった経緯について教えてください。

受託者（貴方）のご経歴を教えてください。

206 第4章 信託監督人による民事信託の設定の確認に関する実務

> _____

受託者（貴方）の住所・職業・信用状態・健康状態などを教えてください。

> _____

受託者として信託事務を継続していくためのインセンティブを教えてください（どのような理由でも結構です）。

□特にありません

□受託者としてのインセンティブは以下のとおり

> _____

信託が終了し，信託を清算する場合，受託者も，残余財産又は残余財産の一部を取得することになりますか。

□取得しません

□取得する予定です（取得範囲は以下のとおり）

> _____

受託者の報酬額の設定がある場合，報酬額の定めを教えてください。

□報酬なし

□報酬あり（算定方法は以下のとおり）

> _____

本信託の組成を助言したのは誰ですか。その助言はどのような資格に基づくものですか。

> _____

本信託の契約書を作成したのは誰ですか。その作成はどのような資格に基づくものですか。

> _____

本信託の契約書に関与したのは1人ですか。

□1名です

□複数です（関与の仕方は以下のとおり）

第2 信託設定の適切性の確認の実務の書式 207

> [　　　　　　　　　　　　　　　　　　　　　　　　　　　]

本信託の組成及び契約書作成にかかった費用の金額と内訳を教えてください。

> [　　　　　　　　　　　　　　　　　　　　　　　　　　　]

貴方（受託者）は，本信託の契約書の各信託条項の内容を全て理解できますか。
□理解できます
□一部理解できません（理解できない信託条項を教えてください）

> [　　　　　　　　　　　　　　　　　　　　　　　　　　　]

信託設定から信託修了までに想定されるメリット・デメリットについて，税理士に相談しましたか。
□未相談
□相談済（注意事項は以下のとおり）

> [　　　　　　　　　　　　　　　　　　　　　　　　　　　]

受託者として何か懸念や心配はありますか。
□ありません
□あります（以下のとおり）

> [　　　　　　　　　　　　　　　　　　　　　　　　　　　]

その他相談したいことをご記入ください。
□ありません
□あります（以下のとおり）

> [　　　　　　　　　　　　　　　　　　　　　　　　　　　]

（その他の質問事項は省略する）

信託不動産の表示（略）

──────── 信託監督人欄 ────────

信託監督人の受領日	平成○年○月○日
信託監督人の調査終了日	平成○年○月○日

信託監督人の面接日	平成○年○月○日

信託監督人としての判断

□問題なし（下記のとおり）

□懸念あり（下記のとおり）

□問題あり（下記のとおり）

信託監督人による今後の対応方針

　遺産承継型の民事信託は，委託者の推定相続人との関係あるいは複数の推定相続人らの間の問題で，リーガルリスクの高い民事信託類型である。民事信託の組成支援や契約書作成に対する損害賠償請求訴訟の存在も聞く昨今，組成支援者や契約書作成者の専門職の特定も重要である。必要に応じて，信託監督人としてコンタクトすることが必要となる場合があるからだ。信託契約書にある信託条項の意味が，期中の実務の最中にある者から見ると，不明であることがままある。

　とりわけ，民事信託の組成支援者が，事実上，代理して契約書を作成したと推察されるような場合（信託は技巧的で技術的な仕組みなので，本人の理解が追いつかず，事実上，支援者が代わって意思判断を行ってしまうような状況に陥るリスクを否定できない），受託者自身が信託条項の意味に要領を得ない場合がある。なお，組成支援及び契約書作成支援の状況が実質的な双方代理と

なってしまえば当該専門職のリーガルリスクとなり得る。事例によっては，法的紛議性が見込まれる案件もあり得る。弁護士法72条本文の構成要件該当性又は同条ただし書の除外法令の存在，あるいは正当業務行為としての違法性阻却事由の存在などの検討が必要となる場合もある。

　当初の信託契約書を作成した専門職と就任する信託監督人である専門職が別人であれば，就任早々，信託監督人からの信託契約書の内容に対するチェックも可能であり，牽制が働く。当初の信託契約書を作成する専門職も緊張感を強いられることで，リスク分析を深め，規律を維持するための契機となる。

(4)　信託監督人による信託の収支計画の確認

　信託監督人は，就任後，信託の収支計画の確認を行う必要がある。とりわけ，賃貸物件の民事信託の場合，事業性の適切さが，信託の安定のために重要である。当該信託監督人に収支計画の適正判断の専門知識を欠くような場合，他の専門家の支援を受けるなどの代替措置が必要となる。

　遺産承継型で事業性を有するような民事信託は，税務・会計面での専門性，法律面での専門性そして不動産の専門性が必要となることから，誰を信託監督人に選任するかが問題となる。信託監督人コストの低額化が可能であり，信託コストの問題が解決できるのであれば，共同監督人のような形態も，今後，検討されていくであろう。

参考書式4-4　信託財産の収支計画に対する信託監督人の確認書

【書式の骨子】
◎書式作成者
　信託監督人
◎名宛人
　受益者
◎書式使用時期
　信託監督人の就任直後
◎対象
　賃貸用不動産
◎書式の目的
　民事信託の収支計画に関する調査・確認の報告のため。

【書式の図】

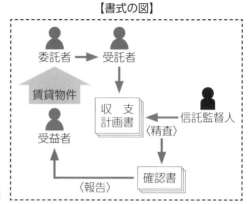

確　認　書

受益者　××××　様

平成○年○月○日

　私，信託監督人××××は，下記の信託不動産に関する委託者××××（以下，「委託者」といいます。）及び受託者○○○○（以下，「受託者」といいます。）の平成○年○月○日付不動産管理信託契約に基づく信託（以下，「本信託」といいます。）につきまして，受託者が平成○年○月○日に作成した本信託に基づく信託不動産の収支予定の内容を精査しました結果，下記の信託不動産の収支計画は，適切なものであると確認いたしました。

記

信託不動産の収支予定

平成○年○月○日から平成○年○月○日まで

第2 信託設定の適切性の確認の実務の書式 211

	収入予定	支出予定	収支（積立残金）
○月	賃料収入金○○円	保険付保金○○円 水光熱費金○○円 管理委託費金○○円 清掃費金○○円 信託報酬金○○円 信託監督人報酬金○○円	金○○円（金○○円）
○月	賃料収入金○○円	水光熱費金○○円 管理費用金○○円 清掃費金○○円 修繕費金○○円 信託報酬金○○円 信託監督人報酬金○○円	金○○円
○月	賃料収入金○○円 礼金収入金○○円 敷金（預託金）	水光熱費金○○円 管理費用金○○円 清掃費金○○円 賃貸仲介費金○○円 町内会費○○円 信託報酬金○○円 信託監督人報酬金○○円	金○○円
○月	賃料収入金○○円	水光熱費金○○円 管理費用金○○円 清掃費金○○円 租税公課金○○円 修繕費金○○円 信託報酬金○○円 信託監督人報酬金○○円	金○○円（金○○円）

（以下，省略）

　上記収入は，平成○年○月○日現在の賃貸状況を基準としての見通しを算出したものであり，上記支出は昨年度の当該月の実績値に基づいて想定したものである。

平成○年○月○日

　　　　　　　　　　　　　　　　信託監督人　××××　㊞

(5) 信託の方針の決定

　信託不動産の収支計画とともに，民事信託の方針を決定することも重要な作業である（収支計画の作成と表裏である）。受託者として，受託者なりの信託不動産の管理方針を検討し，確立しておくことが大切である。

参考書式 4-5　　　　　受託者による民事信託の方針書

【書式の骨子】
◎書式作成者
　受託者
◎名宛人
　信託監督人
◎書式使用時期
　信託監督人の就任直後
◎対象
　賃貸用不動産
◎書式の目的
　民事信託の方針書の書式

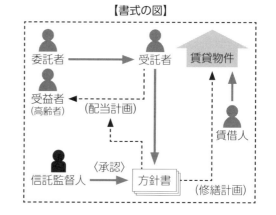

【書式の図】

民事信託の方針書

信託監督人　××××　様

　受託者は，信託不動産の価値を維持することで，アパートとしての収支を安定させる。これによって，受益者に対する信託配当を確保し，高齢者である受益者の生活費の維持に与する。

　　受託時の信託不動産の価格　金○○万円（近隣の取引事例を参考にした地元仲介業者○○○○による推定値）

賃借人の総世帯数　　　○世帯

１坪当たりの賃料　　　金○○円

建物の賃貸可能坪数　　○○坪

賃料から算出した不動産価値　金○○万円（地域のキャップレート

　　　　　　　　　　　　　　　　　　　　で算出）

受託時の空室　　　　　○室

築年数　　　　　　　　○○年

修繕積立費　　　　　　金○○万円

敷金積立金　　　　　　金○○万円

公租公課（昨年）　　　金○○○円

公租公課積立金　　　　金○○円

修繕計画の案　　　○○大学の通学路に当たることから，学生向けの
　　　　　　　　　賃貸アパートとしての価値を維持するため，外装を
　　　　　　　　　若者向けとする。

　　　　　　　　　　信託開始の初年度に外壁と玄関口の修繕を施し，
　　　　　　　　　５年後に再度，大規模修繕を実施することで，ア
　　　　　　　　　パートとしての価値を維持し，近隣の競合アパート
　　　　　　　　　との競争力を維持する（別紙長期修繕計画案のとお
　　　　　　　　　り）。

　　　　　　　　　　　初年度の修繕見積額　　　　金○○万円

　　　　　　　　　　　５年後の大規模修繕見積額　金○○万円

　　　　　　　　　　　修繕用の現在の積立金残高　金○○万円

　　　　　　　　　　　不動産信託の収支見通し

　　　　　　　　　　　（別紙収支計画の見通案のとおり）

　　　　　　　　　　　信託配当の見通し

　　　　　　　　　　　（別紙信託配当見通案のとおり）

　　　　　　　　　　　賃貸条件の実施（略）

　　　　　　　　　　　賃借人のトラブル対応の方針（略）

賃貸管理の外部委託の方針（略）

（その他の事項は省略）

平成○年○月○日

受託者　××××　㊞

- - - - - - - - - - - - - - 信託監督人欄 - - - - - - - - - - - - - -

受領日	平成○年○月○日
承認日	平成○年○月○日
信託監督人の意見	

　民事信託の設定時，受託者によって，信託不動産の現況の確認書又は調査書が作成される[2]。信託監督人は，それらの書式による確認書あるいは報告書などの名宛人となり，あるいは，写しの交付を受けることで，受託者による確認や調査の適切性を検証することになろう。

⑹　信託不動産に関する質問票

　信託監督人から受託者に対して質問票を交付し，受託者自らの手で回答を作成してもらうことを促すことが大切である。

　受託者の回答の内容，回答に要する時間，回答に付随する質問その他の回答を作成する過程を観察することで，当該受託者の信託事務遂行能力，正確性，緻密さ，慎重さ，理解度，適性その他のレベルを評価することが可能である。信託事務の処理は，文書作成能力が不可欠であり，また，信託財産に対する理解能力その他も必要である。また，信託監督人が，受託者の問題点

2）渋谷『受託者支援の実務と書式』40〜52頁，91〜115頁

第2　信託設定の適切性の確認の実務の書式　215

を発見し，受託者に対してどのような支援が必要であり，また，いかなる監督方針を立てるべきかを検討するため，受託者の回答への反応，時間，内容などに対する観察が重要となる。

参考書式 4-6　　　　信託不動産に関する質問票

【書式の骨子】
◎書式作成者
　信託監督人
◎名宛人
　受託者
◎書式使用時期
　信託監督人の就任直後
◎対象
　信託不動産
◎書式の目的
　信託監督人から受託者に対する質問。

【書式の図】

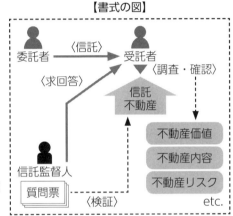

信託不動産に関する質問票

受託者　××××　様

　　　　　　　　　　　　　　交付日　平成○年○月○日
　　　　　　　　　　　　　　　　信託監督人　××××

　平成○年○月○日信託契約に基づきます下記の信託不動産について，以下の質問事項につきまして，ご回答をお願いします。
　なお，質問の内容が理解できない，質問の回答方法が不明である，あるいは，質問の意図を知りたい，その他，本質問票に関連することは何でも（その他の事項でも結構ですが），信託監督人の事務所（TEL：○○－○○○○－○○○○　メールアドレス：＊＊＊＊＠＊＊＊＊.com）までお問い合わせください。

信託不動産の表示　（略）

216　第4章　信託監督人による民事信託の設定の確認に関する実務

物件の価格が信託元本（受託元本）の価格となることをご存じですか。
□知りません
□知っています
物件の価格（受託元本の価格）をご存知ですか。
□分かりません
□分かります（以下のとおりです）

項　　目	金　　額
簡易鑑定評価額（もしあれば）	○○円
近隣取引事例参考額（もしあれば）	○○円
路線価額	○○円
固定資産税評価額	○○円

信託不動産は賃貸物件ですか。
□賃貸物件ではありません
□賃貸物件です
賃貸物件の場合，賃貸の内容についてご存じですか。
□分かりません
□分かります（以下のとおり）

賃貸状況

○月実績	金額・数字
一坪当賃料	○○円
賃貸可能面積	○○平方メートル
空室率	○○パーセント
総賃料収入	○○円
支　　出	○○円

信託財産である土地及び建物の表示を教えてください。
□土地の表示

所　　在	
地　　番	
地　　目	
地　　積	

実 測 面 積	
権利の種類	

□建物の表示

所　　在	
家 屋 番 号	
種　　類	
構　　造	
床 面 積	
建 築 時 期	

□付属建物の表示

符　　合	
種　　類	
構　　造	
床 面 積	
建 築 時 期	

登記記録上の名義人を教えてください。

所有権名義人	
担 保 権 者	

固定資産台帳上の表記をご存じでしたら教えてください。

土地の所在地	
固定資産税評価額	
建物の所在地	
固定資産税評価額	

信託不動産に対する都市計画法・土地区画整理法の関係をご存じでしたら教えてください。

区 域 区 分	
計 画 街 路	
土 地 区 画 整 理	
その他の制限	

信託不動産に対する建築基準法の関係をご存じでしたら教えてください。

用 途 地 域	

218　第4章　信託監督人による民事信託の設定の確認に関する実務

特別用途地区	
建ぺい率	
容積率	
その他の地域・地区	
外壁の後退距離	
敷地面積の最低限度	
高さ制限	
私道の変更・廃止の制限	
がけ・擁壁	

信託不動産に対するその他の法令の適用の存在をご存じでしたら教えてください。

〔（法令名）..〕

敷地と道路との関係をご存じでしたら教えてください。

	敷地の西側道路	敷地の南側道路	敷地の東側道路
公道私道の別			
道路の種別			
接道の長さ			
敷地延長の場合			

信託不動産の私道負担の関係をご存じでしたら教えてください。

負担の有無	
道路位置指定	
私道所有者	
指定番号	
指定年月日	
負担内容	
備　考	

信託不動産の水光熱の整備の関係を教えてください。

飲　用　水	
電　　気	
ガ　　ス	
排　　水	

信託不動産の境界関係その他についてご存じでしたら教えてください。

民民境界	
官民境界	
境界標	
越　境	
地下埋没物	
土壌汚染	

信託不動産の所在地域の自然災害の危険度についてご存じでしたら教えてください。

当該エリアの今後30年間の地震発生確率	
地震による建物倒壊度	
地震による火災危険度	
地震による液状化危険度	
地盤の軟弱度	
洪水危険度	
津波災害危険度	

信託不動産の修繕の予定がありましたら教えてください。

□修繕計画なし

□修繕計画あり

（修繕の理由と想定費用）

信託不動産のための積立金の存在がありましたら教えてください。

□積立金なし

□積立金あり

（積立金の目的と金額，管理方法）

信託不動産の鍵は委託者から受領済ですか。

□受領しました

□未受領です

信託不動産の権利に関する書類は委託者から受領済ですか。

□未受領です

□受領しました

220　第4章　信託監督人による民事信託の設定の確認に関する実務

> （書類の種類）

信託設定によって委託者の推定相続人の遺留分が侵害されていないことを確認しましたか。
□未確認です
□確認しました

> （確認方法・算定方法）

信託不動産に関して委託者の遺言書が存在しないことを確認しましたか。
□未確認です
□確認しました
信託不動産には紛争又は訴訟その他の法的手続が存在しますか。
□存在しません
□存在します

> （紛争又は法的手続の内容）

信託不動産に瑕疵又は建築基準法違反や消防法違反などの違法は存在しますか。
□存在しません
□存在します

> （瑕疵又は違法性の内容）

信託不動産について土壌汚染や有害物質の使用の有無を確認しましたか。
□未確認です
□確認しました

> （問題点）

信託不動産がマンションの場合，マンション管理組合規約その他の取決めの状況を確認しましたか。
□未確認です
□確認しました

> （特記事項）

賃貸管理について，一括借上，サブリースや賃料保証などの外部委託の利用はありますか。

第2 信託設定の適切性の確認の実務の書式　221

□ありません

□あります

　（概要）_____

信託不動産の管理の委託先がありましたら，教えてください。

（その他の事項は省略）

添付資料

　住宅地図（略）

　公　図（略）

　現況写真（屋外）（略）

　現況写真（室内）（略）

　建物の位置の図面（略）

　委託先との契約書の写し（略）

　ハザードマップの写し（略）

　預金通帳の写し（略）

（その他の資料省略）

　信託監督人は，信託財産そのものに関する確認が必要であるほか，受託者及び信託事務処理の状況を把握する必要がある。

(7)　信託監督人としての就任調書

　信託監督人が受託者に面談する際，事前に，質問票を交付することが行われる。なお，信託監督人自身の調書は，専門職としての案件の受託調書の書

式が参考となろう。

参考書式 4-7　　　　　　　　　信託監督人の就任調書

【書式の骨子】
◎書式作成者
　信託監督人
◎書式使用時期
　信託監督人の就任時
◎書式の目的
　信託監督人による管理型民事信託への委託者生前限定の信託監督人自らの就任時の確認のため。

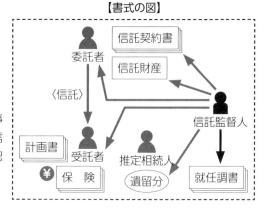

受託者の監督業務のための信託監督人の就任調書

【委託者の遺産承継を目的としない管理型の民事信託に対する信託監督人の就任用】

信託当事者の本人確認
□確認済　□確認未了
　［（確認方法）　　　　　　　　　　　　　　　　　　　　　　　　　　　　］

当職による信託監督人の就任の法令上の根拠は何か。
　［（当職職務の適法性の理由）　　　　　　　　　　　　　　　　　　　　　］

委託者の信託の意思は確認したか。
□意思確認済　□意思確認未了
　［（意思確認未了の場合はその理由）　　　　　　　　　　　　　　　　　　］

　［（確認方法）　　　　　　　　　　　　　　　　　　　　　　　　　　　　］

委託者の年齢，職業，居所，健康状態，資産，負債などの属性情報は確認した

か。
□確認済　□確認未了

　（確認方法と結果）

受託者の受託の意思は確認したか。
□意思確認済　□意思確認未了

　（意思確認未了の場合はその理由）

　（確認方法）

受託者の年齢，職業，居所，健康状態，資産，負債などの属性情報は確認したか。
□確認済　□確認未了

　（確認方法と内容）

信託当事者が信託組成を決断した理由を確認したか。
□確認済　□確認未了

　（確認内容）

信託関係者中，信託組成を主導した者は誰なのか確認したか。
□確認済　□確認未了

　（確認内容）

信託関係者の誰に最もメリットがある信託組成であるか確認したか。
□確認済　□確認未了

　（確認内容）

委託者と受託者の関係を確認したか。
□親族関係

　（続柄と同居の有無）

□その他の関係

　（選任理由）

224 第4章 信託監督人による民事信託の設定の確認に関する実務

受益者の判断能力に減退の可能性の有無を確認したか。

□未確認　□確認済

（将来の判断能力の減退の可能性）

信託組成を支援した専門職は，信託関係者の誰の代理人的立場なのか確認したか。

□確認済　□確認未了

（確認内容）

信託契約書の内容は確認したか。

□確認済　□確認未了

（確認未了の場合，その理由）

信託の目的は確認したか。

□確認済　□確認未了

（確認未了の場合，その理由）

（信託の目的の具体的な内容）

信託の終了事由は確認したか。

□確認済　□確認未了

（信託の終了事由の内容）

信託の管理方法は確認したか。

□確認済　□確認未了

（信託の管理方法の内容）

受託者の権限の範囲は確認したか。

□確認済　□確認未了

（信託の権限の範囲の内容）

信託関係者の間の利益相反は確認したか。

□利益相反の懸念なし　□利益相反の懸念あり

第2　信託設定の適切性の確認の実務の書式　225

（懸念ありの場合，その理由）

（確認方法）

受託者の信託違反の予防方法，是正方法，対処方法は確認したか。
□確認済　□確認未了
（確認内容）

受託者の行為に対する信託監督人の同意事項を確認したか。
□確認済　□確認未了
（確認内容）

受託者から信託監督人に対する報告事項を確認したか。
□確認済　□確認未了
（確認内容）

受託者の行為に対する受益者の同意事項を確認したか。
□確認済　□確認未了
（確認内容）

受益者の信託に関する意思決定事項を確認したか。
□確認済　□確認未了
（確認内容）

受益者による信託費用負担事項，追加信託事由を確認したか。
□確認済　□確認未了
（確認内容）

信託変更のために必要となる手続を確認したか。
□確認済　□確認未了
（確認内容）

受益権の処分の可能性又は制限の有無を確認したか。
□確認済　□確認未了

（確認内容）

信託の設定から清算結了に至るまでの課税関係に関する税理士のタックスオピニオンを確認したか。

□確認済　□確認未了

（確認内容）

信託の設定から清算結了に至る間，信託関係者における税務署に対する届出事項を確認したか。

□確認済　□確認未了

（確認内容）

信託の設定から清算結了に至る間，法務局に対する登記申請が必要となる場合を確認したか。

□確認済　□確認未了

（確認内容）

受託者は個人か。

□個人　□個人以外

（個人の場合，委託者との関係）

（個人以外の場合，受託者の形態）

受託者が法人の場合，構成員，利益相反の有無，信託遂行能力，責任財産，受審能力，専門職の関与，適法性などを確認したか。

□確認済　□確認未了

（確認内容）

受託者に信託業法違反はないか。

□信託業法違反なし　□信託業法違反の懸念あり

（信託業法違反の懸念ある場合はその理由）

（確認方法）

第2　信託設定の適切性の確認の実務の書式　227

形式的な信託（名義信託）の懸念はないか。

□懸念なし　□懸念あり

（名義信託の懸念の理由）

（懸念ありの場合の対処方法）

信託登記の経由は確認したか。

□確認済　□確認未了

（確認内容）

信託登記された信託目録の内容を確認したか。

□確認済　□確認未了

（確認内容）

信託計算書等の届出（予定）を確認したか。

□確認済　□確認未了

（確認内容）

受託者の信託遂行能力は確認したか。

□信託遂行能力あり　□信託遂行能力に懸念有り

（能力に懸念ありの場合はその理由）

（確認方法）

受益者と委託者は同一か。

□同一　□同一ではない

（同一でない場合の受益者と課税関係）

（確認方法）

法的紛議性の見込みの有無を確認したか。

□確認済　□確認未了

（確認内容）

228　第4章　信託監督人による民事信託の設定の確認に関する実務

信託不動産の現況は確認したか。

□確認済　□確認未了

（確認済の場合は懸念点）

信託不動産の地図，図面，境界などの特定性を確認したか。

□確認済　□確認未了

（確認内容）

信託不動産の受託者による調査書の内容は確認したか。

□確認済　□確認未了

（確認内容）

信託不動産の価値（推定価格）を確認したか。

□確認済　□確認未了

（確認内容）

信託不動産の近隣関係，紛争可能性等のリスクの有無を確認したか。

□確認済　□確認未了

（確認内容）

信託不動産の適法性は確認したか。

□適法性あり　□適法性に懸念あり

（懸念ありの場合はその理由）

（確認方法）

信託不動産に紛争，法的手続，担保権，用益権などの負担は存在しないか。

□存在しない　□存在する

（存在する場合，その内容）

（確認方法）

信託の収支計画を確認したか。

□確認済　□確認未了

第2　信託設定の適切性の確認の実務の書式　　229

（確認済の場合，収支計画は妥当なものか）

信託のための積立金は存在するか。

□存在する　□存在しない

（存在する場合，その金額）

（存在しない場合，その理由と懸念）

（確認方法）

金銭の分別管理は確実か。

□分別管理に懸念なし　□分別管理に懸念あり

（懸念ありの場合，その理由と対処）

（確認方法）

修繕計画等を確認したか。

□確認済　□確認未了

（確認内容）

信託不動産の利用形態は何か。

□居住用　□賃貸用

（居住用の場合の利用者）

賃貸物件の場合，信託による賃貸人たる地位の承継に伴う手続等一切の履行を確認したか。

□確認済　□確認未了

（確認内容）

賃貸物件の場合，信託による賃貸人たる地位の承継に伴って，賃借人への通知・説明・合意，賃料口座の変更，敷金返還分の積立て等の状況を確認したか。

□確認済　□確認未了

（確認内容）

230   第4章　信託監督人による民事信託の設定の確認に関する実務

賃貸物件の場合，賃貸管理の現状，内容，条件等を確認したか。

□確認済　□確認未了

　　（確認内容）

賃貸物件の場合，賃借人との関係における問題の有無を確認したか。

□確認済　□確認未了

　　（確認内容）

賃貸物件の場合，受託者による賃貸管理の権限範囲を確認したか。

□確認済　□確認未了

　　（確認内容）

信託不動産に関する保険の名義変更は確認したか。

□変更完了　□変更未了

　　（未了の場合，予定）

　　（確認方法）

信託設定に必要な重要書類は確認したか。

□確認済　□確認未了

　　（確認した重要書類の種類と内容）

　　（重要書類が欠ける場合の対応）

信託の配当金の有無を確認したか。

□確認済　□確認未了

　　（確認内容）

信託配当が存在する場合，配当の手続，配当期日，直近の配当実績を確認したか。

□確認済　□確認未了

　　（確認内容）

信託の計算方法を確認したか。

□確認済　□確認未了

[　（確認内容）..
　...]

信託の決算の手続，期日，方法を確認したか。

□確認済　□確認未了

[　（確認内容）..
　...]

受託者の計算事務の対応状況（能力）を確認したか。

□確認済　□確認未了

[　（確認内容）..
　...]

信託の第三者委託（職務代行者）は存在するか。

□存在する　□存在しない

[　（存在する場合，その種類，内容，特定）...
　...]

信託関係者の予備（バックアップ）の有無を確認したか。

□確認済　□確認未了

[　（確認内容）..
　...]

信託関係者からの倒産隔離を確認したか。

□確認済　□確認未了

[　（確認内容）..
　...]

脱法信託や権限濫用信託となっていないことを確認したか。

□確認済　□確認未了

[　（確認内容）..
　...]

清算受託者は受託者が継続するか否かを確認したか。

□確認済　□確認未了

[　（確認内容）..
　...]

232 第4章 信託監督人による民事信託の設定の確認に関する実務

信託清算時，信託の残余財産を引き継ぐ者は誰か確認したか。

□確認済 □確認未了

（確認内容）

信託清算手続において，清算結了に必要となる手続を確認したか。

□確認済 □確認未了

（確認内容）

信託監督人として裁判所に対する申立可能な事柄を確認したか。

□確認済 □確認未了

（確認内容）

信託監督人が弁護士を利用する場合の手続と報酬精算方法を確認したか。

□確認済 □確認未了

（確認内容）

受託者による信託事務の帳簿や日誌の作成の充実具合を確認したか。

□確認済 □確認未了

（確認内容）

信託が負担する債務の存在の有無を確認したか。

□確認済 □確認未了

（確認内容）

弁護士による民事信託組成の適法性に関するリーガルオピニオンは存在するか否か確認したか。

□確認済 □確認未了

（確認内容）

受託者が信託事務遂行のため必要となる書類の書式類が揃っているか否か確認したか。

□確認済 □確認未了

（確認内容）

受託者は信託事務遂行のために作成が必要となる書類や手続の意味を理解しているか否か確認したか。

□確認済　□確認未了

（確認内容）

任意後見受任者の設置の有無を確認したか。

□確認済　□確認未了

（確認内容）

委託者の遺言書の存在の有無を確認したか。

□確認済　□確認未了

（確認内容）

受託者に対して質問票を交付したか。

□交付済　□交付未了

受託者の回答状の内容を確認したか。

□確認済　□確認未了

（確認内容）

当職において，信託監督人の職務範囲と本職の資格業法上の職務範囲との重なり合いの範囲を確認したか。

□確認済　□確認未了

（確認内容）

当職において，信託監督人としての権限行使可能な範囲並びに職務範囲の適法性に関する方針を確認したか。

□確認済　□確認未了

（確認内容）

当職において，信託監督人として，本信託の仕組みとリスクを十分に確認したか。

□確認済　□確認未了

（確認内容）

234　第4章　信託監督人による民事信託の設定の確認に関する実務

信託監督人の職責を果たすため，十分な信託監督人の位置付けが施されているか否か確認したか。

□確認済　□確認未了

　　（確認内容）

受託者の緊急の連絡先，連絡方法は確認したか。

□確認済　□確認未了

　　（連絡先，連絡方法）

委託者兼受益者の緊急の連絡先，連絡方法は確認したか。

□確認済　□確認未了

　　（連絡先，連絡方法）

信託組成の専門職の緊急の連絡先，連絡方法は確認したか。

□確認済　□確認未了

　　（連絡先，連絡方法）

その他の特記事項

信託当事者との面談日時・場所・内容

当職の利益相反回避のための措置

信託登記の申請の内容と予定

委託者兼受益者の職業，健康状態，判断能力，負債の有無，資産，親族関係その他の属性

第2　信託設定の適切性の確認の実務の書式　　235

受託者の職業，健康状態，負債の有無，資産，親族関係その他の属性

民事信託の組成の支援に関与した各専門職の資格・住所・氏名・報酬額の概算

（その他の項目は省略）

以上の確認内容に相違ない。

　平成○年○月○日

　　　　　　　　　　　事務所○○県○○市○○町○丁目○番○号

　　　　　　　　　　　信託監督人　××××　㊞

・・コラム

民事信託のコンサルティングと弁護士法72条

　民事信託のコンサルティングという言葉が聞かれる場合がある。民事信託のコンサルティングとは何だろうか。コンサルティングとは包括的で抽象的な言葉であるが，日本語にすれば，要は相談であり，指導である。報酬を得るためのコンサルティングは誰でもできる（規制が存在しない）という意見があるが，それは内容次第で異なる。遺留分減殺請求を回避するために民事信託を利用すると称されるような場合，将来の法的紛議性が見込まれる事例もある。なお，資格者の懲戒事例では信託のコンサルティングにつき，「信託という法形式の教示」という言葉が使われている。

　コンサルティングとは相談であり，教示である。民事信託の組成のコンサルティングとは，民事信託という新たな法律関係の形成に関する相談であり，教示となる場合がある。また，民事信託のコンサルティングと民事信託の契約書の作成の組合せにおいては，民事信託という法律関係の形成を実質的に主導する場合があり，その場合，他人のための法律事務である場合があり得る。

236　第4章　信託監督人による民事信託の設定の確認に関する実務

　したがって，民事信託のコンサルティングや契約書作成を業として報酬を得
て行う場合，弁護士法72条の違反とならないように注意する必要がある。

　弁護士法72条は，同法77条3号によって2年以下の懲役又は300万円以下の
罰金として処罰される犯罪構成要件を規定する。同法72条は，刑罰法規である
にもかかわらず，「その他一般の法律事件に関して」，「その他の法律事務を取
り扱い」という文言に曖昧さが残ることから，違反主体が無自覚のうちに同条
違反を惹起している場合があり得る。

　この点，法律事件という要件につき，紛争性を必要とするか否かで解釈が対
立する。日本弁護士連合会（日弁連）は，紛争性を要件としない（紛争性不要
説）と主張し，それと同旨の裁判例が存在する（浦和地判平成6年5月13日判時
1501号52頁。いわゆる埼玉司法書士会職域判決）。法務省は事件性必要説である
といわれる場合があるが[3]，弁護士法違反の告発を行うのは日弁連であるから，
紛争性不要説の立場で告発が行われる可能性がある。

　なお，後段の「その他の法律事務」は，新たな権利義務関係の発生する案件
について，法律上の効果を発生，変更する事項の処理などとされるが，日弁連
は，確定した事項を契約書にする行為のように，法律上の効果を発生・変更す
るものではないが，法律上の効果を保全・明確化する事項の処理も法律事務と
解される，と主張している[4]。

　近時，日弁連は，弁護士法72条違反の告発を活発化しつつある。民事信託案
件においては，利用者からクレームが生じたような場合，あるいは，同案件を
めぐり紛争が生じた場合，同条違反の告発がなされるリスクが高まる。

　ちなみに，例えば資格者が司法書士の場合，他人のための法律相談又は法律
事務としての民事信託関与は，司法書士法3条1項各号の範囲内及びこれらの
付随業務については，弁護士法72条ただし書の除外事由に該当し，あるいは，
正当業務行為となる。その他，民事信託の法律相談あるいは契約書作成が，登
記代理の付随業務以外であっても，司法書士法施行規則31条各号で許容される
という見解が聞かれることがある。

　しかしながら，同規則31条各号については，他人のための法律相談や法律事
務としての民事信託関与に関して，弁護士法72条の除外事由あるいは違法性阻

3）髙中正彦『弁護士法概説〔第4版〕』（三省堂，2012）359頁
4）日本弁護士連合会調査室編著『条解弁護士法〔第4版〕』（弘文堂，2007）621頁

却事由（法令上の行為）となり得るのか否か，という重要論点について公的機関あるいは準公的機関からの公式見解が存在しない状況にあることに注意したい。

第5章

賃貸物件の民事信託に関する受託者と信託監督人の実務

第1 基本的な考え方

　本章では，賃貸物件の信託設定あるいは信託終了等を行うことによって，実務上，必要となる可能性がある法務や書類作成等について考えてみたい。金融機関における民事信託案件に対する融資姿勢を鑑みると，今後，益々，賃貸物件の民事信託の適法性と適切性に注目が集まるであろう。

図5-1　賃貸物件の民事信託

　なお，賃貸物件固有の民事信託の実務に先行して，そもそも，賃貸用，居住用を問わず不動産の民事信託として，不動産一般に確認が必要となり得る基本事項がある[1]。

> **コラム**
>
> ### 形式的な信託（名義信託）とされるリスク
>
> 　賃貸物件の民事信託の場合，信託の設定に伴う賃貸人の変更によって，賃借人との法律関係に変更が生じる。賃貸管理運営の維持並びに賃借人の保護のため，実務上，様々な法務的措置が必要となる。
> 　賃貸物件の民事信託の場合，受託者は，民事信託契約書を作成するだけではなく，信託設定に伴い変更される法律関係に関する文書を作成する必要が生じる。一般に，賃貸物件の民事信託の組成とは，それら一連の必要事項が全て包括されて行われるものである。

1）渋谷『受託者支援の実務と書式』40～137頁参照

> 受託者において民事信託の信託契約書は作成したが，賃借人対応の必要事務を欠いているような場合，当該信託が，当事者間における形式のみの信託（名義信託）と判断されるリスクがある。信託設定によって必要となる対外的な対応が行われていないからである。
> また，賃貸物件の民事信託の組成に際して，受託者に対して，信託設定に伴い必要とされる事務を助言しなかった場合，民事信託の組成を支援した専門職の善管注意義務違反を問われるリスクがあることに注意したい。

(1) 判例群の存在について

本章の本文中においても必要に応じて指摘することになるが，判例上，賃貸人たる地位ならびに敷金返還債務については，賃貸不動産の所有権の移転に伴い，当然に承継されるとされている[2]。とりわけ，最高裁平成11年3月25日判決（判時1674号61号）は，信託による所有権移転によって賃貸人たる地位を承継し，受託者が，敷金としての性格を持つ保証金債務の返還債務を負担するとされた事案である。そして，信託当事者間における賃貸人たる地位不承継特約によって同返還債務の負担なき旨の受託者の主張が退けられた

図5-2 裁判規範と行為規範

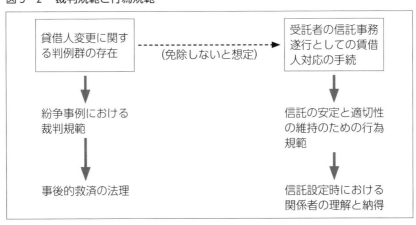

2) 新井誠編集代表『信託法実務判例研究』（有斐閣，2015）124～134頁が関連判例を整理しており便利である。また，『民事信託実務ハンドブック』252～253頁でも指摘される。

ものである。

　かような判例群が存在し，これらの当然承継を認めているからといって，賃貸物件の民事信託の設定時において，本来的に必要となる手続を省略してよいという理由にはならない，と本書は考える。賃貸人たる地位の移転及び敷金返還債務の承継に関する判例の存在は，事後的な救済の結果である。信託設定においては，賃貸人と賃借人の間において紛争が生じないように，事前に十分な対応を行う必要があるはずだ。

　何よりも，信託設定による所有権移転，それによる賃貸人の変更に対して，賃借人の不安を軽減し，賃借人の理解と納得を得ることが何よりも大切である。信託設定に伴う法律関係の変更は，極めて人為的かつ技術的なものである。同時に，信託法上，分別管理の要請などにも対応しなければならず，法律関係の微調整が必要となる。救済法理に依拠するのではなく，関係者の同意を得た上での適切な手続の遂行が必要な所以であろう。

⑵　民法改正について

　現在，公表されている「民法（債権関係）の改正に関する要綱案」（平成27年2月10日決定）並びに「民法の一部を改正する法律案」（同年3月31日国会提出）では，賃貸人たる地位の移転，そして，それに伴う敷金の返還に係る債務の承継その他を規定している（その一部は下記のとおり）。この点，今後，信託設定による所有権移転に伴う賃貸人たる地位の移転に関する実務に対する影響もあり得るところなので，民法改正動向に対する注意が必要である。

民法の一部を改正する法律案　抜粋

（不動産の賃貸人たる地位の移転）

第605条の2　前条，借地借家法（平成3年法律第90号）第10条又は第31条その他の法令の規定による賃貸借の対抗要件を備えた場合において，その不動産が譲渡されたときは，その不動産の賃貸人たる地位は，その譲渡人に移転する。

2　前項の規定にかかわらず，不動産の譲渡人及び譲受人が，賃貸人た

る地位を譲渡人に留保する旨及びその不動産を譲受人が譲渡人に賃貸する旨の合意をしたときは，賃貸人たる地位は，譲受人に移転しない。この場合において，譲渡人と譲受人又はその承継人との間の賃貸借が終了したときは，譲渡人に留保されていた賃貸人たる地位は，譲受人またはその承継人に移転する。

3　第1項又は前項後段の規定による賃貸人たる地位の移転は，賃貸物である不動産について所有権の移転の登記をしなければ，賃借人に対抗することができない。

4　第1項又は第2項後段の規定により賃貸人たる地位が譲受人又はその承継人に移転したときは，608条の規定による費用の償還にかかる債務及び622条の2第1項の規定による同効に規定する敷金の償還に係る債務は，譲受人又はその承継人が承継する。

（合意による不動産の賃貸人たる地位の移転）

605条の3　不動産の譲渡人が賃貸人であるときは，その賃貸人たる地位は，賃借人の承諾を要しないで，譲渡人と譲受人との合意により，移転させることができる。この場合においては，前条第3項及び第4項の規定を準用する。

第2 賃貸物件に固有の信託事務に対する信託監督人の実務

(1) 信託監督人設置の意義

　信託監督人の実務は，その監督の内容として，大別して，①受託者に対する監視（監査），そして，②受託者に対する支援（指導）に分かれる。なお，本書では，資格者たる専門職が信託監督人として就任することを想定している。

　非専門家である受託者が，明確に意識できないような法的手続の履行，あるいはうっかり見落としてしまうような技術的事項については，専門職たる信託監督人は，むしろ支援者として指導すべき立場となる。

　信託監督人は，就任した際，遅滞なく，当該民事信託の信託契約書の内容を確認する。その際，信託監督人は，実務上，必要とされる信託条項が欠落している場合，それを信託当事者に対して助言し，適切な民事信託の仕組みにするために補充する責任が，専門職としてある。

　もっとも，当初から信託監督人の設置が決まっている民事信託にあっては，信託契約の締結プロセスから，信託監督人となるべき者が専門職として関与し，受益者保護の観点から支援を行うような実務形態が一般であろう。

図5-3　賃貸物件における受託者の実務と信託監督人の実務

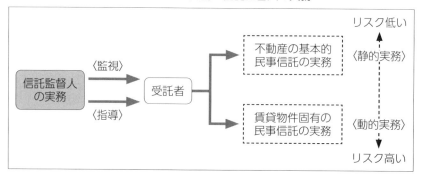

なお，賃貸物件の民事信託における信託設定時の賃借人への対応などは，信託監督人が，専門職として，非専門家たる受託者に対して，適切な助言を与え，信託の適法性の確保のため，手続を履践することを指導すべき場面である。

(2) 賃貸物件の民事信託の特色

賃貸物件の民事信託には，二つの特色がある。一つは，賃貸経営という側面から，金銭の収支が生じることである。これは，受託者に事業運営の能力と判断が要求されることを意味する。そして，常に金銭の収受や管理を生じることから，不正の誘因となりやすいというリスクが内包されることを意味する。

もう一つは，賃貸借関係という法律関係が存在することで，賃貸人たる受託者において法律関係が複雑化するリスクが存在することである。信託設定に伴う敷金返還債務の引受けあるいは信託期中における賃借人の対応など，非専門家の受託者の手に余る場合があり得る。非専門家の受託者であるがゆえに，知らぬ間に，善管注意義務違反を生じている場合も少なくない。

加えるに，賃貸物件の場合，賃貸人としての義務の履行のため，あるいは，賃貸事業の収益性を維持するためにも，金融機関の融資などが必要となる場合も想定される。そのような場合，民事信託の規律が維持され，質が保証され，信託の内容が透明化されている必要がある。

図5-4 賃貸物件の信託のリスク

(3) 信託に伴う紛争予防と賃借人保護としての手続の必要性

　賃貸物件を民事信託する場合，信託設定時に必要な事務を怠れば，後日，賃借人において誤解を生じ，不安を煽る結果となり，あるいは既存の賃貸借関係に混乱を生じることもあり得る。したがって，そのような場合に備えて，信託設定に際して，受託者は，賃借人の存在に配慮した上，必要な手続を履行し，賃貸借契約から生じる法的問題に対処する必要が生じる。それが賃貸借関係をめぐる紛争予防の第一歩となろう。

　信託監督人は，受託者が，それらを確実に履行していることを確認しなければならない。受託者が適切な手続の履行を懈怠する場合，信託監督人は，後日の紛争予防のため，受託者に対して助言し，手続の実行を促す必要がある。信託監督人の監督責任を問われよう。

　信託の組成には，当該信託関係の形成に伴って生じる対外的な法律関係の変更も含まれる。つまり，民事信託の組成の支援を行うということは，信託という法律関係の形成に伴って生じる一切の法律関係の調整や再構成に対する支援を含む。現実の実務は信託法だけを助言すれば足りるものではない。派生的法律関係におけるリスクの最小化の助言を欠落すれば助言過誤となる場合があろう。

図5-5　手続の重層性

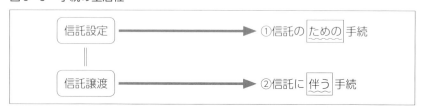

(4) 本章の構成

　本章では，法務の観点から，以下のような順序の説明を行う。まず，①受託者の賃借人対応の実務に関する信託条項を解説する。次に，②信託監督人は，いかなる視点でもって，当該信託条項が対象とする事項に対して，受託者の監督を行っているのかを解説する。

そして，③そのような信託条項に基づいて受託者に必要となる手続の実務に関する書式を提案する。非専門家たる受託者の書面作成は，専門職たる信託監督人による助言と支援が必要となる部分である。また，信託監督人の監督の前提としても，受託者による書面の作成が励行される必要がある。

最後に，④信託監督人の業務としての確認票や報告書の書式を提案したい。これら①から④が，賃貸物件の民事信託の法務の一部として，信託監督人に必要とされる知識であるからだ。

受託者が履践すべき法的手続の場合，信託監督人は，専門職たる監督者として，非専門家の受託者に対して，単なる監視あるいは監査ではなく，むしろ，それを指導し，支援することに重点がおかれることになろう。要は，事後的な監査（既行為の適切性の確認による結果の評価）ではなく，事前の指導や支援による受託者の信託遂行の適切性の確保こそが，重要となる局面である。

なお，本書は，賃貸物件の信託に伴う法務につき，学説や見解の対立が存するような局面においては[3]，円滑な信託事務の遂行並びに後日の紛争防止（賃借人の保護）の観点から，極力，保守的に考えることで，個別の手続を踏襲，履行することを原則とし，ベーシックな手続を省略しないとする立場を

図5-6　信託条項と書式の機能

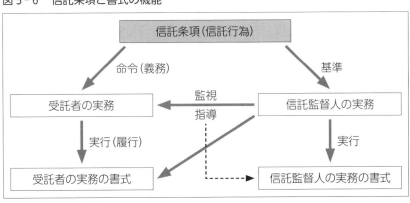

---

3) 例えば『民事信託実務ハンドブック』253頁

とりたい。本書では法務的側面からの監査を記しているが，他に税務会計的側面からの監査等も重要である。

第3　賃貸物件の民事信託の信託条項の記載例　　249

|第3| **賃貸物件の民事信託の**
信託条項の記載例

1 ┃ 事務手続としての民事信託条項

　本書が提案する賃貸物件を民事信託する場合の民事信託条項の記載例は，そのほとんどが手続的な条項である。これが，賃貸物件の民事信託に関する手続の全てであるわけではなく，また，全ての賃貸物件の民事信託において，本書で提案するような民事信託条項の全てが必要となるわけではない。それは，それぞれの個別具体的な類型に応じる。

　あくまで，本書で提案する民事信託条項は，信託期中における受託者並びに信託監督人の実務を論じる前提としての参考例であるが，受託者は何に注意すべきかという受託者実務の参考にしていただきたい。

　なお，信託監督人における受託者の監督という立場からすれば，民事信託条項の手続が明確であればあるほど，受託者の信託事務遂行に対する監督が容易となる。民事信託条項に示された手続を，受託者が適切に履行しているか否か，という監査が可能となるからだ。信託監督人にとって重要な監督指針となる。

　また，非専門家である受託者の立場に立っても，民事信託条項において，できること，可能であること，すべきことなどが具体的に記されていないと，実際に信託事務として何をすればよいのか混乱を生じる。民事信託では，プロによる商事信託と比較しても，曖昧で包括的な民事信託条項では機能しない。受託者の裁量に信じて託すというだけの話ではすまされない。それは，その受託者自身が非専門家だからである。

民事信託に自己信託は利用できるのか

　一般に，民事信託は，委託者と受益者が同一である自益信託で設定される。委託者と受益者が異なる他益信託にすると課税が生じるからである。しかるに，信託法改正作業時より，自益信託による自己信託は可能なのか，という議論があり，いまだ解決した問題ではない。

　信託法上，受託者と受益者の同一は1年間に限り有効であるが，それは，受託者が受益権を一時取得する必要性，あるいは，取得に至る必然性がある場合があることから創設された規定である。しかし，当初より自益信託で組成され，そのまま自益信託で継続を予定された自己信託が可能なのか，判然としない。

　自益信託の自己信託が1年で終了してしまえば，元も子もない。信託終了を回避するため，受益権のごく一部につき，共有とすることもあり得るかもしれないが，あまりに技巧的すぎる印象もある。

　信託設定の当初から受託者が全部受益者となる信託は，現行信託法下においても否定されるべき，という指摘もある[4]。

　財産承継型の民事信託の場合，受託者の死亡時，信託が終了することなく，他の受託者に承継される必要があるが，自己信託から契約による信託に移行できるのか，という問題がある。また，実務上，誰が受託者変更の手続をコントロールするのか，指定された受託者が引受けを拒絶する場合はどうするのか，そして，登記記録上，自己信託から契約による信託への持続的な移行は可能なのか，などの問題もある。

(1) 受託者による賃借人への通知・説明

　賃貸物件の民事信託の場合，信託の設定の時点において，受託者の信託事務遂行の必要が生じる。受託者が賃貸借対応を行っているか否かが，形式的な信託（名義信託）であるのか，実質的な信託であるのか否か，を区別する指標となり得る。

---

4) 西村志乃「民事信託と裁判上のリスク」信託フォーラム6号35頁

参考記載例5-1　　　　　　　　　賃借人への通知・説明

【記載例の骨子】
◎主体
　受託者及び委託者
◎客体
　賃借人
◎条項の目的
　賃借人の保護を図るため，賃借人に対する所有者変更の通知及び説明義務を定める。

【記載例の図】

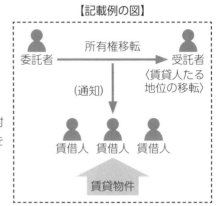

第○条　受託者及び委託者は，信託の設定に際して，信託不動産の貸室部分又は駐車場部分を賃借している賃借人（以下，既存賃借人という。）の全員に対して，信託によって所有者が変更する旨，それに伴い賃貸人としての地位が承継されることを通知する。受託者及び委託者は，賃借人に対して，賃借人からの求めに応じて，当該変更について説明するものとする。

〈受託者の視点〉

　既存の賃借人にとって，所有権の移転に伴って賃貸人が変更することは，賃貸借契約の相手方が変わることを意味する。また，賃貸条件に変化を生じるか否か，賃料額あるいは賃料の支払先，また，敷金の取扱いなど，賃借人の懸念に対処する必要が生じる。そして，今後の円滑な信託事務の遂行のため，賃借人全員に対して信託設定の理解を求める必要がある。

〈信託監督人の視点〉

　信託による所有者の変更に伴い，受託者に賃貸人たる地位が承継されるが，賃借人は受託者に対して賃貸借を対抗することができる。この点，委託者と

受託者は，信託設定を円滑に行い，事後の紛争を防止し，また，名義変更や賃料支払先の変更その他の必要な手続を遂行するため，賃借人の理解を得る必要がある。

そこで，専門職たる信託監督人は，信託設定に伴って必要となる対外的な法律関係に対する処置について，受託者に対して助言し，適切な手続の遂行を援助する必要がある。このような場合，信託監督人の監督機能ではなく，支援（指導）機能が重要となる。対外的な法律関係（信託外の第三者）への対応は，事後的では遅いからだ。

(2) 賃貸管理用の信託口座の開設

賃貸物件の民事信託においては，常時，キャッシュフローが生じ，積立金の必要性も生じる。不正の誘因も少なくない。受託者は，これら金銭を厳格に分別管理する必要がある。下記記載例は，民事信託の契約書締結時に信託口座が特定できるような場合におけるものである。

参考記載例5-2　信託口座の開設

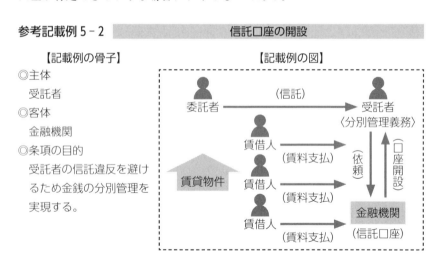

【記載例の骨子】
◎主体
　受託者
◎客体
　金融機関
◎条項の目的
　受託者の信託違反を避けるため金銭の分別管理を実現する。

第○条　受託者は，信託不動産の賃貸借から生じる金銭及び賃貸借のための金銭並びに賃貸借に関係する金銭について，下記のとおりの信託口座を開設し，分別管理を行うものとする。

○○銀行○○支店信託口座

　　　口座番号××××

　　　名義人××××

〈信託監督人の視点〉

　信託監督人は，信託期中，定期的に，受託者の帳簿（金銭出納帳ほか），賃貸借契約書，預金通帳の原本などを突き合わせて確認して，金銭の流れや所在を確認し，受託者の信託事務の適正を確保する必要がある。金銭の分別管理の確保は，そのための大前提となろう。

⑶　賃料収受口座

　上記の民事信託条項の記載例の他に，賃借人の賃料等の収受の口座について下記のような民事信託条項の記載例もあり得る。

　民事信託の契約書の締結時に，信託口座が特定できないような場合におけるものである。もっとも，信託契約書が締結され，信託の効果が生じるとともに，信託口座による分別管理の方法が確保されていないと，信託違反を生じてしまうリスクがある。一方，信託口座の開設のためには，信託契約書の締結，そして信託の効果が有効に生じていることの確認を，金融機関から求められるような場合もあるかもしれない（その場合，信託口座開設後に，信託変更契約書によって特定・補充するような方法も考えられる）。

参考記載例 5-3　　　　　　　　　　　　　　賃料等収受口座

【記載例の骨子】

◎主体
　受託者
◎客体
　金融機関
◎条項の目的
　受託者の信託違反を避けるため，賃料の分別管理の方法を特定し，その特定された方法の具備を受託者に義務付ける。

【記載例の図】

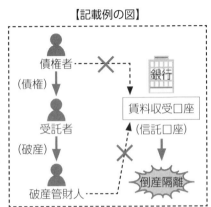

> 第○条　受託者は，既存賃借人及び新規賃借人からの賃料等収受口座を，信託口座として，○○銀行○○支店に開設するものとする。

〈受託者の視点〉

　受託者による賃料収受口座は，受託者から倒産隔離されている必要がある。仮に分別管理が不完全である場合，受託者の信用不安時，受託者の債権者からの差押え等が行われ，あるいは破産財団化した場合，事実上，受益者による取戻しは容易ではない（異議の申立て等の法的手続を行うことで信託コストを生じる）。そのように考えると，倒産隔離の効果とは，事実上，信託の効果というよりも，まず何よりも分別管理の効果であるともいえよう。

　なお，賃料は信託不動産の法定果実（民法88条2項）であるが，信託行為の定めによって信託財産としている。信託財産であるから分別管理が必要である（信託法34条）。

〈信託監督人の視点〉

　信託監督人の立場からすれば，受託者の分別管理が確実となっているか否かという問題である。また，信託監督人による受託者の信託の計算事務の監

査にも必要な情報である。

⑷ 賃借人に対する求承諾

　従来の賃借人からの賃料の収受は，前賃貸人である委託者の銀行口座に振り込まれているような場合が多い。これを，受託者の銀行口座（信託口座）に支払先を変更する必要がある。賃料は信託収益であり，信託財産として受託者が管理する必要があるからだ。

参考記載例5-4　　　　　　　　　　**賃料支払先の変更**

【記載例の骨子】

◎主体
　受託者及び委託者
◎客体
　既存の賃借人
◎条項の目的
　賃借人の保護を図り，分別管理を実現して，信託違反を避けるため，賃借人に対して，賃料支払口座の変更の了承を求める。

【記載例の図】

　第○条　受託者及び委託者は，既存賃借人に対して，賃料及び共益費の
　　　支払先について，信託の設定の日以降，従来の委託者の銀行口座から
　　　受託者の銀行口座（信託口座）に変更することの了承を求めるものと
　　　する。

〈受託者の視点〉

　受託者は，委託者からの所有権移転に伴って，賃貸人たる地位を承継するが，個別具体的な賃借人との間では，新たに合意を要する事項が存在する。

賃料の支払先（支払口座）の変更とその特定なども，その一つである。従来の契約のままであれば，委託者に対して賃料が支払い続けられることになってしまい，受託者の信託の管理・計算事務に支障をきたす。また，信託が設定されることによる賃借人の混乱や不利益を回避する必要がある。

〈信託監督人の視点〉

賃借人からの賃料収入は，受託者による分別管理が必要となる。賃料管理に関する適切な手続を懈怠すれば，今や賃貸人ではない委託者の口座に賃料収入が支払われることとなってしまう。

信託監督人は，非専門家である受託者に対する事前の指導と支援，必要とあれば，書類作成に対する助言を行い，かつ，事後的に，受託者によって適切な手続が遂行されたのかを確認することになる。

複数印鑑制預金口座の活用

受託者の権限濫用の防止，資産逸失防止その他不祥事防止のため，預金の払戻手続に，受託者の印鑑だけではなく，信託監督人等の信託関係者の印鑑も同時に必要とされる，複数印鑑制預金口座の活用がいわれる[5]。

この点，信託監督人に対する不動産処分に対する承諾権に加えて，信託監督人における預金払戻の同意権などの（信託行為による）創設が考え得る[6]。

手続的には，民事信託における受託者事務の負担を増す方向性である。しかし，これまでの成年後見制度における親族後見人の不祥事の例を見れば，親族受託者による不祥事防止策の助言は，民事信託組成を支援する専門職の責任でもあろう。

---

5) 新井誠，遠藤英嗣「対談　家族信託再考―その普及と課題」信託フォーラム6号10頁（遠藤英嗣発言）
6) 伊東大祐「信託契約締結上の留意点（民事信託・家族信託分野について）」信託フォーラム6号29頁

(5) 敷金返還債務の引受け

　賃貸物件の民事信託において重要な観点は，賃借人の保護である。民事信託の設定に際して，委託者と受託者の間で敷金返還債務の債務引受を行うことが一般である。この点，敷金関係は，旧賃貸人に対して交付した場合には，当然に新賃貸人に承継されるとされている[7]。そして，信託による移転の場合も，受託者に敷金返還債務が当然承継されるとも考えられる[8]。しかしながら，現行法上，事後の紛争予防と賃借人の保護のために，民事信託の設定を行う際には，賃貸人の地位の移転に伴い，委託者と受託者との間において敷金関係の手続を保守的に踏むべきであろう（敷金返還のための準備金その他も必要となる）。当該民事信託はあくまで賃貸人側の都合で行うので，賃借人の不利益となるような状況は避ける必要がある。

参考記載例 5-5　　　　　　敷金返還債務の債務引受

【記載例の骨子】

◎主体
　受託者及び委託者
◎客体
　信託設定時の既存賃借人
◎条項の目的
　賃借人の保護を図り，賃借人退去時における民事信託の仕組みを作るため，敷金返還債務を引き受ける。

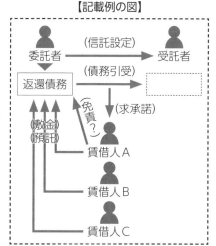

【記載例の図】

7）園部『敷金等返還紛争解決の手引』58頁
8）新井誠編集代表『信託法実務判例研究』（有斐閣，2015）133頁

第5章　賃貸物件の民事信託に関する受託者と信託監督人の実務

> 　第○条　受託者及び委託者は，個々の既存賃借人に対して，受託者が，
> 　　委託者から，当該賃借人への敷金返還債務を引き受けること，並びに，
> 　　委託者が敷金返還債務を免責されることに関する承諾を得るものとす
> 　　る。

〈受託者の視点〉

　民事信託の実務上，信託不動産が賃貸物件の場合，委託者と受託者の間で敷金返還債務に関する債務引受を伴うのが実務の一般であろう。

　現行信託法は，信託設定時，信託行為の定めにより，委託者の負担する債務につき，受託者が債務引受をすることで当該債務を信託財産責任負担債務とすることが可能であることを明らかにしたとされる[9]。信託法改正以前からの実務の取扱いを追認した形である。立法担当者も，信託行為の定めのみで委託者の負担する債務の移転が生じるわけではないので，民法の一般原則に従った債務引受の手続をとることが必要である，と指摘している[10]。

　委託者と受託者の間における敷金返還債務の債務引受の場合，重畳的債務引受とすべきか，免責的債務引受とすべきか，という問題がある。重畳的債務引受とすると，委託者の死亡を前提とした遺産承継型の民事信託の場合，委託者の法定相続人に債務が承継されるなどの複雑な事態もあり得る。

　一方，敷金返還債務の承継を，委託者から受託者への免責的債務引受とした場合，敷金返還請求権の債権者たる賃借人から承諾を得るのが実務の一般であろう。

〈信託監督人の視点〉

　専門職たる信託監督人は，信託の紛争防止のため（それが受益者の保護となる），必要となる法的な手続を教示し，受託者に対して，その意味を説明することになる。監査人としてではなく，支援者（指導者）としての側面が

9）寺本『逐条解説』84頁
10）寺本『逐条解説』84頁

重要となる場面である。

　信託監督人は，受託者と委託者によって作成された債務引受に関する合意書，そして，賃借人による承諾書などの法的書面が有効なものであるか否か，また，適切なものであるかを確認する。債務額と預託金の存在も確認されよう。仮に，当該書面等が適切な要件を欠く場合，信託監督人は，受託者に対して，適宜，修正等の必要な行為を求めることになる。

(6)　敷金返還準備金としての金銭の信託

　民事信託の設定時，敷金返還準備金として，実務上，敷金返還債務相当額を積み立てておくことが行われるのが一般であろう。

参考記載例 5 - 6　　　　　　　　　**敷金返還債務のための準備金**

【記載例の骨子】
◎主体
　受託者及び委託者
◎客体
　信託設定時の既存賃借人
◎条項の目的
　賃借人保護のため，そして，賃貸
物件の民事信託の仕組みに不可欠
の敷金返還債務の履行のための積
立金に関する合意を行う。

第○条　委託者は，受託者に対して，既存賃借人が，委託者に対して差し入れた敷金と同額の金額を，既存賃借人に対する敷金返還債務の債務引受に伴い，信託するものとする。受託者は，これを敷金返還準備金として，受託者名義の信託口座内に積み立てて管理する。

260　第5章　賃貸物件の民事信託に関する受託者と信託監督人の実務

〈受託者の視点〉

　債務引受とともに，受託者による債務返還の原資が必要となる。このような金銭信託あるいは金銭の積立も，別途，合意書等が作成されるであろう。金銭の授受を伴うことから，むしろ当然である。

〈信託監督人の視点〉

　受託者の賃貸物件管理の信託実務の円滑のため必要となる措置であるが，専門職としての信託監督人の助言が重要となる。また，金銭の積立及びその維持が必要となるので，信託監督人は，受託者による金銭の分別管理を確認しなければならない。

⑺　受託者による新規の賃貸借契約

　賃貸物件の民事信託の場合，信託の期中，賃貸経営の一環として，新たな賃借人との契約が生じる場合がある。新たな賃貸借契約締結による賃貸借の設定は，成年後見制度において一種の処分行為と扱われる場合もあり[11]，民事信託の信託条項上，受託者の権限として明記されることが一般である。

参考記載例5-7　　　　　　　新規の賃貸借契約

【記載例の骨子】

◎主体
　受託者
◎客体
　信託開始後の新規賃借人
◎条項の目的
　受託者の権限として新規の賃貸が可能であることを明確化する。

【記載例の図】

11）山﨑政俊「『不動産・動産』管理の実務上の注意点」実践成年後見52号41頁

第3　賃貸物件の民事信託の信託条項の記載例　261

> 第○条　受託者は，信託の設定の以降，既存賃借人との賃貸借契約が終
> 了し，更新されない場合，あるいは，信託の設定の時点において賃貸
> されていない貸室部分又は駐車場部分について，新しい賃借人たる第
> 三者（以下，新賃借人という。）との間で，新たに信託不動産の貸室
> 部分を賃貸する契約を締結することができる。なお，受託者は，新た
> な賃借人に対して，受託者に敷金を差し入れさせるとともに，受託者
> の指定する受託者名義の信託口座に毎月の賃料及び共益費を支払わせ
> るものとする

〈受託者の視点〉

　賃貸物件の信託の場合，信託設定の時から存在する既存賃借人との関係，そして，信託設定の後に，新たに生じる（あるいは，生じるであろう）賃借人との関係の二つが存在する。

　ところで，賃貸物件で空室が生じている場合，受託者は空室を埋めるべく，率先して賃借人の募集を行う必要があるか否かという問題がある。賃貸物件の運営責任の問題である。受託者の善管注意義務の範囲の問題でもある。とりわけ，信託の目的に，賃貸物件の収益を確保して，受益者である高齢者の生活を維持して，福祉を維持する，などと記載されている場合に問題となる。受託者において，安定的な信託配当を確保するための義務を生じるのか否かである。

　この点，信託の目的が詳細であればあるほど，受託者の注意義務（配慮義務）が増す。賃貸物件の空室率の問題は，元々の賃貸物件の優位性の問題，地域の市場性や景気，人口動向，自然災害その他にも左右される。受託者が，自己の能力で，どこまで賃貸物件の収益性を維持・向上されることが可能なのか，あるいは，どこまでコストをかけられるのか（第三者委託の問題を含む），又は，下げられるか，などの問題がある。信託設定の時点における受託者の認識が重要となる所以である。

262　第5章　賃貸物件の民事信託に関する受託者と信託監督人の実務

〈信託監督人の視点〉

　信託監督人は，受託者の具体的な信託事務の遂行に対して，どのレベルまで，いかなるタイミングで，それを実際に監督すべきか，という問題がある。当該賃貸物件について，募集賃料や賃借人条件などの賃貸条件を事前に定める場合，信託監督人がその内容を知らされることは必要である。

　しかしながら，個別の具体的な賃借人に対する賃貸の決定，あるいは，賃貸借契約の締結について，その都度，信託監督人が確認すべきだろうか。その点，賃貸物件の規模や条件などの個別案件に応じることになると思慮される。

　もっとも，賃借人との紛争予防という観点，そして，信託監督人が民事信託の信託財産の内容を把握する，という観点からは，信託監督人の把握しておくべき情報ではある，ということになろう。信託の計算や配当金の確保などの信託の基本的枠組みに関わるからだ。なお，小規模な賃貸物件や賃借人の数が少ないような場合，事実上，信託不動産の価値（収入）は当該賃借人の信用力に依拠することになることに注意したい。当該賃借人の長期滞納などが生じた場合，信託収入が途絶え，かつ，明渡しのための信託コストが生じるという信託の負担となる。

　上記信託条項のなお書きは，賃借人の義務という形で規定されているが，賃借人は信託契約の当事者ではないので，上記信託条項は受託者の信託事務処理を介して実現される。信託監督人は，受託者と賃借人の間の賃貸借契約書も確認し，その内容について指導を行うことがあり得る。

⑻　賃貸借契約の条件

　受託者が新規の賃貸借契約を締結する場合，あらかじめ賃貸借契約の条件を決めておく場合がある。賃借人の属性に関する条件，賃貸条件，賃料などの条件であり，賃貸物件の信用力・収益力に関わる。また，委託者兼受益者の意向が存在する場合が少なくない。

第3　賃貸物件の民事信託の信託条項の記載例　263

参考記載例 5-8　　　　　　　　賃貸借契約の条件

【記載例の骨子】
◎主体
　受託者及び受益者
◎客体
　信託開始後の新規賃借人
◎条項の目的
　受託者の締結する新規賃貸借契約の内容や条件につき，受益者の意向を反映させるためのもの。

【記載例の図】

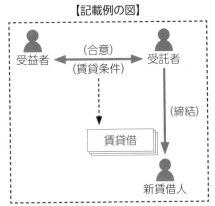

第○条　前条の受託者と新賃借人との間の賃貸借契約は，受託者と受益者との間で，あらかじめ合意する賃借人の属性及び賃貸借契約の条件でもって，締結されるものとする。

〈受託者の視点〉

　原所有者であり，原賃貸人である委託者，あるいは，委託者兼受益者にとって，賃借人の属性や賃貸物件のイメージは，こだわりがあることでもあろう。一方で，賃貸物件の需給関係や賃貸物件としての優位性があるか否かなどの諸条件にも制約される。賃貸物件の運営に関して善管注意義務を負う受託者の立場からの意見もあろう。信託契約において，受託者が，受益者の生活の維持（配当の確保）などが信託目的とされている場合，受託者に配当確保の配慮義務が生じる場合もあるから，尚更である。賃貸事業運営の問題となろう。

　この点，賃料水準や礼金の有無，使用条件（同居者，子ども，高齢者，保証人，ペットの可否など）その他の細目も協議され，決定すべき事項である（あくまでも賃貸人側の希望であるが）。賃貸仲介業者に対する募集の依頼する場合の条件決定の前提ともなる。

264　第5章　賃貸物件の民事信託に関する受託者と信託監督人の実務

〈信託監督人の視点〉

　前述のとおり，信託財産たる賃貸物件に関する賃貸条件の設定は，信託監督人が共有すべき情報である。信託財産の内容に関わり，また，受託者による賃貸物件管理の内容に関する情報となる。信託監督人による受託者の信託遂行に対する監督に必要な情報である。受託者は，原則として，信託行為によって定められた賃貸条件に従い信託事務を遂行することになるからだ。また，事後の紛争予防のため，信託監督人による支援が求められる場合があり得る。賃貸条件の適切な設定は，賃貸物件の収益力と信用力に関わり，賃借人の債務不履行のリスクと空室率のリスクにも関連する重要な問題である。

⑼　賃貸借契約の変更

　受託者の権限の範囲としての賃貸借契約の変更に関する信託条項である。受託者の権限の範囲外の行為は受益者あるいは信託監督人による取消権の対象となる（信託法92条5号）。信託条項上，受託者の権限が明確化されていない場合，後日，受託者の権限の範囲がどこまでか問題となる場合がある（とりわけ結果として損失が生じた場合に問題となり得る）。

参考記載例5-9　　　　　　　　　　賃貸借契約の変更

【記載例の骨子】
◎主体
　受託者及び受益者
◎客体
　信託期中の賃借人
◎条項の目的
　賃貸管理における受託者の権限の
　範囲を定めるためのもの。

【記載例の図】

> 第○条　受託者は，その責任において，既存賃借人及び新規賃借人の賃
> 　　　貸借契約の解除，各条項の変更，賃料の改定などを行うことができる。
> 　　　ただし，受託者は，受益者との間で合意した賃貸借契約の条件の範囲
> 　　　内で，これらを行うものとする。

〈受託者の視点〉

　受託者の権限とその裁量の範囲に関する信託条項である。賃貸条件（とりわけ賃料の定め）は，信託財産たる賃貸物件の収支に影響を与えるので，信託設定時においては，委託者と受託者との間で，信託期中の賃貸条件の変更については，受益者（民事信託のほとんどが自益信託であるので委託者兼受益者）との間で合意するとすることが一般であろう。

〈信託監督人の視点〉

　信託監督人は，受託者が行う契約変更等が，信託行為で定めた条件の範囲の中（権限の範囲内）で行われているのかを確認する。賃料等の変更等は，受益者への配当額に影響することから，契約書と払込金額の確認を要しよう。また，賃借人との利益相反関係の存在，その他，受益者の不利益となるような事象が存在しないかを確認することになる。

　ところで，信託監督人の立場として，受託者が賃借人と締結する賃貸借契約書の原本を確認し，その内容を検査する必要があるのだろうか。

　賃貸借契約は，信託収入の枠組みを定めるものであり，受託者の信託事務に対する監督という観点からは，賃貸借契約の実在性の確認が必要となろう。ただし，それが，契約締結の都度に必要となるのか，年に一回あるいは数回，全契約書につき，定期的に行う必要があるのか，という問題がある。また，各賃貸借契約書の条件の異同を確認し，期間，更新方法その他の契約管理に必要な項目を確認しておく必要がある。各賃貸借契約の内容（条件）が，信託目的に適合しているか，という観点もある。

⑽ 賃貸借契約の終了

賃貸借契約の終了の場合における受託者の信託事務に関して規定した信託条項である。

参考記載例 5-10　　　　　　　　賃貸借契約の終了

【記載例の骨子】
◎主体
　受託者
◎客体
　信託終了時の賃借人
◎条項の目的
　賃借人退去の場合における受託者の敷金返還事務の内容を定めるもの。

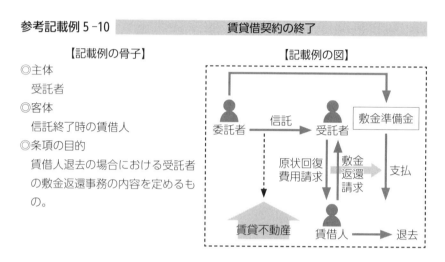

> 第○条　受託者は，既存賃借人又は新規賃借人との賃貸借契約の終了に基づき，当該既存賃借人又は新規賃借人が負担すべき原状回復費用が生じる場合，その額を敷金預託金額から控除した上，当該既存賃借人又は新規賃借人に対して，その残額を返還するものとする。

〈受託者の視点〉

受託者が，賃借人に対して，賃貸借終了時，敷金返還の履行義務を負うことを定めている。信託設定時における既存賃借人については，委託者との債務引受に基づくものである。信託設定以降における新賃借人については，信託設定以降の賃貸人たる地位を承継した受託者と賃借人の賃貸借契約に基づく。受託者は，賃貸借契約終了時，賃借人の原状回復に対する事務処理を，信託事務の処理の内容として行うことが示されている。

〈信託監督人の視点〉

　賃借人の退去と敷金返還の問題は，その対処を等閑にすれば紛争が生じる可能性があり，受託者による適切な信託事務の処理が重要となるところである。受託者による原状回復費用の算定が妥当であること，そして，受託者から退去する賃借人に対する説明が尽くされている必要がある。そのような一連のプロセスの適切性に対して，信託監督人は，支援し，かつ，監督を行うことになる。公的機関や準公的機関などから公表されているガイドライン[12]等に従い，受託者は，慎重に実務を進めることになろう。また，敷金返還後の積立金残額等，賃借人の退去事由，新賃借人の募集状況等も確認されよう。

(11) 賃借人の退去と敷金返還

　(10)の民事信託条項の記載例については，下記のような民事信託条項の記載例もあり得る。

参考記載例 5-11　　　　　　　　　賃借人の退去

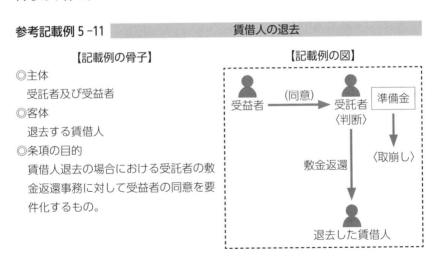

【記載例の骨子】
◎主体
　受託者及び受益者
◎客体
　退去する賃借人
◎条項の目的
　賃借人退去の場合における受託者の敷金返還事務に対して受益者の同意を要件化するもの。

---

12) 国土交通省住宅局「原状回復をめぐるトラブルとガイドライン（再改訂版）」(2011年8月) など

268 第5章 賃貸物件の民事信託に関する受託者と信託監督人の実務

> **第○条** 受託者は，賃貸借契約が終了し，賃借人が退去した場合，原状
> 回復のための費用その他の延滞賃料等の必要な費用を控除した上，速
> やかに，敷金返還用の積立金から取り崩して敷金を返還する。なお，
> 受託者は，受益者の同意の下，賃借人に対する敷金返還の金額を決定
> する。

〈受託者の視点〉

　賃貸借契約の特約による原状回復に要した費用や延滞賃料等への補充額な
どについては，賃借人との間で，紛争となるリスクがあるので，それらの額
を控除した敷金返還金の金額は，算定方法が明確で適切であるべきである。
また，積立金の取崩しとなる。受益者の了解を得ることが望ましい所以であ
る。

　なお，賃貸借における敷金契約は，賃借人又は第三者が賃貸人に交付した
敷金をもって，賃料不払い，賃貸借終了後賃借物明渡義務履行までに生じる
賃料相当損害金債務，その他の賃貸借契約によって賃借人が負担することに
なる一切の債務を担保することを目的とするものであって，賃貸借に従たる
契約ではあるが，賃貸借契約とは別個の契約である[13]。

〈信託監督人の視点〉

　賃貸物件における敷金返還の問題は，適切な対処が必要であるとともに，
賃借人との間で紛争となるリスクを孕む。信託の紛争の予防として，信託監
督人は，受託者による資金返還の手続に関心を持つ理由がある。

---

13) 園部『敷金等返還紛争解決の手引』57頁

第3 賃貸物件の民事信託の信託条項の記載例 269

```
┌─────────────────────────────────────────────────── コラム ─┐
│                                                             │
│            受託者と帰属権利者の同一は利益相反か            │
│                                                             │
│   民事信託において，受託者が，信託終了時における信託不動産の帰属権利者 │
│ と定められている場合がある。問題はないのだろうか。         │
│                                                             │
│   元来，受託者が委託者の長男等であり，推定相続人であるような場合，一般 │
│ に，それが自然な形であると感じられるのかもしれない。例えば，将来，信託 │
│ 終了時に，信託不動産を取得することを念頭において，受託者の報酬をゼロと │
│ する場合もあるようだ。あるいは，受託者たる推定相続人が主導して民事信託 │
│ が組成されるような場合もあるかもしれない。                 │
│                                                             │
│   また，当該不動産の法定相続人の一人であるからこそ，わざわざ受託者を引 │
│ き受けて，手間のかかる信託事務を継続するという側面も否定できないだろう。 │
│ さらにいえば，法定相続人の一人が，相続不動産を先取りするために，受託者 │
│ を引き受けるという悪用例も存在するかもしれない。           │
│                                                             │
│   ところで，一般論として，受託者が，将来，自らが当該財産の帰属権利者と │
│ なるように決められているような場合，受託者が，現在の受益者の利益を保護 │
│ するのではなく，自分のために当該財産を保全しようという気持ちとなり，信 │
│ 託事務を行う可能性がある。つまり，他人のための財産管理が，自分のための │
│ 財産管理となってしまうリスクがある。                       │
│                                                             │
│   そのような場合，最悪のケースでは，いわゆる利益相反となってしまい，忠 │
│ 実義務違反（信託違反）を生じるリスクがあることに注意したい。この点，最 │
│ 近の報告書では，受託者が，委託者兼受益者の死亡時，残余財産受益者又は帰 │
│ 属権利者となる場合につき，事実上の利益相反が生じる典型事例として紹介さ │
│ れるに至っている[14]。                                     │
│                                                             │
└─────────────────────────────────────────────────────────────┘
```

⑿　指名による賃貸物件の管理の委託

　アパートなどの賃貸物件の場合，元来，ハウスメーカー（の関連会社）が
委託管理している場合もある。賃貸経営を重視してきたような委託者が自ら

───────────────────────────────────────
14) 公益財団法人トラスト未来フォーラム家族信託の実態把握と課題の整理に関する研究
　　会「家族信託の現状と課題」信託フォーラム 6 号17頁

管理していた場合で、受託者にはそのような賃貸経営の経験がないようなときには、改めて、受託者が不動産会社に対して賃貸管理を委託する場合がある。また、従来から賃貸経営が委託管理されている場合、所有者（オーナー）の変更に伴い、管理委託契約の見直しが必要となろう。

参考記載例 5 −12　　指名による賃貸物件の管理の委託

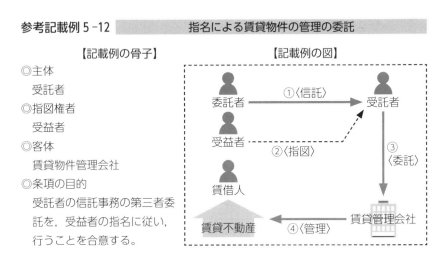

【記載例の骨子】
◎主体
　受託者
◎指図権者
　受益者
◎客体
　賃貸物件管理会社
◎条項の目的
　受託者の信託事務の第三者委託を、受益者の指名に従い、行うことを合意する。

> 第○条　受託者が信託不動産の賃貸を行う場合、受託者は、受益者の指図に基づき、賃貸借仲介・管理会社を選定し、賃借人の募集・仲介・管理を委託することができる。

〈受託者の視点〉
（受益者による指名の理由）
　信託行為において受託者が委託者又は受益者の指名に従い信託事務の処理を第三者に委託する旨の定めがある場合、その定めに従って指名された第三者に関しては、受託者に対する選任・監督責任が免除される（信託法35条3項本文）。ただし、当該第三者が不適任若しくは不誠実であること、又は、当該第三者による事務の処理が不適切であることを受託者が知ったときは、受託者は、受益者に対する通知、委託の解除その他の必要な措置をとる必要がある（同項ただし書）。

受益者による第三者委託者の指名は，商事信託における不動産信託で一般であり，受益者（通常，受益者は一般社団法人等のSPVである）の背後にある実質的な投資家の関係者が指名される場合が少なくない。商事信託における不動産信託の場合，実質的な受益者（投資家）のほうが，不動産に関する専門性が高く（少なくとも受託者と同等であろう），受益者サイドが信託不動産の収益性に責任を持つ場合がある。

（民事信託における受益者の指名）

上記のような商事信託の状況は，親族間の民事信託のような事例とは状況が全く異なる。この点，例えば，委託者兼受益者が，以前からアパート経営等を行い，まだまだ活動的な場合は指図による指名が実情に則している。しかし，委託者兼受益者が，健康を害したりしたような事情で，一切を受託者に任せたい希望を持ち，積極的な意欲を持たない場合，形だけ受益者による指名という書類を作成して，印鑑を押させるような事態は避けたい。

なお，受益者による指名は，当該第三者委託先との関係で，受託者の利益相反の回避という意味も有する。第三者委託先の選定について，受託者に委ねる方法もあり得るが，その場合，受託者と第三者委託先の利益相反に留意することになろう。

〈信託監督人の視点〉

信託監督人は，第三者委託の契約書を確認し，信託行為における第三者委託の手続の遵守，職務代行者の職務の内容，当該職務代行者の適切性，そして，報酬額（信託支出額）の妥当性などを確認することになろう。

⒀ 賃貸物件の管理の委託

賃貸物件の民事信託の場合，賃貸経営という事業性の高い信託となるので，①腕に自信のある受託者が，自ら，直接に賃貸管理（経営）を行う場合（原則的なケース），②本業等で忙しい受託者が，賃貸管理会社（賃貸仲介会社）に賃貸管理の一部を委ねる場合，③賃貸経営の知識や意欲もない受託者が，賃貸管理会社に対して包括的な賃貸管理を委ねる場合に分かれる。

③のような場合，一定割合の管理コストが生じるが，一定の賃料収入が期待できる場合，受託者が賃貸管理の煩わしさから解放されたい場合（それでも相応の配慮は必要となる），利用されることがある。いわゆる一括借上方式や賃料保証方式なども存在するが，受託者は，契約内容を精査して，信託収支と受益者保護の観点から，その現実性や妥当性を十分に検討すべきである。

第三者委託は，信託法に規定され，信託法改正によって，その利用可能性が広げられた分野である（信託法28条）。また，信託法と信託業法の定め方に差異が生じているところでもある（信託業法22条，23条）。民事信託においては，受託者責任の観点から信託条項の設定に注意すべきところである。

⑭　第三者委託の条件

第三者委託は，受託者の信託事務の一部を代替するものであり，それが信託事務であるという認識が重要である。

参考記載例5-13　　第三者委託の条件

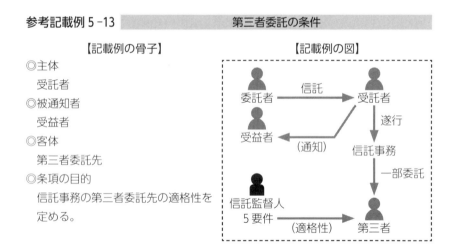

【記載例の骨子】
◎主体
　受託者
◎被通知者
　受益者
◎客体
　第三者委託先
◎条項の目的
　信託事務の第三者委託先の適格性を定める。

第○条　受託者は，信託不動産に関する信託事務の処理の一部を，次の条件を満たす第三者に委託することができる。なお，受託者は，信託事務の処理の一部を当該第三者に委託する場合，受益者並びに信託監督人に対して，第三者の氏名を明らかにして，その内容を事前に通知

することを要する。

　一　法令上，必要な免許，登録などを受けている者であること

　二　委託する業務の継続的な遂行が可能な者であること

　三　委託する業務を適切に遂行する能力がある者であること

　四　受託者の同意なく再委託を行わない者であること

　五　委託される財産を分別して管理する者であること

〈受託者の視点〉

　受託者は，信託行為に定めがある場合，信託事務を第三者に委託することができる（信託法28条1号）。上記信託条項は，受託者が信託事務処理の職務代行者を選任できるという規定である。不動産信託の場合，不動産の賃貸管理や清掃を委託し，あるいは，信託登記の申請を委託することも第三者委託である。

　なお，信託行為に定めない場合であっても，第三者委託は可能ではあるが，その場合は相当性の要件などが問われる（信託法28条2号）。

　第三者委託の許容を信託行為に定める場合，職務代行者となし得る条件を規定する場合が多い。民事信託は，受託者の能力・個性や信用力に着目して設定されるものであるから，信託事務の一部を委託される第三者委託先が誰でも良いということにはならないからだ。信託法35条1項も，「信託の目的に照らして適切な者」への委託を義務付けている。実務上，抽象的な文言である「適切な者」を，適切性の判断のためさらに具体化する場合が多い。

　受託者が信託事務の主たるものをほとんど委託してしまうような場合，受託者の善管注意義務違反の問題，そして，業としての委託先における信託業法潜脱の問題が生じる可能性があるので注意したい。

〈信託監督人の視点〉

　民事信託の受託者は，非専門家であるのが通常であるから，信託事務の職務代行者の専門性を確認し，妥当性を判断することは，それほど容易なことではない。

274 第5章 賃貸物件の民事信託に関する受託者と信託監督人の実務

　一方，職務代行者に対する第三者委託は，信託の支出となる。賃貸物件の場合，賃貸管理会社に第三者委託する場合が代表的な例であるが，賃貸収益と信託支出の予測を行い，第三者委託した場合の収益増加の想定の妥当性などを検証し，第三者委託することの合理性を検証する必要がある。

　非専門家である受託者の手に余る作業となる場合，信託監督人が受託者を支援することで，第三者委託の手続を適切に行う必要が生じる。あるいは，信託条項として，信託監督人による検証等を要件化して，信託監督人としてのコミットの責任を明確化しておくことが考えられる。

　職務代行者の選択と任命は，当該信託の質や内容に直接に関わることである。一方，職務代行者は当該分野の専門家であり，非専門家の受託者には監督などが容易ではない（信じるほかない状況があり得る）。それゆえ，事後の監督（懈怠や不適切な場合の解任を含め）とともに，専門職としての信託監督人が大きく関係するところとなろう。

⒂　信託事務の第三者委託

　従来から，委託者が賃貸物件の管理を不動産管理会社等に委託していたような場合，信託行為でもって，第三者委託先を具体的に特定することがある。その場合，受託者との間で，信託による所有権移転に伴い，委託契約書の変更が必要となろう。

参考記載例 5-14　　第三者委託先の特定

【記載例の骨子】
◎主体
　受託者
◎客体
　第三者委託先
◎条項の目的
　信託事務の第三者委託先につき，信託行為において指名された第三者（信託法35条3項1号）として特定する。

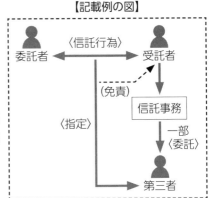

第○条　受託者は，本契約締結後速やかに，××××との間で，不動産管理委託契約（以下，「管理委託契約」という。）を締結し，同契約に基づき，信託不動産の管理に関する事務を××××に委託するものとする。

2　受託者は，××××の事務処理の懈怠が明らかであり，××××が委託事務を適切に遂行することができず，受益者の利益を保護する必要があると認める場合，××××との管理委託契約を解除するものとする。

3　受託者は，××××の事務処理の懈怠に起因する損害について責任を負わない。

4　受託者は，××××との管理委託契約が終了した場合，受益者並びに信託監督人と協議を行い，受益者が同意する新たな業務委託先との間で，管理委託契約と同一の内容の業務委託契約を締結し，同一内容の事務を委託することができる。

5　受託者は，管理委託契約を変更する場合，受益者並びに信託監督人と協議を行い，受益者の同意を得るものとする。

276　第5章　賃貸物件の民事信託に関する受託者と信託監督人の実務

〈受託者の視点〉

　受託者は，信託目的上，適切な者に委託し，委託者に対して信託目的達成のために必要かつ適切な監督を行う必要がある（信託法35条1項，2項）。

　しかしながら，信託行為で指名された第三者に委託する場合，原則として，受託者に対する選任・監督責任の規定が適用されない（信託法35条3項本文）。それゆえ，信託条項上，第三者委託の職務代行者が具体的に特定される場合も少なくない。

　現行信託法は，受託者が委託することができる信託事務及び第三者の範囲を拡大し，信託事務の内容や第三者の性質に着目した制限は設けていない。弁護士や会計士に専門的な事務を依頼する場合であれ，運送業者に信託財産の運送のような機械的な事務を委託する場合であれ，委託を受けた者は全て信託法28条の第三者に当たるとされる[15]。

　立法担当者は，例えば，受託者が自ら行うよりも専門業者に委託した方が費用・時間等の点で効率的であると認められる第三者委託の例として，テナントビルを信託財産として管理する場合のテナントの募集広告事務を業者に委託する場合を挙げる[16]。したがって，賃借人の募集それ自体を仲介業者に委託することは，当然に信託法28条の信託事務の処理の第三者への委託に該当すると考えられる。

　なお，信託法28条は，受託者が信託事務の処理を第三者に委託できる場合として，原則，「信託行為に信託事務の処理を第三者に委託する旨又は委託することができる旨の定めがあるとき」であるとしている（同条1号）。信託行為の定めがない場合であっても，信託の目的に照らして相当である場合には第三者委託が認められるとしているが，信託期中において，受託者が，信託の目的に照らしての相当性を判断するのも難しい（相当性を判断するため，信託関係者の間での協議が必要となろう）。それゆえ，事前に予測できる第三者委託は，当初から信託条項化しておくべきであろう。

---

15)　寺本『逐条解説』110頁
16)　寺本『逐条解説』110頁

第3 賃貸物件の民事信託の信託条項の記載例　277

〈信託監督人の視点〉

受益者（あるいSPVを介した実質的な受益者）こそが，当該信託財産のプロである場合が少なくない商事信託においては，受益者の指図による職務代行者の選任は合理的である。信託財産に通じた受益者こそが職務代行者の能力や質，報酬の妥当性などを判断することが可能であり，あるいは，受益者の関連会社が職務代行者として指名される場合もあるからだ。

一方，民事信託においては，原則として，受益者は非専門家である。信託事務の職務代行者の能力や適切性などを判断することは容易ではない。ましてや，受益者が未成年者の場合，あるいは，受益者の判断能力が減退している場合には判断できない。しかるに，民事信託の場合，受益者の指図による指名という信託行為が，受託者の選任・監督責任を回避するために，形式的に設けられるというような場合もあり得る。

したがって，信託監督人は，受益者の指図による職務代行者の指名の場合，受益者に対して，面談等を通じて，意思確認を行い，職務代行者の選択の理由，関係性，その合理性，評判その他を確認したい。

⒃　賃料の受領と収支報告

賃料の受領と報告に関する民事信託条項の記載例は，以下のとおりである。

参考記載例 5 -15　　　　　　　　　　　賃料の受領及び報告

【記載例の骨子】

◎主体
　受託者
◎被通知者
　受益者及び信託監督人
◎条項の目的
　受託者は，賃借人から賃料を受領して，その内容を受益者らに報告する。

【記載例の図】

278　第5章　賃貸物件の民事信託に関する受託者と信託監督人の実務

> 第○条　受託者は，信託不動産の賃借人から毎月末までに，翌月分の賃
> 料を受領する。この場合，賃料の支払期日から○週間以内に，受益者
> 及び信託監督人に対して，信託不動産の収入及び賃料不払などの重要
> な事由の発生などを報告する。

〈受託者の視点〉

　民法上，建物及び宅地については，賃料は毎月末に支払うとだけ規定する
（民法614条）。なお，民法上，賃貸人は使用収益に必要な修繕を行い（民法
606条），賃借人が負担した必要費や有益費を償還する義務を負う（民法608
条）。そのような民法上の構造からは，通常損耗は賃貸人が負担するのが原
則であるが，現実には原状回復特約が存在する場合もあり，賃貸物件の使用
対価としての賃料を支払っている賃借人にとって実質的な二重払いとなって
いることから，紛争が生じる場合もある[17]。

〈信託監督人の視点〉

　受託者が受益者に対して信託事務処理あるいは信託財産の内容（現状）を
報告する際，受託者は，信託監督人に対しても，同様な報告をすべきか否か
という問題がある。

　この点，受益者の判断能力が減退し，受託者に対する監督能力に欠ける場
合，むしろ，信託監督人に対する報告を行う必要がある。また，信託監督人
は，信託関係者の中の唯一の専門職として，信託事務処理及び信託財産に関
する情報のアップデートを把握していることが望ましい。

　そのような観点からすれば，受託者における受益者に対する報告は，信託
監督人が設置されている場合，信託監督人に対しても行うとして，信託行為
で定めることが一般であろう。

17）園部『敷金等返還紛争解決の手引』107頁

(17) 賃料延滞と訴訟の提起

　賃貸物件の場合，賃借人の賃料不払リスク（信用リスク）が常に存在し，そのようなリスクが顕在化した場合，いかにして損害を最小化するのかが実務では問われ，信託配当の金額に大きく関わり，信託目的として配当の安定性（受益者の生活の安定と維持）を謳う場合，受託者の善管注意義務に関わる。

参考記載例5-16　　　　　　賃料延滞への対応

【記載例の骨子】
◎主体
　受託者
◎同意権者
　受益者及び信託監督人
◎客体
　賃料延滞の賃借人
◎条項の目的
　賃借人が賃料延滞した場合，受託者は，法的対応を行うことが可能であることを権限範囲とする。

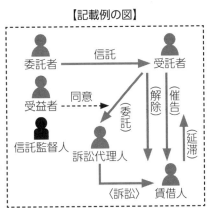

　第○条　受託者は，○か月分以上の賃料の支払を継続して怠った信託不動産の賃借人に対して，延滞賃料全額の支払催告を行い，相当期間内に支払がない場合，当該賃借人との賃貸借契約を解除するものとする。なお，受託者が，当該解除に基づき建物明渡請求訴訟を提起する場合，受託者は，受益者及び信託監督人の同意を得て，法令に従い，特定の弁護士又は認定司法書士に訴訟代理を委託することができる。

〈受託者の視点〉
　賃貸借の解除については，事前に，手続のための要件を決めておいて，受託者に委ねることも一つの方法である。なお，受託者は，賃貸借契約の解除に基づき，賃借人に対する明渡訴訟を提起する場合，簡単で定型的な内容であれば本人訴訟も可能であると考えられる。受託者は，訴訟信託とならない

限り（信託法10条），所有者として，そして賃貸人たる地位を承継したものとして，自己の名をもって，信託不動産に関して，信託事務の遂行として，必要な行為を行うことができる（信託法26条）。

　もっとも，非専門家たる受託者は，時間の関係並びに専門性の関係から，訴訟の提起並びに追行については，代理人に依頼するのが一般であろう。その選任については，原則として，信託の第三者委託に関する規定に従うことになる。受託者は，委託した弁護士などの専門職の事務の処理の適切性を適宜確認することになろう。信託不動産の損害の最小化の問題，そして，訴訟代理費用の支出という信託コストに関わる。

〈信託監督人の視点〉

　民事信託における信託財産をめぐる紛争は，専門職としての信託監督人にとって関心が高い事柄の一つである。賃貸物件の民事信託において，賃借人の賃料不払への対応，そして，明渡しの手続の遂行は，日常，経験されるところである。また，賃借人が失踪してしまうような事例あるいは賃借人以外による不法占拠の事例等も経験される。受託者は，速やかに，信託監督人に対する報告を行い，指示を仰ぐ必要がある。

　なお，当該信託監督人に対して，受託者から，訴訟代理を委任できるか否かという問題があるが，監督対象である受託者からの委託となるわけであり，利益相反の観点から，消極に考えるべきであろう。もっとも，訴訟代理人の選任に対する信託監督人の同意権を定めるか否かという問題は別に存在しよう。

―――――――――――――――――――――――――― コラム

親族間の民事信託と書面主義

　親族の間の民事信託では，信託当事者（親族受託者）の感覚からすれば，親族なのだから，なるべく信託事務に関する書面は少なくしたい，あるいは，書面などは必要ない，と考えたいところであろう。

　しかしながら，信託が設定されたその当日から，信託事務が開始され，信託

法上，受託者は信託遂行の責任を負う。また，民事信託の契約書は，実際，商事信託から信託条項を借用している場合が少なくないので，やはり，受託者が重い義務や責任を負わされている場合が多い。

受託者が民事信託の内容を誤解し，信託事務を懈怠するような場合，信託開始の当日から，信託違反を生じている可能性がある。困るのは，当の受託者である。とりわけ，資産承継型の民事信託は，信託外における他の推定相続人らからの厳しい目があり，一旦，紛争ともなれば，信託組成の無効を主張され，あるいは，信託違反を問われ，また，信託の実態を欠くとして信託無効を主張されるリスクもある。一定の書面作成は信託法上の強行法規である場合もある。

逆説的であるが，親族間の親密さや従来の家族内の慣行に流されやすい親族間の民事信託こそが，書面主義で行われることが望ましいのかもしれない。例えば，親族間の民事信託で，かつ，委託者，受託者，受益者が信託不動産に同居しているような場合，信託事務は，書面作成事務こそが中核となるのではあるまいか。そうでなければ，委託者兼受益者が元気な場合，信託設定前と何らの変化がなく，信託が空洞化してしまうおそれがある。

書面主義は，信託規律の維持あるいは信託の実質が存在することを推認させる書面として事後の紛争予防のためでもあるが，何よりも，受託者の信託事務遂行そのものであり，信託の実体を確保するものである。そうでなければ信託法の保護を受けることができず，信託法の効果を享受できないからだ。

信託監督人が選任されている場合，親族によって構成される民事信託の仕組中における唯一の専門家として，信託監督人が受託者の信託違反の監督責任を問われるリスクが高い。信託監督人が，信託の適法性・適切性にナーバスとならざるを得ない所以である。また，信託監督人の監督実務にとって，受託者の書面作成が，信託の透明化や実質化のため，不可欠であることはいうまでもない。

⒅　訴訟委任の報酬額の決定

受託者からの訴訟委任に基づく費用は，信託コストとして，その支出額の妥当性が検証される必要があろう。

参考記載例 5-17　　訴訟（代理人）費用の決定

【記載例の骨子】
◎主体
　受託者
◎同意権者
　受益者及び信託監督人
◎客体
　訴訟代理人
◎条項の目的
　信託事務の第三者委託としての訴訟代理人の報酬額の妥当性を確保する。

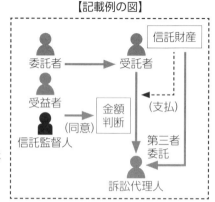

【記載例の図】

> 第○条　受託者は，受益者及び信託監督人の同意を得て，前条の弁護士又は認定司法書士に対する報酬の額を決定し，報酬を支払う。

〈受託者の視点〉

　外部の専門家の報酬の決定は，第三者委託の信託コストとして，事務の遂行の過程と結果に応じて，算定根拠を明らかにして合理的に決定されるべきである。信託財産の支出を伴うので，本信託条項では受益者の同意を必要としている。

〈信託監督人の視点〉

　専門家に対する委託の場合，その報酬額の妥当性を判断するためには，当該専門家が行った仕事の内容を理解し，それを評価し得る能力が必要となる。非専門家による信託である民事信託において，それが可能であるのは，専門職である信託監督人であろう。

　したがって，専門家に対する委任，専門家による事件管理，専門家による成果，専門家に対する報酬，それらの妥当性を評価し，受託者による専門家管理を実効性あらしめるため，信託監督人による支援の意味は少なくない。

また，受託者による訴訟管理（第三者委託の内容の妥当性等）は，信託監督人の監督事項であるはずだ。

　なお，報酬額の決定等に対して信託監督人に同意権を付与するかことについては，第2章第3・4を参照されたい。

2 ｜ 信託の終了及び清算の時における賃借人対応の実務

(1) 信託終了に伴う賃貸人たる地位の承継

　民事信託が終了した場合，信託設定時に生じたような，賃貸人たる地位の承継という問題が生じる。賃借人の保護のために，受託者（清算受託者。なお，通常，受託者と清算受託者は基本的には同一である）は清算事務の一環として，必要な手続を完了させる必要がある。

参考記載例 5 −18　　　　信託の終了と賃借人対応

【記載例の骨子】

◎主体
　受託者及び受益者
◎客体
　信託終了時の賃借人
◎条項の目的
　賃借人の保護を図るため，信託終了に伴う賃貸人たる地位の承継について定める。

【記載例の図】

受託者	→信託終了→	受益者
	（財産引継）	
賃貸人地位		→
	〈説明〉	
	〈手続〉	
	↓	
	賃借人	

第○条　信託が終了し，信託が終了した時点における受益者が信託不動産を引き継ぐ場合，信託不動産に存在する既存の賃貸借契約の賃貸人たる地位は，全て，当該受益者が承継する。この場合，受託者及び当該受益者は，賃借人に対して，信託の終了に伴う賃貸人の地位の承継に関する説明を行い，賃借人との間で賃貸借契約の存続に必要な手続を行うものとする。

〈受託者の視点〉

信託の設定の時点と同じように，信託の終了によって，受託者から残余財産受益者あるいは帰属権利者等に対して，信託不動産の所有権の移転が生じる。それに伴い，賃貸人たる地位の移転も生じることで，賃借人を保護するため，賃借人との手続が必要となる。

〈信託監督人の視点〉

信託監督人にとっては，清算受託者による信託の清算事務に対する監督である。信託の清算を行うためには，信託財産の引継ぎに伴う法律関係の整理が必要となり，賃貸借関係の承継も，その一つである。

基本的には，信託監督人の職務は，信託の清算結了まで継続することで，受託者（清算受託者）の清算事務を監督することが一般となろう。

(2) 信託終了に伴う敷金返還債務の承継

信託終了に伴う賃貸人たる地位の承継によって，受託者（清算受託者）に敷金返還債務の承継に関する事務を生じる。

参考記載例 5 -19　　　　　　　　信託終了時の敷金返還債務

【記載例の骨子】
◎主体
　受託者及び受益者
◎客体
　信託終了時の賃借人
◎条項の目的
　信託終了時の賃借人の保護を図るため，信託終了に伴う敷金返還債務の承継を定める。

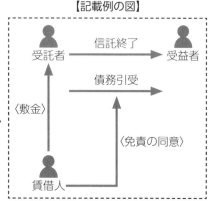

【記載例の図】

> **第○条** 信託が終了し，信託が終了した時点における受益者が信託不動産を引き継ぐ場合で，かつ，当該受益者が，信託不動産に存在する既存の賃貸借契約の賃貸人たる地位を承継する場合，賃借人に対して受託者が負担していた敷金返還の債務は，賃借人の同意を得ることを条件として，当該受益者が承継し，受託者はその責を免れる。

〈受託者の視点〉

　信託終了に基づく賃貸人たる地位の移転に伴い，清算受託者と残余財産受益者等との間で敷金返還債務の債務引受が必要となる。受託者は賃貸借関係から完全に離脱するので，受託者の立場からすれば，免責的債務引受である必要がある。

〈信託監督人の視点〉

　敷金返還債務の引受けについて，賃貸人の地位の承継に伴い，信託の設定の際と同様の手続が生じる。

　信託設定時は，信託の組成を行った委託者兼当初受益者が前賃貸人であり，信託の当事者として継続して関係していたが，信託の清算の場合，旧賃貸人たる受託者は，賃貸人との関係を完全に離脱することになるのが原則であろう。それゆえ，新所有者との間で，賃貸借契約に関連する債務引受などの手続が適切に行われる必要がある。

　なお，受託者の自らが権利帰属者となる場合，賃貸人の地位の変更は生じないが，信託監督人は，受託者自らが権利帰属者となるような場合の信託の有効性あるいは利益相反関係についての確認が必要となろう。

第4 信託監督人の実務の書式

(1) 信託監督人による支援

信託監督人は，就任して遅滞なく，賃貸物件の民事信託に関する注意事項（心構え）を，受託者に対して送付して，受託者の注意を喚起するとともに，その後の面談，支援の方法，監督方針の策定，問題点の把握などの準備の端緒とする。

参考書式5-1　信託監督人から受託者に対する注意事項と心構え

【書式の骨子】
◎書式作成者
　信託監督人
◎書式名宛人
　受託者
◎書式の目的
　受託者に対する注意喚起と信託監督人の職務開始の端緒とする。

【書式の図】

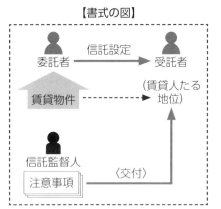

賃貸物件の民事信託についての注意事項（お願い）

受託者　××××様

　　　　　　　　　　　　　　　平成○年○月○日
　　　　　　　　　　　　　　　信託監督人　××××　㊞

　本書面は，賃貸物件を民事信託する場合，受託者の職務を行う上で注意が必要な点と心構えその他が書かれております。本書面の内容についてのご質問，

そして，受託者の職務を行うに当たりまして判断に迷われることがありましたら，まず，信託監督人に相談してください。

（信託外の人々との関係）

□賃貸不動産の民事信託は，信託外の人々（賃借人や管理会社その他）との法律関係が生じ，あるいは変更する場合があります。それら信託外の人々との法律関係に対して適切に対応し，手続を履行していく必要があります。

（賃借人への説明）

□賃貸不動産の民事信託では，信託に伴う所有権の移転について，今後の円滑な賃貸管理のため，受託者は，委託者とともに，賃借人の理解を得ておく必要があります。

（敷金返還債務）

□賃貸不動産の民事信託では，受託者は，賃借人に対する敷金返還債務を承継します。したがって，受託者には，前賃貸人である委託者との間に債務引受を行います。

（賃料口座の開設）

□賃貸不動産の民事信託では，賃借人からの賃料の収受を行うのは受託者となります。

（賃借人との関係）

□賃貸不動産の民事信託では，受託者は，賃貸人（大家さん）として，賃借人から，貸室の修繕やクレームを受ける立場になります。賃借人に対して誠実に対応する必要があります。

□賃貸不動産の民事信託では，時に，受託者は，賃料の不払いあるいは用法違反，不法占拠その他によって，賃借人との間の紛争に巻き込まれることがあります。受託者は，賃貸物件のオーナーとして，それらの紛争に対応する必要があります。時には訴訟の原告や被告となることもあり得ます。

（事業性の高い信託）

□賃貸不動産の民事信託は，事業性の高い信託です。賃貸事業に関する経営判断が求められる場合があります。

（信託収支の発生）

□賃貸不動産の民事信託は金銭の収支が生じます。受託者は，金銭出納帳を作成し，収支の記録をつけ，請求書や領収書などの収支の裏付けとなる資料を保管してください。

（金銭の管理）

□民事信託では，信託の金銭と受託者の固有の金銭との分別管理が必要となります。賃借人からの賃料収受や信託のための積立金などの銀行口座は，受託者ご自身の銀行口座とは分別して信託口座を開設してください。なお，信託口座の開設に対応できる金融機関の数は限定的なのが実情ですが，対応可能な金融機関名及び所在場所等につきましては，個別にお問い合わせください。

（受託者の権限の範囲）

□受託者は，信託された賃貸不動産の所有権者として所有者責任を負担することになりますが，受託者が賃貸不動産を売却処分し，また，抵当権等の担保を設定するようなことは原則として禁止されております。受託者が賃貸不動産にできること，そして，すべきことについては，信託契約書に書かれておりますので，あらかじめ，ご確認の上，ご不明な点につきましては信託監督人にご確認ください。

（信託財産の無断使用・無断流用の禁止）

□受託者は，信託財産を自分のために使用し，たとえ一時であっても流用することはできません。信託違反のみならず，横領罪あるいは背任罪などの刑事責任を問われる場合もありますので，ご注意ください。

（収支計画の作成）

□賃貸物件の民事信託では，事業性の高い信託として，あらかじめ，信託（賃貸物件）の収支の計画を立てて，修繕などの積立金の予定，支出が足りない場合の措置，アパート建設債務の返済その他の見通しを持っていることが必要となります。

（保険の付保）

□賃貸物件に対する保険を，旧来の委託者名義ではなく，受託者名義で，付保

する必要があります。

（賃貸管理の委託）

□賃貸物件の管理を不動産管理会社に委託しようと考える場合，信託事務の委託となりますので，事前に，信託監督人に対して，ご相談ください。

（立替金の清算）

□受託者が，信託の事務の処理のために経費を支出した場合，信託のコストとして，信託財産からの清算を求めることができますが，清算の際には領収書の原本等が必要となります。また，経費の額が合理的なものである必要がありますので，公共交通機関が存在する場合には，やむを得ない場合を除いて，タクシーではなく，バスや鉄道などの公共交通機関を利用する等のご協力をお願いしております。

（金銭出納帳と日誌の記帳）

□受託者の信託事務処理に伴って生じる金銭の収支を，日々，記録するとともに，日常の信託事務処理の日誌の作成が大切となります。

（信託の計算）

□受託者は，一定の期間ごとに信託財産を計算し，決算を行うことで，貸借対照表などの必要な書類を作成して，信託財産の現状を報告することが要請されます。必要となる手続や書面等に関しましては，信託監督人にお問い合わせください。

（書式の利用）

□信託事務処理に書面の作成が必要となる場面が少なからず生じることがあります。そのような場合に備えて，信託監督人から，あらかじめ，必要となる書面に関する書式を提供しますので，それらの書式に従い，書面の作成をお願いします。

（信託の配当）

□受託者は，あらかじめ決められた日付までに，毎回，賃借人から収受した賃料等から，管理費用や積立金その他の必要金額を控除した残額について，受益者に配当を行います。信託金配当のための信託の計算事務は，正確さとと

もに，期日遵守が要求される等，受託者の負荷が高い事務となります。

（信託事務遂行が困難となる場合）

□病気，仕事の都合，家庭事情，海外渡航その他の事情によって，信託事務の遂行の継続が困難となり，又は中断されてしまうような場合，信託義務違反を避けるためにも，信託監督人に対して，事前に，あるいは，急いで，その旨をご連絡又はご相談ください。

（公的機関への届出等）

□受託者は，信託設定と同時に，法務局に対して信託登記の申請を経由しているものと存じますが，今後，税務署に対する届出が必要となりますので，不明な場合には，信託監督人にお問い合わせください。

（信託監督人への報告）

□受託者が信託の事務を処理した場合，信託監督人に対して，報告が必要となる場合があります。

（信託監督人の同意）

□受託者が信託の事務を処理する場合，事前に，信託監督人に相談して，信託監督人の同意を得る必要がある場合があります。

（その他の事項は省略する）

⑵　信託監督人による監督

　信託監督人は，受託者の監督・支援のための手控えとして調書を作成し，チェック洩れの防止，そして，受託者の意思確認や信託事務処理の調査の調書として保管していく。

　信託設定時における信託監督人の確認・調査票（執務調書）の作成に当たっては，第4章第2の各書式（参考書式4-1〜4-7）の内容の各項目を参照されたい。

　信託監督人は，信託開始の際，賃貸物件の民事信託の適法性・適切性の調査・確認を要する。同様にして，信託監督人は，信託の終了及び清算に際し

ても，賃貸物件の引渡しに伴って清算受託者に必要となる事項を調査・確認する必要がある。信託設定時の調査・確認のフィルムの逆回し的なイメージの印象を持たれるかもしれないが，所有権移転に伴って，対外的法律関係の変更として必要となる事項である。

参考書式5-2　信託監督人による信託の清算に関する確認・調査票（執務調書）

【書式の骨子】
◎書式作成者
　信託監督人
◎書式使用時期
　信託の終了時
◎書式の目的
　信託監督人による信託清算時における信託清算の適法性・適切性の調査・確認を行うための調書。

【書式の図】

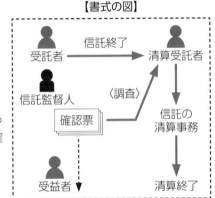

信託の清算に関する信託監督人の確認票

信託の終了事由は存在するか。
□有　□無
　（有の場合，その根拠・内容）

受託者が継続して清算受託者となるのか。
□継続　□その他
　（その他の場合，清算受託者は誰か）

信託財産の残余財産受益者は現在の受益者か。
□受益者　□受益者以外
　（受益者以外の場合，帰属権利者は誰か）

信託財産に関する重要書類の原本は全て存在するか。

□存在　□欠落あり

　　┌(存在する重要書類の原本の種類)..┐
　　└..┘

信託財産に関する重要書類の原本は引渡済か。

□引渡済　□未了

　　┌(未了の場合，引渡の予定日)..┐
　　└..┘

信託財産の鍵は引渡済か。

□引渡済　□未了

　　┌(未了の場合，引渡の予定日)..┐
　　└..┘

信託受益権を証する書面は返還済か。

□返還済　□未了

　　┌(未了の場合，返還の予定日)..┐
　　└..┘

不動産に対する保険の名義書換は終了したか。

□終了　□未了

固定資産税の清算は終了したか。

□終了　□未了

不動産以外に残余財産は存在するか。

□存在する　□存在しない

　　┌(存在する場合，その内容)..┐
　　└..┘

精算未了の信託費用は存在するか。

□存在する　□存在しない

　　┌(存在する場合，その内容と金額)..┐
　　└..┘

信託財産負担債務は存在するか。

□存在する　　　□存在しない

　　┌(存在する場合，その内容と金額)..┐
　　└..┘

信託財産は債務超過か。

□債務超過ではない　□債務超過である

条件付債権，期間や額が不確定の債権は存在するか。

□存在しない　□存在する

信託清算のための最終計算は終了したか。

□終了　□未了

> （未了の場合，予定日）

積立金・留保金は存在するか。

□存在する　□存在しない

> （存在する場合，その内容と金額）

修繕積立金は引渡済か。

□引渡済　□未了

公租公課積立金は引渡済か。

□引渡済　□未了

賃借人に対する通知・説明は終了したか。

□終了　□未了

> （未了の場合，その理由）

敷金返還債務の債務引受は終了したか。

□終了　□未了

> （未了の場合，その理由）

賃借人から免責的債務引受の承諾を得たか。

□承諾済　□未了

> （未了の場合，その理由）

相続人が信託の残余財産を引き継ぐ場合，相続人の特定を確認したか。

□未確認　□確認済

> （相続人の確定）

信託の最終決算を確認したか。

□未確認　□確認済

> （確認済の場合，その内容）

清算受託者による清算事務の進捗状況は確認したか。

□未確認　□確認済

　　┌ (進捗状況)
　　└

信託終了時における不動産の現況は確認したか。

□未確認　□確認済

　　┌ (問題点)
　　└

信託終了時における不動産の価値は確認したか。

□未確認　□確認済

　　┌ (推定価格)
　　└

信託終了時における信託不動産に関する調査書は作成されているか。

□未作成　□既作成

　　┌ (調査書作成者)
　　└

信託清算における不動産及び金銭の引渡方法は確認したか。

□未確認　□確認済

　　┌ (確認済の場合，その内容)
　　└

信託の清算に伴う課税関係は税理士に確認したか。

□確認済　□確認未了

　　┌ (確認済の場合，その内容)
　　└

　(その他の事項は省略する)

その他の特記事項

　　┌
　　└

以上，委託者××××及び受託者××××の間の平成○年○月○日付信託契約書を調査し，また，受託者××××及び受益者××××の間の信託終了に関する合意書の内容を確認し，受託者作成の関係書類並びに信託財産に関する重要書類，契約書類を調査した上，受託者及び残余財産受益者たる受益者に面談・

聴取の結果を基にして調査・確認した結果に相違ない。

　　平成○年○月○日

　　　　　　　　　　　　　　　○○県○○市○○町○丁目○番○号

　　　　　　　　　　　　　　　信託監督人　××××　㊞

　　成年後見監督人等であれば，確認票を報告書として（又は報告書作成のための資料として），家庭裁判所に報告することで，さしあたり，その責任の一部を果たしたという区切りがつくだろう。

　　しかしながら，信託監督人の場合，一般に報告すべき公的機関や監督機関が存在しない。信託監督人のつらいところは，自らの監督機関が存在せず，その職務の区切りが存在せず，また，相談するような相手も，制度的に確保されていないところにある。逆にいえば，監督に関する全ての事項が，信託監督人たる専門職の個人の責任となってしまう。

　　この点，信託監督人は，信託の機関として中立的な存在のごとくであるが，あくまで受益者の利益を守るために存在するので，受益者に対する報告が必要となることは間違いない。

　　それゆえ，本来，受益者が，信託監督人を監督する立場となろう。しかし，受益者が弱者であるゆえ，それを守るために信託監督人の制度が創設されたとう経緯を考えれば，一般的に，受益者が，実際，信託監督人を監督することを期待することはできない。

　　現行制度上，信託監督人は，受益者そして受託者に対して，監督や監査の結果を報告することで，受託者に再確認の機会を与えるとともに，受益者による監督権の行使の機会の確保と受益者の能力の補充を行うこととなろう。そのような際，信託監督人が作成する確認票（調査票）をもって，報告書（あるいはその添付書類）として活用する場合もあるかもしれない。

信託受益権の処分禁止の定めの射程範囲

　一般に，遺産承継型の民事信託の場合，例えば，第二次受益者，第三次受益者と続く場合，信託行為をもって，中間の第二次受益者の受益権の処分を禁止することが少なくない。いわゆる，収益受益権と元本受益権への分割といわれるような仕組みの場合である。

　この場合，第二次受益者は，受益権の取得時に，みなし相続財産として相続税が生じるにもかかわらず，受益権に対する担保設定による借入，あるいは，受益権の売却処分などが不可能となる。

　仮に，第二次受益者が，かような禁止を不利益な拘束であると感じた場合，その不当性を主張することが可能なのだろうか。例えば，当該受益権が借入のための担保となり得る唯一の資産であるような場合，あるいは差し迫った資金需要のためであるにもかかわらず，自らの財産権たる受益権を処分できないような状況に至った場合などである。

　法定相続人たる遺留分権者は，かような拘束あるいは第三次受益者との間における不公平に対して，遺留分の問題として，信託による固定化それ自体を侵害行為と主張することが可能であろうか[18]。

　一方，収益受益権として処分を禁止された受益権の場合，それにもかかわらず，受益者が，当該受益権を処分してしまった場合，信託法93条1項の問題となるのか，あるいは，同条2項の問題となるのかという問題もある。収益受益権と元本受益権という構造が壊れてしまうのか否かという問題である。

---

18) 『信託法セミナー3』72〜76頁

第5 受託者の実務の書式 297

第5 受託者の実務の書式

1 受託者による賃借人対応の実務のための書式

　信託監督人は，民事信託の期間中，信託関係者の中の唯一の専門職となる場合が少なくない。その場合，信託監督人は，一種の相談役として，信託の適法性や適切性を維持するための機能を担うことがあり得る。

　民事信託の紛争防止や証拠保全，そして，信託関係者の意思確認（明確化），記録の作成，第三者との法律関係の維持などのため，受託者は書面を作成することが必要となる場合がある。

　しかしながら，民事信託の受託者は非専門家である。したがって，そのような書面作成の必要性を看過し，あるいは，認識できない場合も多い。また，非専門家である受託者は，実際の書類作成に困難を感じる場合も少なくない。

　その場合，信託監督人は，受託者に対して，信託事務遂行のため，必要な処理を教示し，必要な書類の作成を指導することが必要となることがあり得る。しかるに，信託監督人として就任する者は，受託者の信託遂行のために必要となる書面の書式に通じ，その内容の起案の支援が可能であることが前提となる。

(1) 信託設定時における賃借人に対する説明

参考書式5-3　　　　　　　　　賃借人に対する信託に関する説明書

【書式の骨子】
◎書式作成者
　受託者
◎書式名宛人
　信託設定時における賃借人
◎書式の目的
　信託設定時，既存賃借人の保護並びに必要手続の協力の依頼のため，受託者から，説明を行う。

【書式の図】

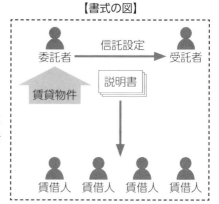

信託による賃貸人変更に関する説明書

賃借人　××××　様

　賃貸人××××（以下，「前賃貸人」といいます。）は，貴方との間の平成○年○月○日賃貸借契約（以下，「本件賃貸借契約」といいます。）に基づきまして，貴方に対して下記不動産（以下，「本物件」といいます。）を賃貸し，ご利用いただいております。ところで，この度，前賃貸人を委託者として，受託者××××（以下，「受託者」といいます。）との間で，平成○年○月○日付にて，本物件に信託を設定いたしました（以下，「本件信託設定」といいます。）。

　本物件の信託設定による所有権移転に伴いまして，同日，受託者が本物件の新所有者として，本件賃貸借契約上の賃貸人たる地位を，前賃貸人から承継しました。つきましては，次のとおりのご確認，並びに，ご承諾をお願いします。また，従来の賃料等の振込口座を，今後，下記の通りの賃料振込口座に変更することをお願い申し上げます。

1　本件信託によって，平成○年○月○日，本物件の所有権は，前賃貸人から受託者に移転し，同時に，本物件の賃貸人たる地位は，同日，受託者に移転しました。

2　受託者と貴方の間の賃貸借契約の条件や内容は，前賃貸人と貴方との間の本件賃貸借契約の条件や内容を同一のまま，変更ありません。貴方は，本件信託設定後におきましても，同一条件のまま，本物件を引き続きご利用いただけます。

3　本件賃貸借契約に基づき前賃貸人が貴方に対して有する敷金返還債務は，平成○年○月○日現在，金額○○円です。

4　本件賃貸借契約に基づく賃料の支払先は，本物件の信託設定に伴う賃貸人たる地位の移転によって，受託者宛てとなりますので，下記の賃料振込口座に送金してお支払いください。

　　　　支払口座　　○○銀行○○支店
　　　　預金種目　　○○○○
　　　　口座番号　　○○○○○○○
　　　　名 義 人　　××××

5　本件賃貸借契約に基づき旧賃貸人が貴方に有する敷金返還債務は，受託者が承継します。賃借人様におかれましては，前賃貸人の敷金返還債務を免責して，受託者のみが貴方に対する敷金返還債務の義務を負うことをご確認の上，ご承諾いただくことをお願いします。貴方への敷金返還債務の履行のための預託金は，受託者が，前賃貸人から同額の金銭信託を受けることで，今後，分別管理して参ります。

（その他の条項は省略）

信託不動産の表示（略）

平成○年○月○日

　　　　　　　　　　○○県○○市○○町○丁目○番○号
　　　　　　　　　　前賃貸人　××××　㊞

　　　　　　　　　　○○県○○市○○町○丁目○番○号
　　　　　　　　　　受　託　者　××××　㊞

　判例上，所有権移転登記等をすることによって対抗要件を具備した賃貸建物の所有権取得者は，取得と同時に当然賃貸借を承継するものであり，賃貸人から賃借人に対する承継の通知を要しないとされる[19]。だからといって，新賃貸人たる受託者から，賃借人に対して，一切の通知を要しないでよいというわけではない。賃貸借の対抗の問題だけでなく，賃料収受口座の変更などの諸手続が必要となる。何よりも，信託設定に対する賃借人の理解を得る必要があり，今後，賃貸人として義務を負うことになる受託者と賃借人の信頼関係を形成する必要がある。

⑵　信託不動産に賃借人が存在する場合の信託事務の処理

　信託不動産に賃借人が存在する場合，信託設定時に受託者が行うべき作業として，賃借人に対する信託設定の説明，必要に応じて賃借人との新たな賃貸借契約の締結，賃料振込口座の変更，そして，委託者からの敷金相当分預金の承継などがある。

　まず，従来，賃借人が支払ってきた賃料が委託者宛て，あるいは委託者名義の銀行口座に振り込まれてきた場合，受託者宛て，あるいは受託者名義の銀行口座（信託口座）に対する支払への変更を要請する必要がある。その際，賃貸借契約書を受託者名義で締結し直し，賃貸借契約の条件を再確認しておくことがあり得る。

　また，委託者と受託者の間においては，敷金返還の債務の引受けを合意し，

19）園部『敷金等返還紛争解決の手引』54頁

委託者が保管する敷金相当分の金銭を受託者に対して引き渡す必要がある。賃借人から敷金相当分の金銭の返還を求められる主体は，賃借人の賃料不払や退去時の原状回復の事務を行う新賃貸人の受託者となるべきだからだ（相殺事務の必要性等）。

　信託設定時，受託者は，既存の賃借人に対して，信託設定の通知を行い，今後，受託者が新賃貸人となること，そして，賃料支払先，また，賃貸借契約や賃貸不動産に関する問い合わせの窓口が変更することなどにつき，理解を得ることが必要となろう。その後の信頼関係の基礎となるからだ。

　なお，上記(1)の参考書式は，今後，受託者と賃借人との間で必要とされる事項を整理して告知しているので，親切であるともいえるが，非専門家である賃借人にとっては，やや堅苦しいスタイルである。そこで，最初の通知書として，次のような文面の書式もあり得るだろう。

参考書式 5 - 4　　　　　　賃借人への通知書

【書式の骨子】
◎書式作成者
　受託者
◎書式名宛人
　信託設定時の既存賃借人
◎書式の目的
　信託設定時，既存賃借人の保護並びに必要手続の協力の依頼のための受託者からの通知書。

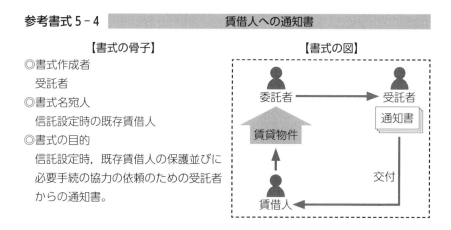

信託設定に伴う賃貸人変更に関するお知らせ
（ご通知）

平成〇年〇月〇日

〇〇県〇〇市〇〇町〇丁目〇番〇号

賃借人　××××　様

前略

　この度，賃貸不動産に関しまして，添付しております登記事項証明書の写しの通り，平成○年○月○日信託の設定によりまして，その所有権が前賃貸人の××××から受託者の××××に移転しております。したがいまして，受託者の××××が新賃貸人となり，賃貸人たる地位の一切を承継することになりました。賃借人××××様の賃貸借には，何らの不利益を及ぼさず，従来の賃貸借契約の内容に一切の変更はございませんので，ご安心ください。

　××××様より前賃貸人の××××が平成○年○月○日に預託いたしました敷金○○円は，新賃貸人たる受託者××××が承継し，保管いたしますので，ご了承のほどお願いいたします。

　従来，前賃貸人にお支払いただいておりました賃料（翌月分の当月末払い）は，今後，新賃貸人たる受託者宛てにお支払いただくことになります。

（中略）

　つきましては，私，受託者××××より，賃借人××××様に対して，上記に関しまして，さらに詳しいご説明をさせていただきますとともに，従来と同じ条件によりまして，私，受託者××××との間にて賃貸借契約書を締結させていただきたく存じます。ご都合のよろしい日時を下記連絡先宛てまで，お知らせいただけましたら幸いです。

　以上，略儀ながら宜しくお願いいたします。

　　　　○○県○○市○○町○丁目○番○号

　　　　受託者　××××

　　　　電話番号　○○○－○○○－○○○○

　　　　メールアドレス　＊＊＊＊＠＊＊＊＊.com

平成○年○月○日

受託者　××××　㊞

　信託設定時，慎重な対応を行う場合，実務上，信託設定前に，説明書をもって，信託設定の旨，賃貸人の変更の旨，必要となる諸手続，条件に変更なきこと，敷金の取扱いなどを説明しておき，信託設定の後に正式に賃借人に対する通知を行う場合がある。

(3) **委託者と受託者の間における賃貸借の確認と債務引受の合意**
　敷金返還債務に関して免責的債務引受の場合である。

参考書式 5-5　　　　　　　賃貸借に関する確認書

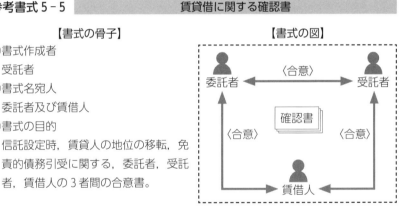

【書式の骨子】
◎書式作成者
　受託者
◎書式名宛人
　委託者及び賃借人
◎書式の目的
　信託設定時，賃貸人の地位の移転，免責的債務引受に関する，委託者，受託者，賃借人の3者間の合意書。

賃貸借に関する確認書

　受託者××××（以下，「受託者」という。），委託者××××（以下，「委託者」という。），賃借人××××（以下，「賃借人」という。）は，後記信託不動産（以下，「本件物件」という。）に関して，平成○年○月○日，不動産管理信託契約（以下，「本件信託契約」という。）を締結し，同日，本物件の信託設定に伴う所有権移転を行ったことに伴い，委託者

と賃借人の間における本件物件の平成○年○月○日賃貸借契約（以下，「本件賃貸借契約」という。）について，下記のとおり確認する。

（賃貸借の確認）

　賃借人は，平成○年○月○日，受託者が本件物件を所有し，受託者が本件賃貸借契約の賃貸人たる地位を承継したことを確認する。

（賃料の支払先）

　賃借人は，賃料など，本件賃貸借契約に基づき支払うべき一切の金銭を，下記の受託者の銀行口座宛に支払うものとする。

　　　　銀行口座　　○○銀行○○支店

　　　　預金種目　　○○○○

　　　　口座番号　　○○○○○○○

　　　　名 義 人　　××××

（敷金返還債務の引受）

　受託者は，本件信託契約に基づき，本件賃貸借契約による賃借人の委託者に対する敷金返還債務を引き受ける。なお，賃借人は，同債務引受が，委託者に対して免責的に行われることを承諾する。

（債務引受の期間）

　前条の債務引受は，本日から，本件信託契約の終了に伴う清算又は受託者変更により賃貸人たる地位が承継されるときまで，あるいは，本件賃貸借契約が終了し，敷金を精算するときまで，いずれか短い期間として，受託者は，当該期間内に実際に発生した賃借人の委託者に対する敷金返還債務についてのみ引き受けるものとする。

（その他の条項は省略）

第5　受託者の実務の書式　305

　　本確認の証として，本書3通を作成し，各自，それぞれ署名押印の上，
各1通を保有する。

　　　平成○年○月○日

　　　　　　　　　　　　　　○○県○○市○○町○丁目○番○号

　　　　　　　　　　　　　　委託者　××××　㊞

　　　　　　　　　　　　　　○○県○○市○○町○丁目○番○号

　　　　　　　　　　　　　　受託者　××××　㊞

　　　　　　　　　　　　　　○○県○○市○○町○丁目○番○号

　　　　　　　　　　　　　　賃借人　××××　㊞

　　賃貸物件の新所有者が旧所有者の賃貸人としての権利義務を承継するには，
特段の事情のある場合を除き，賃借人の承諾を必要とせず，賃貸物の旧所有
者と新所有者との間の契約によってこれをすることができるとされている
が[20]，信託設定の場合，賃借人の同意を得て，関係者間における法律関係
を整理し，明確化して紛争予防に努め，適正な手続を確保したい。

⑷　新規賃借人との賃貸借契約

　　新規賃借人に対しては信託物件であることの理解と，受託者に賃貸権限が
あること，将来的に必要となる可能性がある手続などの説明と了承を得る必
要があろう。

20）園部『敷金等返還紛争解決の手引』54頁

参考書式 5-6　　受託者による新規賃借人との賃貸借契約書

【書式の骨子】
◎書式作成者
　受託者
◎書式名宛人
　信託期中における新規賃借人
◎書式の目的
　信託期中における信託不動産であることを明確化した新規賃借人との賃貸借契約書の抜粋。

【書式の図】

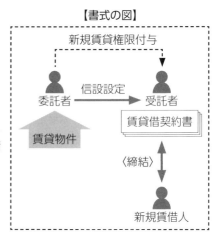

賃貸借契約書

　賃貸人××××（以下，「賃貸人」という。）は，後記建物部分（以下，「本物件」という。）について，本日，賃借人××××（以下，「賃借人」という。）に対して賃貸し，賃借人はこれを借り受ける。

　賃貸人は，賃貸人と委託者兼当初受益者××××との間で本物件を信託財産に含んだ平成○年○月○日不動産管理信託契約（以下，「本信託契約」という。）締結による信託（以下，「本信託」という。）の受託者として，本信託契約○条に基づき，賃借人に対して，本物件を賃貸する権限を有する。

　本信託契約が終了した場合，信託終了に伴う賃貸人の変更の際，賃貸人は，新賃貸人に対して，賃貸人が賃借人に対して有する敷金返還債務につき，新賃貸人に当該債務の負担を円滑に承継させ，賃借人に対して迷惑をかけないことを約する。

（賃貸借契約の条項は省略）

第5　受託者の実務の書式　　307

　本契約締結の証として，本書3通を作成し，各自，それぞれ署名押印
の上，各1通を保有する。

　　　平成○年○月○日

　　　　　　　　　　　　　　　　○○県○○市○○町○丁目○番○号

　　　　　　　　　　　　　　　　　賃貸人　××××　㊞

　　　　　　　　　　　　　　　　○○県○○市○○町○丁目○番○号

　　　　　　　　　　　　　　　　　賃借人　××××　㊞

(5)　敷金返還のための準備金の取崩しの依頼

　敷金返還請求権は，建物明渡時に発生し，賃借人は，賃貸物件を明け渡し
た後に，初めて敷金の残額を返還請求することができる。賃借人保護の観点
から，旧賃貸人に対して交付された敷金は，当然に，新賃貸人に承継される
と解され，この場合の承継額は旧賃貸人との関係での未払賃料等を充当した
残額である[21]。

　賃借人の敷金返還請求に対して，賃貸人としては，賃料・賃料相当損害金
債務以外の損害金の敷金からの控除の抗弁の主張立証責任があるので，退去
時の写真等を撮らずに原状回復をしてしまうと，賃借人の用法遵守義務違反
による損害についての客観的証拠がなくなってしまい，賃借人の用法義務違
反による損害の抗弁の主張が認められなくなる[22]。

　ところで，時の経過によって建物に生じる損耗や建物の通常の使用によっ
て生じる損耗（通常損耗）は賃貸人が負担する[23]。原状回復特約を設けるこ
とも可能であるが，賃貸人は，賃借人に対して，その特約に関する説明責任

21）園部『敷金等返還紛争解決の手引』58頁
22）園部『敷金等返還紛争解決の手引』70頁
23）園部『敷金等返還紛争解決の手引』62頁

が生じる[24]。

なお,前述のとおり,賃借人保護の観点から新賃貸人に対して敷金返還請求権は当然に承継されると解されるとしても,民事信託の場合においては,信託の安定のための適切な仕組み作りとして,委託者と受託者の間において債務引受の合意を行い,敷金返還のための準備金を積み立て,取崩しの場合のルール作りも含めて,信託関係者(必要に応じて賃借人)の合意の下,着実に手続を進めるのが一般であろう。

参考書式5-7　敷金返還のための準備金の取崩しの依頼書

【書式の骨子】
◎書式作成者
　受託者
◎書式名宛人
　受益者
◎書式の目的
　敷金返還のための準備金取崩しの必要額を明確化し,許諾を求める。

【書式の図】

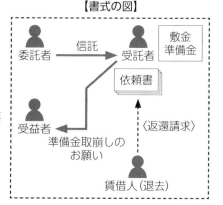

敷金返還の準備金の取崩しの許諾のお願い（依頼書）

委託者兼受益者　××××　様

　私,受託者××××は,下記信託不動産(以下,「本物件」という。)につきまして,貴殿との間にて平成○年○月○日に締結しました不動産管理信託契約の信託条項○条に従い,本物件の賃借人××××様(以下,「賃借人」という。)の敷金返還債務のための積立金として留保されてお

---

[24] 園部『敷金等返還紛争解決の手引』107頁

ります金○○円につきまして，平成○年○月○日，賃借人との賃貸借契約が終了し，平成○年○月○日，賃借人が退去しましたので，下記のとおりの積立金の取崩しに対して同意いただけるようお願い申し上げます。

　　　取 崩 額　金○○円
　　　使用目的　賃借人の退去に伴う敷金返還債務の履行のため
　　　敷金の額　金○○円
　　　控除すべき額
　　　　　明渡しまでの賃料相当損害金　金○○円
　　　　　用法違反の原状回復費　金○○円
　　　敷金返還額　金○○円

（その他の事項は省略）

記

信託不動産の表示（略）
信託契約条項の表示（略）
賃貸借契約の表示（略）
控除額の算定の明細（略）
添付書類
原状回復確認リスト
原状回復の立会の記録
原状回復の写真
原状回復費用の確認書

　　平成○年○月○日
　　　　　　　　　　　　○○県○○市○○町○丁目○番○号
　　　　　　　　　　　　受託者　××××　㊞

(6) 受託者による信託事務日誌の記録

受託者は，日常の信託事務として，信託事務処理の内容や支出等について日誌を作成し，記録にとどめておくことが一般である[25]。

参考書式 5-8　　信託事務日誌――信託不動産の賃貸借管理

【書式の骨子】
◎書式作成者
　受託者
◎書式名宛人
　なし
◎書式の目的
　日々の信託事務の記録

【書式の図】

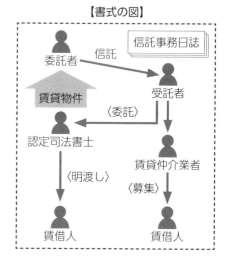

受託者の信託事務日誌
（××××，××××間の平成○年○月○日付信託契約に基づく信託事務）

平成○年○月○日
受託者　××××

□　平成○年○月○日の信託事務の内容
1　信託不動産のアパート1階の空室が継続していることから，アパートの近所で営業する賃貸仲介業者の○○不動産を新たに委託し，賃借人の募集を依頼することを検討（午前7時）。

25）渋谷『受託者支援の実務と書式』166～170頁

2　○○不動産に募集を依頼することについて，受益者××××の承諾を得るため，受益者××××に連絡し，その同意を得た。その際同意の書面化は，後日に行う旨，受益者××××と約した（午前8時）。

3　○○不動産に出向き，アパートの賃借人の募集と仲介を依頼する（午前9時）。

4　アパート2階の賃借人××××が，賃料不払いを○か月継続しているので，何らかの法的措置をとれないのか，○○弁護士会で行われている弁護士の法律相談に行き，担当弁護士の助言を受ける（午前10時）。

5　弁護士の助言に従い，賃借人××××の明渡請求訴訟の提起を依頼することを検討する（午前10時30分）。

6　受益者××××並びに信託監督人××××に対して，弁護士からの助言を連絡し，訴訟代理人の選定に関する助言を求める（午前11時）。

7　受益者××××並びに信託監督人××××の指導に基づき，簡易裁判所の管轄であること，そして，委任費用が割安であるようなので，認定司法書士××××に明渡請求訴訟の提起を依頼するため，隣町にある認定司法書士××××の事務所を訪れる（午後1時）。

8　認定司法書士××××の指示に従い，賃貸借契約書や督促状の写しなどの書類を揃え，認定司法書士××××の事務所に持参する。その際，認定司法書士××××との間で委任契約を締結し，訴訟委任状に署名し，簡易裁判所への訴訟提起のための印紙代を預ける（午後2時）。

9　受益者××××並びに信託監督人××××に対して，認定司法書士××××とのやりとり，認定司法書士××××に対する委任，印紙代，そして，今後の手続の予定などを報告する。また，信託監督人××××から今後の対応につき助言を受ける（午後3時）。

10　○○不動産から賃借人の募集につき連絡があり，ペットを飼って

よいのか，また，小さい子どもがいても大丈夫か，などの質問がある（午後4時）。

11　受益者××××に連絡して，賃貸条件を再確認し，ペットの飼育は可能であり，小さい子どもの同居も許容することを受益者××××との間で合意した（午後5時）。

12　賃借人××××から預かっている敷金分の金額を確認する（午後6時）。

□　信託不動産の支出
・明渡請求訴訟提起のための印紙代（金額）
・弁護士会までの往復交通費（金額）
・弁護士の相談料（金額）
・司法書士事務所までの往復交通費（金額）

□　信託不動産の収入
・なし

□　受益者（受益者代理人）への連絡事項
・仲介業者の選任
・不払賃借人対応の方針
・弁護士の助言の結果
・認定司法書士への依頼事項
・賃貸条件の決定

□　受益者代理人からの指図
・認定司法書士の選任

□　気がついた問題点
・賃料延滞が長期継続し，信託不動産の赤字が生じている。

第5　受託者の実務の書式　313

□　明日の信託事務予定（メモ）
　・認定司法書士の訴訟準備状況の確認

□　添付資料
　・仲介業者に対する依頼書の写し
　・印紙代の預かり証の写し
　・認定司法書士との委任契約の写し
　・弁護士との相談結果メモ
　・相談料の領収書の写し
　・交通費メモ

（その他の事項は省略）

　信託事務日誌の内容の記載方法については工夫の余地がある。日誌なので
メモとして，市販のノートに線を引いて，手書きすることで代用するような
ことも可能かもしれない。何よりも内容の正確性，そして記録をとることの
継続性が重要である。

2 ｜ 賃貸管理のための第三者委託の実務

　信託不動産が賃貸物件であるとき，受託者は，その賃貸管理を不動産管理
会社に委ねる場合も少なくない。そのような場合には，不動産管理会社から
の管理報告書が，受託者の信託報告書の一部として活用できる場合がある。
　なお，信託不動産の物理的管理の全てを個人受託者本人が通常の仕事をし
ながら自ら処理することは困難であるとして，信託行為に不動産の物理的管
理に係る事務処理を第三者に委託できる旨の定めを設け（信託法28条），ある
いは，あらかじめ委託者や受益者と協議した上で信託行為にて委託先を指名
し，又は，委託者か受益者に委託先を指定してもらう形をとる（信託法35条

3項）ことが現実の対応策であるという指摘もある[26]。

前者の場合，信託事務の委託先の選任・監督義務は，受託者から軽減されない（信託法35条2項）。後者の場合，委託先が不適任若しくは不誠実，又は委託先による信託事務処理が不適切であることを知った場合，受託者は，受益者への通知や委託契約の解除などの必要な措置をとる必要がある（同条3項ただし書）。

後者の場合（信託行為で委託先が特定されている場合など），受託者は，委託先の管理事務の内容を確認し，評判などにも気を配り，委託先及びその仕事の適切性を注意して見る必要がある。このような受託者義務を免除（信託法35条4項）することは望ましくないとする指摘がある[27]。

参考書式5-9　　職務代行者に対する業務委託契約書

【書式の骨子】
◎書式作成者
　受託者及び職務代行者
◎書式の事例
　賃貸物件の民事信託における賃貸管理の委託
◎書式の目的
　受託者の信託事務の一部の第三者委託を行うためのもの。

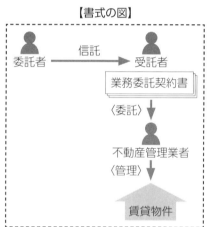

---

26) 野口雄介「個人を受託者とする信託の課題と対応策に関する考察」信託法研究36号48～49頁
27) 野口雄介「個人を受託者とする信託の課題と対応策に関する考察」信託法研究36号49頁

不動産管理委託契約書

受託者××××（以下，「受託者」という。）と○○不動産管理会社（以下，「管理会社」という。）は，後記の信託不動産（以下，「本物件」という。）に関して，以下のとおりの不動産管理委託契約（以下，「本管理契約」という。）を締結する。

（契約目的）

受託者は，本物件の賃貸物件としての価値を維持し，賃借人の安全かつ衛生的な利用を維持するため，本物件の管理を管理会社に委託し，管理会社は受託する。

（契約期間）

本管理契約の期間は平成○年○月○日から平成○年○月○日までとする。なお，期間満了の○か月前までに受託者が管理会社に対して終了の意思表示をしない限り，本管理契約は同一条件にて○年間更新されるものとして，その後の契約満了の際も同様とする。

（管理の内容）

受託者は，本物件の管理につき，次のとおり管理会社に委託する。

1　本物件管理業務

　(1) 電気設備，空調設備，給排水設備，消防用設備の点検・保守管理

　(2) 清掃・衛生管理

　(3) 消防法に従う防火

　(4) 保安警備

　(5) 本物件の定期点検

　(6) 電気設備の保守管理

316　第5章　賃貸物件の民事信託に関する受託者と信託監督人の実務

　(7) 本物件維持のための修繕計画

　2　賃貸管理業務

　(1) 賃借人募集（募集内容の決定，審査を含む）

　(2) 賃借人入居業務（賃貸借契約の締結，保管含む）

　(3) 賃借人対応業務（賃料等の受領，契約変更・更新含む）

　(4) 賃借人退去業務（現状回復，退去済賃借人との精算含む）

（賃貸管理）

　受託者と管理会社は，本管理契約締結の際に存在する賃借人と受託者の間の賃貸借契約が従前とおり継続し，これら賃借人に対して管理会社が賃貸管理を行うことを確認するとともに，本管理契約の締結の後，新たに賃貸する賃借人に対しても管理会社が賃貸管理を行うことを確認する。

（管理報酬）

　受託者，管理会社に対して，本管理契約の管理報酬として，1か月分として金○○円，当月分をその翌月の末日までに支払う。

（管理経費）

　受託者は，管理会社が本物件の管理を行うために特に必要とした合理的な費用（保守の外注費など）を負担するものとして，管理会社は，受託者に対して，その月に生じた合理的な費用の明細を記載した請求書を翌月○日までに交付し，それに基づき，受託者は管理会社に対して同月の末日までに支払うものとする。

（修繕）

　管理会社は，本物件の躯体，設備，内装及び外装その他の現状を維持するように努めるものとして，その維持のため修理・改修工事の必要があると認める場合，受託者に対して，遅滞なく，その旨を報告する。

管理会社は，本物件に生じた事故や災害などによって本物件の維持，保全に緊急を要すると判断した場合，応急措置を施すことができるものとして，事後速やかに受託者に対して報告し，応急措置に要した合理的な費用の請求を行うことができる。

（管理報告）

　管理会社は，○か月に一度，受託者に対して，以下の事項を記載した本物件に関する管理報告書を提出するものとする。
　　(1) 賃借人名
　　(2) 賃借条件
　　(3) 空室率
　　(4) 賃料支払状況
　　(5) 苦情その他の連絡事項
　　(6) 賃貸借の解除，延長，更新

（記録の保管）

　管理会社は，本物件の管理に関わる記録を適切に作成し，保管するものとする。受託者は，管理会社に対して，記録の閲覧又は謄写を求めることができる。

（報告義務）

　管理会社は，下記の事由が生じた場合，速やかに，受託者に報告するものとする。
　　(1) 本物件の現状に生じた重大な変化
　　(2) 賃借人による賃貸借契約の違反
　　(3) 賃借人との紛争の発生あるいはそのおそれ
　　(4) 本物件をめぐっての第三者との紛争の発生あるいはそのおそれ

（善管注意義務）

管理会社は，本物件の管理業務を善良な管理者の注意をもって行うものとして，天災地変その他不可抗力から生じた受託者の損害についての責任は負わない。

（損害賠償）
　管理会社の故意又は過失によって，本物件に関連して受託者に損害及び費用が生じた場合，管理会社は受託者に対して，それらの損害及び費用を賠償するものとする。

（契約解除）
　受託者は，下記の事由が生じた場合，管理会社に対する通知をもって，本管理契約を解除することができる。
　　(1) 管理会社に本管理契約に定める義務の不履行が生じ，その是正を求める受託者の催告を受けた後，○日以内に当該不履行を治癒しない場合
　　(2) 管理会社に支払停止若しくは手形交換所における取引停止処分，又は，破産手続開始，民事再生手続開始，会社更生手続開始並びにそれに類する手続の申立てがあった場合
　　(3) 管理会社の信用に疑念を生じさせるような事実を生じた場合
　　(4) 受託者と委託者××××の間の平成○年○月○日不動産管理信託契約（以下，「本信託契約」という。）が終了した場合
　　(5) 受託者が，受益者から，本管理契約の解除の指図を受領し，かつ，受託者が，当該指図の内容を合理的であると判断した場合

（契約終了）
　管理会社は，本管理契約が終了した場合，賃借人に対して本管理契約終了の事実を通知した上，管理会社が保管していた賃貸借契約書その他関係書類を速やかに受託者に引き渡すなど，受託者が直接本物件の管理を行うため必要な手続を行うものとする。

管理会社が，本管理契約の終了にもかかわらず，賃借人から賃料その他の受託者を債権者とする弁済や書類等を受領した場合，管理会社は，善良な管理者の注意義務をもって，それらを保管し，遅滞なく，受託者に引き渡す。

（その他の条項は省略）

本管理契約の締結の証として正本2通を作成し，受託者と管理会社それぞれ署名押印の上，各1通を保管する。

　　平成○年○月○日

○○県○○市○○町○丁目○番○号

受託者　××××　㊞

○○県○○市○○町○丁目○番○号

管理会社　○○株式会社　㊞

代表者　××××　㊞

〈信託監督人による監査〉

　信託監督人は，第三者委託が手続に則して適切になされたか否かを監督する。委託された第三者の妥当性の監査も行われることが望ましいが，そのような監査が可能であるか否かについては議論が存する。

参考書式 5-10　　信託監督人による確認（調査）票

【書式の骨子】
◎書式作成者
　信託監督人
◎書式の事例
　賃貸物件の民事信託における賃貸管理の委託
◎書式の目的
　信託監督人による受託者の信託事務の第三者委託の適法性・適切性の調査・確認。

【書式の図】

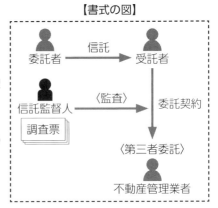

信託監督人による確認・調査票

当該第三者委託の目的は何か。
□賃貸物件管理　□賃貸物件管理以外
　（賃貸物件管理の場合，委託される項目）＿＿＿＿＿＿＿＿＿＿＿＿＿
　＿＿＿＿＿＿＿＿＿＿＿＿＿＿＿＿＿＿＿＿＿＿＿＿＿＿＿＿＿＿
　（賃貸物件管理以外の場合，何が目的か）＿＿＿＿＿＿＿＿＿＿＿＿
　＿＿＿＿＿＿＿＿＿＿＿＿＿＿＿＿＿＿＿＿＿＿＿＿＿＿＿＿＿＿

当該第三者委託を可能とする信託行為の定めはあるか。
□有　□無

当該第三者委託は信託の目的に照らして相当か。
□有　□無

当該第三者委託を可能とする信託行為の定めがない場合，信託目的に照らしてやむを得ない事由が存するか。
□有　□無
　（有の場合，どのような事由か）＿＿＿＿＿＿＿＿＿＿＿＿＿＿＿＿
　＿＿＿＿＿＿＿＿＿＿＿＿＿＿＿＿＿＿＿＿＿＿＿＿＿＿＿＿＿＿

当該第三者委託先は，信託行為で指名された者か。
□指名有　□指名無

当該第三者委託先は，信託行為に従って委託者又は受益者が指名した者か。

□指名有　□指名無

当該第三者委託先は信託の目的に照らして適切な者か。

□適切　□不適切

当該第三者委託に関する信託行為の特段の定めはあるか。

□無　□有

(有の場合，その内容)

当該第三者委託先との間の委託契約書の内容は適切なものか。

□適切　□不適切

(不適切な場合，その理由)

当該第三者委託先との間の委託契約書は締結済みか。

□締結　□未締結

(未締結の場合，その理由)

当該第三者委託先の報酬額は適切か。

□適切　□不適切

(不適切の場合，その理由)

当該第三者委託契約の期間及び終了事由は適切か。

□適切　□不適切

(不適切の場合，その理由)

第三者委託先の評判，実績，社長や社員の評価，信用状態はどうか。

□良好　□普通　□問題有　□懸念有

(確認方法)

(確認結果)

第三者委託先からの定期報告書の有無，報告内容は適切か。

□無　□有　□適切　□問題有

(報告の項目)

322　第5章　賃貸物件の民事信託に関する受託者と信託監督人の実務

（報告内容）

第三者委託先による賃貸物件の収支の見通しはあるか。

□有　□無

（見通し）

第三者委託先による修繕計画案はあるか。

□有　□無

（計画案の概要）

第三者委託先による一括借上，賃料保証などはあるか。

□有　□無

（内容）

第三者委託先は本件物件の建築会社の関連会社か。

□関連会社　□関連会社ではない

委託契約の受託者側からの解約は容易か。

（解約条件）

（その他の事項は省略する）

その他の特記事項

以上，委託者××××及び受託者××××の間の平成○年○月○日付不動産管理信託契約書を調査し，また，受託者××××及び第三者委託先××××の間の不動産管理委託契約書の内容を確認し，受託者作成の書類関係を調査した上，受託者への面談・聴取を基にして調査・確認した結果に相違ない。

　　　平成○年○月○日

　　　　　　　　　　　　○○県○○市○○町○丁目○番○号

　　　　　　　　　　　　信託監督人　××××　㊞

第5　受託者の実務の書式　　323

3 ┃ 賃借人の賃貸借契約違反への対応

　通常の賃貸物件の管理を不動産管理会社に委ねる場合がある。例えば，相続税対策としてアパートを建築した場合，アパートを建築したハウスメーカーの関連会社である不動産管理会社が，当該アパート経営を支援し，賃貸管理を継続するような場合がある。このような場合，アパートの発注者が委託者となり，受託者がハウスメーカー関連不動産管理会社に対して，アパートの賃貸管理を委託し，賃貸経営の収支計画の作成の支援などを受けることで，個人の受託者の善管注意義務を補充するようなことがあり得る。

　しかしながら，仮に，日常の賃貸管理を不動産管理会社に委託できたとしても，賃借人との間に法的紛争が生じた場合，所有者であり賃貸人である受託者が，自ら，当事者として対応するほかない。そして，賃貸物件の信託の場合，実務上，受託者は，賃借人との間の紛争に費やす労力が少なくない。

　民事信託と商事信託とを問わず，賃借人との紛争の処理は，多くの受託者を悩ます実務的な問題である。近隣所有者や近隣占有者との間の紛争と同様，これは賃借人側の問題でもあるので，いくら受託者が事前に注意していても，完全に予防することはできない。しかし，紛争が生じると専門家費用などの信託コストがかかってしまうという問題もあり，その対応方法をきちんと認識しておくことが重要である。

　賃借人の賃料不払が継続するような場合，賃料収入の低下に加えて，解決のためのコストがかかるので，二重に信託財政を圧迫する要因となる。受託者の信託運営の善管注意義務に関わるので，原所有者が対応する場合と異なり，受託者が放置することは許されない（受託者に損失補填責任が生じるリスクがある）。

(1)　賃借人に対する滞納賃料の催告

　誰の名義で，延滞賃料を催告し，不払いの場合，賃貸借契約を解除するのか，そして，催告書には，受託者たる記載を要するのか，仮に要するとすればどのように記載するのかなどが，実務上疑問となる。受託者としての対応

を検討してみたい[28]。

参考書式 5-11　　　　賃借人への催告書

【書式の骨子】
◎書式作成者
　受託者
◎書式名宛人
　賃借人
◎書式の事例
　賃貸物件の民事信託における賃借人の賃料延滞
◎書式の目的
　賃貸人たる受託者から賃借人への賃料支払請求及び賃貸借契約の解除のための催告。

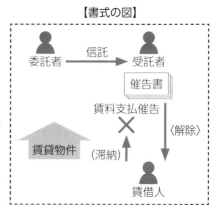
【書式の図】

催　告　書

　貴方は，平成○年○月○日，後記建物（以下，「本物件」といいます。）の所有者××××を賃貸人として，本物件につきまして，賃料を1か月金○○円，支払方法を毎月末日までに翌月分を支払う，との約定にて賃貸借契約（以下，「本賃貸借契約」といいます。）を締結しました。
　私は，平成○年○月○日，××××との間で，本物件について，平成○年○月○日不動産管理信託契約を締結することで，同日，受託者として，本物件の所有権の移転に伴い，貴方に対する賃貸人たる地位を承継しました。なお，私は，平成○年○月○日，賃貸人の地位の承継並びに貴方に対する敷金返還債務の免責的債務引受につき，貴方から異議なき承諾を得ております。

（中略）

---

28) 全国青年司法書士協議会簡裁事件受任推進委員会編『実践簡裁民事訴訟』（民事法研究会，2006）187頁以下を参照した。

第5 受託者の実務の書式 325

　ところで，貴方は，私に対して，本賃貸借契約に基づく賃料につきまして，平成○年○月分以降，本年○月分に至るまでの○か月分の合計金○○円の支払がありません。

　つきましては，上記合計額金○○円を，本書面到達の後，○週間以内に，○○銀行○○支店信託口座○○番名義人××××まで振り込む方法にて，お支払いください。

　万が一，本書面到達後○週間以内に延滞賃料金○○円全額の支払がない場合，同期限の経過をもって，私は，貴方に対する本賃貸借契約を解除いたします。

建物の表示（略）

所在地（略）

名称（略）

部屋番号（略）

　平成○年○月○日

　　　　　　　　　　　　○○県○○市○○町○丁目○番○号

　　　　　　　　　　　　　　賃貸人　××××　　㊞

(2)　賃借人に対する信託不動産の明渡請求訴訟

　信託不動産の明渡訴訟の原告も受託者である。通常の不動産管理信託であれば，訴訟信託の禁止（信託法10条）に留意する必要があるが，受託者は完全所有権者として，そして，賃貸人として，自己のための法律事務となるので，弁護士法72条本文の構成要件該当性はないだろうと思慮される。なお訴訟の提起に当たっては，受益者の同意の下，弁護士や認定司法書士に対して訴訟代理を委任することが一般的であろう。

(3)　賃借人に対する信託不動産の明渡しの強制執行

　受託者が債権者となるので，受託者の自己の名で申し立てることになる。

物件内に賃借人の動産類が残されているような場合，動産執行の申立ても必要となろう。なお，執行の申立てを代理委任する場合は弁護士となろう。

4 信託終了と賃借人対応

(1) 信託終了に伴う賃貸借管理の承継の実務（信託の清算）

参考書式 5 -12　　信託契約の終了の合意書

【書式の骨子】
◎書式作成者
　受託者及び委託者兼受益者
　（委託者たる地位も受益者の地位と共に移転している場合）
◎書式の事例
　賃貸物件の民事信託における信託の終了
◎書式の目的
　民事信託の終了に伴う賃貸人たる地位並びに敷金債務の承継その他の必要手続に関する合意。

【書式の図】

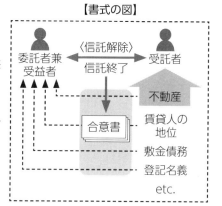

信託契約の終了の合意書

　残余財産受益者たる委託者兼受益者××××（以下，「委託者兼受益者」という。）及び受託者××××（以下，「受託者」という。）は，後記信託不動産（以下，「信託不動産」という。）に関する，平成○年○月○日，当初委託者兼当初受益者××××及び受託者××××の間の不動産管理信託契約（以下，「本信託契約」という。）に基づく信託（以下，「本信託」という。）について，本日，本信託契約を解除し，本信託を終了させるとともに，信託の終了に伴い下記の事項を合意する。

第5　受託者の実務の書式　327

第○条（信託不動産の承継）
1．受託者は，本信託契約の終了に伴って，本日，信託不動産を現状
　有姿にて委託者兼受益者に引き渡し，信託不動産の所有権を受託者
　から委託者兼受益者に対して移転する。
2．前項の所有権移転に伴い，受託者及び委託者兼受益者は，信託不
　動産に関して，信託の登記の抹消及び委託者兼受益者に対する信託
　財産引継を原因とする所有権移転登記に必要な手続を行うものとす
　る。
　　前項の登記手続に関する登録免許税及び司法書士報酬は，委託者
　兼受益者が負担する。

第○条（賃貸人たる地位の承継）
1．本信託契約の終了による所有権移転に伴い，受託者は，本日付で
　存在する信託不動産における受託者を賃貸人とする賃貸借契約につ
　いて，本日，賃貸人たる地位及び当該賃貸借契約の一切の権利義務
　を免責的に委託者兼受益者に承継し，委託者兼受益者は，これを承
　諾する。
2．賃貸人たる地位及び当該賃貸借契約の一切の権利義務の承継に伴
　い，受託者は，本日付の存在する全ての賃借人から敷金として預か
　る金銭（敷金以外の名目で賃貸借契約に関連して預かる金銭を含
　む。）○○円を，本日，委託者兼受益者に承継させ，受託者はその
　責めを免れるものとする。
3．受託者が，本日以降，当該賃貸人から敷金返還請求その他の賃貸
　借契約に関する債務の履行を請求された場合，委託者兼受益者が当
　該債務の履行を行うものとする。

（以下の条項は省略する）

平成○年○月○日

　　　　　　　　　　　○○県○○市○○町○丁目○番○号

　　　　　　　　　　　　　受託者　××××　㊞

　　　　　　　　　　　○○県○○市○○町○丁目○番○号

　　　　　　　　　　　　　委託者兼受益者　××××　㊞

(2)　信託終了に伴う賃借人への説明

　信託の終了時，受託者から権利帰属者に対する信託財産の引継ぎの場合，受託者は，所有者として，信託の期中に生じた信託不動産の瑕疵又は棄損（あるいは著しい劣化など）についての責任などを負うか否かという問題がある。

　また，信託の終了時，信託期中において信託不動産に生じた契約責任，不法行為責任，損害賠償責任その他の責任について，受託者から残余財産受益者又は権利帰属者等がそれらを承継するか否か，という問題もある。信託終了に際しては，受託者と信託財産の残余財産受益者又は権利帰属者等との間で，これらの責任や信託不動産に瑕疵等を生じている場合の責任の問題を協議し，合意しておくべきである。なお，これらの合意は，あくまで当事者の間の合意であって，第三者に対して対抗するためには，当該第三者を含めた合意が必要となろう。

　なお，信託終了による所有権移転に伴う賃貸人たる地位の変更，そして敷金債務の承継並びにそれらに関連して必要となる手続については，信託設定時と同様，適切な対応が望まれる。

参考書式 5–13　　信託終了に伴う賃借人への説明書

【書式の骨子】
◎書式作成者
　受託者及び委託者兼受益者（残余財産受益者）
◎書式の事例
　賃貸物件の民事信託における信託の終了
◎書式の目的
　民事信託の終了の説明並びに当該終了に伴う賃貸借契約の変更並びに敷金返還債務の引受の承認を求める。

【書式の図】

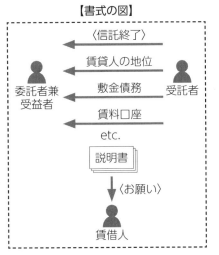

賃借人に対する所有権移転に関する説明書（お願い）

賃借人　××××　様

　賃貸人××××（以下，「旧賃貸人」といいます。）は，貴方との間の平成○年○月○日賃貸借契約（以下，「本件賃貸借契約」といいます。）に基づきまして，下記不動産（以下，「本物件」といいます。）を賃貸し，貴方にご利用いただいております。

　ところで，この度，本物件の不動産管理信託（以下，「本信託」といいます。）の受託者でありました旧賃貸人は，本信託の委託者兼受益者××××との間にて，平成○年○月○日付にて，本信託を終了し（以下，「本信託の終了」といいます。），本物件の所有権の移転に伴いまして，本件賃貸借契約の賃貸人たる地位を残余財産受益者として委託者兼受益者××××（以下，「新賃貸人」といいます。）が承継いたしました。

　つきましては，次のとおりのご確認，並びに，ご承諾をお願いします

とともに，従来の賃料等の振込口座を，今後，下記の通りの賃料振込口座に変更することをお願い申し上げます。

1　本信託の終了によって，平成○年○月○日，本物件の所有権は，旧賃貸人から新賃貸人に移転し，本物件の賃貸人たる地位は，同日，新賃貸人に移転しました。

2　新賃貸人と貴方の間の賃貸借契約の条件や内容は，旧賃貸人と貴方との間の本件賃貸借契約の条件や内容と同一のまま，変更ありません。貴方は，本信託の終了後におきましても，同一条件のまま，本物件を引き続きご利用いただけます。

3　本件賃貸借契約に基づき旧賃貸人が貴方に対して有する敷金返還債務は，平成○年○月○日現在，金額○○円です。

4　本件賃貸借契約に基づく賃料の支払先は，本物件の賃貸人たる地位の移転によって新賃貸人となりましたので，下記の賃料振込口座に送金してお支払いください。

　　　　支払口座　○○銀行○○支店
　　　　　　　　　預金種目○○○○
　　　　　　　　　口座番号○○○○○○○
　　　　　　　　　名義人××××

5　本件賃貸借契約に基づき旧賃貸人が貴方に有する敷金返還債務は，新賃貸人が承継して，旧賃貸人の敷金返還債務が免責され，新賃貸人のみが貴方に対する敷金返還債務の義務を負うことを確認し，ご承諾いただくことをお願いします。

　　　　　　　　　（その他の条項は省略）

不動産の表示（略）

平成○年○月○日

　　　　　　　　　　○○県○○市○○町○丁目○番○号
　　　　　　　　　　　旧賃貸人　××××　㊞

　　　　　　　　　　○○県○○市○○町○丁目○番○号
　　　　　　　　　　　新賃貸人　××××　㊞

(3) 賃借人の承諾

　信託の設定，あるいは，受託者の変更の場合と同様，賃貸物件の場合，賃借人との関係に対処する必要がある。信託関係から離脱する受託者が敷金返還債務等から免責される必要があろう。

参考書式5-14　　　　　　　　　賃借人の承諾書

【書式の骨子】
◎書式作成者
　賃借人
◎書式の事例
　賃貸物件の民事信託における信託の終了に伴う賃貸人の変更
◎書式の目的
　賃貸人たる地位の変更に伴う賃貸借契約の変更並びに敷金債務の免責的な債務引受に対する承諾。

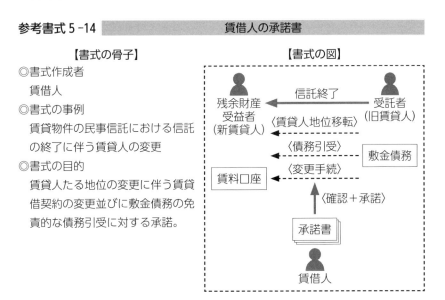

332　第5章　賃貸物件の民事信託に関する受託者と信託監督人の実務

賃借人の承諾書

新賃貸人　××××　様
旧賃貸人　××××　様

　私，下記不動産（以下，「本物件」といいます。）の賃借人××××は，旧賃貸人との間で平成○年○月○日賃貸借契約（以下，「本件賃貸借契約」といいます。）を締結しておりますが，下記の事項の内容を確認しましたので，下記事項を異議なく承諾いたします。

1　平成○年○月○日，本物件の所有権は，旧賃貸人から新賃貸人に移転し，本物件の賃貸人たる地位は，同日，新賃貸人に移転しました。

2　新賃貸人と私の間の賃貸借契約の条件や内容は，旧賃貸人と私との間の本件賃貸借契約の条件や内容と同一のまま，変更ありません。

3　本件賃貸借契約に基づき旧賃貸人が私に対して有する敷金返還債務は，平成○年○月○日現在，金額○○円です。

4　本件賃貸借契約に基づく賃料の支払先は，本物件の賃貸人たる地位の移転によって，新賃貸人の下記の賃料振込口座に送金して支払います。

　　　　支払口座　　○○銀行○○支店
　　　　　　　　　　預金種目○○○○
　　　　　　　　　　口座番号○○○○○○○
　　　　　　　　　　名義人××××

5　本件賃貸借契約に基づき旧賃貸人が私に有する敷金返還債務は，新賃貸人が承継して，旧賃貸人の敷金返還債務を免責し，新賃貸人

のみが私に対する敷金返還債務の義務を負うものです。

(その他の条項は省略)

不動産の表示（略）

平成○年○月○日

　　　　　　　　　　○○県○○市○○町○丁目○番○号
　　　　　　　　　　　　　　　賃借人　××××　㊞

　賃貸物件の信託では，賃借人の保護が不可欠である。民事信託は信託当事者の私的利益の追求であるから，第三者である賃借人の立場を等閑にして許されるものではないからだ。

遺留分と受託者

　遺言代用信託や受益者連続型信託は，信託法の改正以前から，存在していた実務である[29]。しかしながら，その解釈が明確ではなかった。そこで，信託法改正の機会に，その解釈を明確化して，制度化した。そのうちの重要な論点の一つが信託設定と遺留分との関係であった。

　法制審議会信託法部会における議論では，信託設定（遺言代用信託や受益者連続型信託）は，遺留分制度を侵害できないことが，くり返し確認されている[30]。
　問題は，どうして，その旨を，信託法上に明確に規定しなかったのか，とい

---

29) 田中『新信託法と信託実務』287頁
30) 例えば法制審議会信託法部会第27回会議議事録では，事務局から「遺留分制度との関係につきましては，当然のことながらその潜脱は認められないと考えているわけでございます。」と説明されている。また，第28回会議議事録では，やはり事務局から「後継ぎ遺贈型の信託によって，遺留分制度を潜脱することができないことにつきましては，当部会において異論のないところであると思われます。」と説明され，部会の同意を得ている。ちなみに，事務局は，法務省民事局であり，同局の見解でもある。かような知見は，資格者の法令実務精通義務の内容を構成しよう。

うことである。

　案の定というべきか，信託法改正からしばらくの時を経て，信託設定は遺留分を否定できる，という見解が生じた。信託法に明文の規定がないことから，自由な解釈を生じる余地が残ったことも事実だったと思う。

　明文化しなかった理由の一つとしては，立法担当の事務局において，遺留分と信託の関係について，一定の規定（利害調整に関する規定）をすれば，その反対解釈として遺留分を否定できる場合があり得ることが主張されるリスク（脱法信託リスク）を懸念したようだ[31]。また，規定の仕方について立法上の技術的な難しさがあったのだろう[32]。もっとも，現在，遺留分との関係を信託法に全く規定しなかったことで，遺言代用信託等が遺留分を否定できる（優先する）という解釈を生じ，それが実務に影響していることは皮肉な結果である。

　加えて，近時，信託行為の規定の仕方に応じて，遺留分が消える場合があるという新解釈が聞かれることがある。例えば，承継と規定すれば，遺留分が優先し，消滅と発生と規定すれば遺留分が消失するというような解釈である。本書は，そのような見解に与するものではないが，一部で普及しつつあるとも聞く[33]。民事信託の問題点の一つは，理論の世界と現場の実務の世界が分断され，相互に無関心であるかのように見えることである。

　ところで，法制審議会における議論では，受託者に対して遺留分減殺請求が行使され得るとされていることに注意したい[34]。その場合，一部で言われるような受益権の準共有ではなく，信託不動産自体が共有となる可能性がある[35]。あるいは，信託設定に瑕疵ありとして，信託が否定されるリスクがある。

　例えば，遺留分権者との関係では，仮に，受益者が法定相続人であり，法定相続分に従い受益するような仕組みの場合，個々の相続人が侵害者ということはない。

31）法制審議会信託法部会第28回会議議事録

32）法制審議会信託法部会第27回会議議事録

33）このような解釈に反論するものとして，伊東大祐「信託契約締結上の留意点（民事信託・家族信託分野において）」信託フォーラム6号32頁，新井誠＝遠藤英嗣「対談　家族信託再考―その普及と課題」（遠藤英嗣発言）信託フォーラム6号8頁など

34）法制審議会信託法部会第28回会議議事録

35）天野佳洋ほか「座談会　改正信託法下の新しい信託実務（下）」銀行法務21・674号22頁

しかし，即時に処分できたはずの不動産が，信託設定によって何年も（あるいは何十年も）拘束されることになる。それによって，一定の減価が生じるから，遺留分減殺の問題が生じ得る，という考え方があるという[36]。

このような場合，信託設定による財産の性質変更が財産価値を減少させると考えれば，信託それ自体を侵害行為と捉えることになる。それゆえ，信託それ自体を壊すことが，遺留分減殺請求権の行使の結果となる可能性もある。

また，信託設定自体が侵害行為と捉えられた場合，受益権の移転という形では処理できないので，受託者に対して遺留分減殺請求権が行使されることになる[37]。その場合，それまで受託者が信託事務処理によって負担していた債務について，受託者の固有財産に対する執行が生じるリスクがある，との指摘もされる[38]。そうなれば，受託者にとっては踏んだりけったりである。遺産承継型の民事信託の組成は，あらゆる角度から検討が行われ，紛争の火種とならぬよう，慎重に行われる必要がある所以である。

---

36) 『信託法セミナー3』65頁
37) 『信託法セミナー3』76頁
38) 『信託法セミナー3』86頁

第 6 章

民事信託の計算に関する実務

信託の計算に関する民事信託の信託条項の記載例

　賃貸物件の民事信託は、信託収支が動態的であり、事業経営の側面を有し、かつ、金銭を生むことから、信託の計算に対する信託監督人の監査と支援が重要である。

　信託の計算に対する監査という側面からは、税理士等の会計税務の専門職が、当該場面における信託監督人としては適任であろう。とりわけ、信託の計算が複雑になるような場合には、それがいえる。

　いずれにせよ、信託監督人の機能を全うするためには法律系と会計系の協働が望ましいが、やはり信託財産の負担となるコストの問題がある。廉価で、かつ、実効性ある信託監督人の仕組みの構築は、民事信託の実務の標準化の展開と相まって、今後の課題である。

　受託者の信託の計算事務に対する監督は、まずは会計監査であり、帳簿、預金通帳や領収書原本、契約書原本などの確認が必要である。また、単なる会計監査人ではなく、信託監督人の監督（支援）という立場からは、信託収支及び賃貸事業の妥当性に対する助言が行われるようなことが考えられる。

(1) 信託の計算

　信託は財産管理の制度である。したがって、財産管理者たる受託者における信託の計算の定めの重要性は明らかである。また、金銭が関係することから、あらかじめ、明確にルールを定めておき、信託関係者の間の紛争の予防を期することが大切である。

　信託の計算事務は、財産管理としての信託事務の処理の中核の一つであり、実務上、信託当事者の間におけるトラブルが生じやすいところでもある。また、受託者にとって日常の信託事務となることから、その定めは具体的で、かつ、疑義を避けるため、極力詳細であることが大切である。

賃貸物件の民事信託のための信託条項は，実務上，賃貸借管理に関する信託条項とともに，信託の計算に関する信託条項が，賃貸物件という信託財産のリスクの最少化のための二つの柱として，民事信託契約書の中で大きな比重を占めている。

ところで，民事信託の受託者にとって，信託の期中において，毎回，信託の計算事務を正確に行い，受益者に対して，確実に給付を行う事務を責任を持って継続していくことは，本当に大変なことである。

実際の計算事務はパソコン上の表計算ソフトや経理ソフトなどで管理する場合が多いだろうが，信託条項の計算方法とそれらソフトの管理上の計算方法などが正確に合致している必要がある。信託事務の開始の後，契約文言と信託実務に生じ得る差を常に確認しつつ，文言の修正や調整などが必要となってくる分野であろう。また，計算を行うための基礎として，当然のことであるが，一つ一つの概念の定義が重要となる。

(2) 信託元本

受託者の信託の計算の事務を規定するため，まずは，信託行為でもって，何が信託元本となるのかについての定義を行うことが必要となる。

参考記載例6-1　　信託元本の範囲

【記載例の骨子】
◎客体
　信託元本
◎条項の目的
　信託の計算の基礎となる信託元本の範囲を定める。

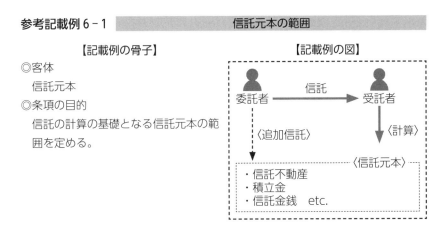

> 第○条 本信託における信託元本は，信託不動産，信託不動産の処分により取得される金銭，信託不動産に付保された損害保険から交付される保険金，敷金返還準備金，修繕積立金，その他の信託事務の処理のための積立金，受益者の追加信託による金銭，その他これらに類する資産である。

(3) 信託収益

信託の計算のために次に必要となるのは，信託元本に対する信託収益の定義である。

参考記載例6-2　　　　　　　　信託収益の範囲

【記載例の骨子】
◎客体
　信託収益
◎条項の目的
　信託の計算の基礎となる信託収益の範囲を定める。

【記載例の図】

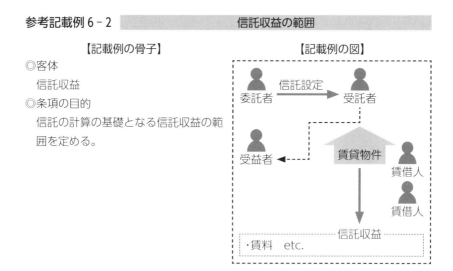

> 第○条 本信託における信託収益は，受託者を賃貸人とする信託不動産の賃貸借契約から収受する賃料，共益費その他の金銭，その他これらに準じるものとする。

賃貸物件の不動産信託における信託収益の原資は，賃借人からの賃料等の収入である。信託収益から信託配当に至る信託の計算の具体的な手続は，受

託者の信託事務の円滑な処理を確保し，信託当事者の間の信頼関係を維持していくため，事前に信託契約書においてあらかじめ決めておくべき重要な事項である。

(4) 修繕のための積立金

修繕のための積立金を留保するためには，信託行為でもって，その計算方法を定める必要がある。受益者に対する信託配当に影響するところであり，受託者が勝手に留保し得るものではないからだ。

参考記載例6-3　　　　　　　　修繕積立金

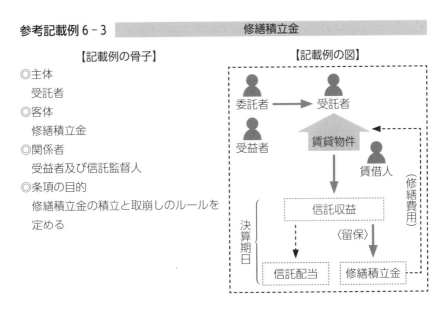

【記載例の骨子】
◎主体
　受託者
◎客体
　修繕積立金
◎関係者
　受益者及び信託監督人
◎条項の目的
　修繕積立金の積立と取崩しのルールを定める

第○条　信託不動産の修繕，保存，改良のための費用に必要な金銭として，受託者は，毎月の信託配当の計算期日において，毎月の信託収益から金○○円を留保し，修繕積立金として，信託口座内に積み立てて管理する。

2　信託不動産の修繕，保存，改良を行う場合，受託者は，修繕積立金から必要額を取り崩し，その費用に充当することができる。その場合，受託者は，受益者及び信託監督人に対して，遅滞なく，取崩し額及び

修繕等の内容を報告することを要する。なお，金〇〇円以上の取崩しに際しては，受託者は，事前に，受益者及び信託監督人の承諾を得ることを要する。

信託不動産を保全し，その価値を維持するため，信託期間中，適宜，信託不動産の修繕が必要となることがある。修繕には，修繕内容に応じて費用がかかる。大規模修繕が必要となる場合もある。このため，実務上，毎月の賃料収入から，その一部につき，修繕のための積立金を留保することが行われる。

修繕のための積立金は，修繕の目的でのみ使用することが原則となろうが，修繕のための積立金の取崩しのルールをどのようにするかについては，委託者と受託者の間において様々な取り決めが考えられる。

積立金の取崩し全てを受益者の指図に係らしめる場合，あるいは，原則として受託者の裁量に委ね，一定額以上の修繕費用については，受益者の承諾を要するとする場合などが考えられる。

(5) 信託事務の処理のための積立金

信託事務の処理のための積立金としての留保金の必要があれば，信託条項化される。当期における受益者の信託配当が減ることになるので，受益者に対する報告あるいは承諾を求めることが必要となろう。

参考記載例6-4　　信託事務処理積立金の留保

【記載例の骨子】
◎主体
　受託者
◎客体
　信託事務処理積立金
◎関係者
　受益者及び信託監督人
◎条項の目的
　信託事務処理のための積立金留保のルールを定める。

【記載例の図】

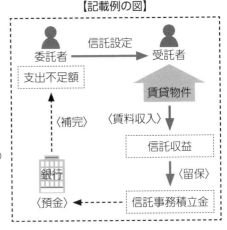

> 第○条　各期の計算期日からの信託収益では，各期における信託不動産のための支出あるいは信託事務の処理における支出に不足することが予想される場合，受託者は，信託収益から，信託事務処理のための留保金として引当て，信託口座内に積み立てることができる。この場合，受託者は，遅滞なく，受益者及び信託監督人に対して，その旨の報告を行うものとする。なお，金○○円以上を留保する場合，受託者は，受益者及び信託監督人から事前の承諾を得ることを要する。

　信託不動産のための費用あるいは信託事務の処理のため費用の支払が発生する場合，受託者は，信託事務の処理のための留保金から必要額を取り崩し，その支払に充当することができる。

(6) 公租公課のための積立金

　公租公課の支払のための積立金も信託の支出に対する支払原資として必要となる。

参考記載例6-5　　公租公課のための積立金の留保

【記載例の骨子】
◎主体
　受託者
◎客体
　公租公課のための積立金
◎条項の目的
　公租公課積立金の留保のルールを定める。

【記載例の図】

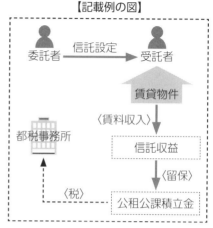

> 第○条　信託不動産に対する固定資産税，都市計画税などの公租公課の支払に必要となる金額について，受託者は，公租公課のための積立金として，毎月の信託計算期日において，毎月の信託収益から留保して，信託口座内に積み立てて管理する。
> 2　受託者が前項の必要額を留保した場合，受託者は，受益者及び信託監督人に対して，前項の留保金額とその金額の算定根拠を報告するものとする。

受託者が固定資産税，都市計画税その他の納税通知書を受領した場合，受託者は，公租公課のための積立金から必要額を取り崩して納税することができる。

(7)　保険料支払のための積立金

保険料支払のための積立金である。

参考記載例6-6　　　　　保険料支払のための積立金の留保

【記載例の骨子】
◎主体
　受託者
◎客体
　積立金
◎条項の目的
　保険料支払のための積立金留保のルールを定める。

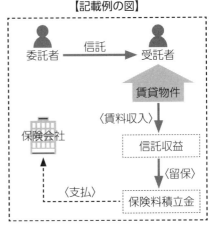

【記載例の図】

第○条　信託不動産に対する損害保険料の支払に必要となる金額について、受託者は、保険料支払のための積立金として、毎月の信託計算期日において、毎月の信託収益から留保して、信託口座内に積み立てて管理する。
2　受託者が前項の必要額を留保した場合、受託者は、受益者及び信託監督人に対して、前項の留保金額とその金額の算定根拠を報告するものとする。

保険料の支払期日に応じて、受託者は、保険料支払のための積立金から必要額を取り崩して支払うことができる。

(8) 計算期日、計算期間、報告日

受託者の計算事務のために計算期日、計算期間、報告日を定める必要がある。

346　第6章　民事信託の計算に関する実務

参考記載例6-7　　　　　　　　　　　計算期日等

【記載例の骨子】

◎主体
　受託者
◎関係者
　受益者及び信託監督人
◎条項の目的
　信託の計算の期間とルールを定める。

【記載例の図】

> 第○条　受託者は，信託設定から　○か月後の該当月の末日，以後，○か月ごとの該当月の末日をもって，信託財産に関する計算期日（以下，「計算期日」という。）として，信託不動産及び信託事務の処理に関する収支を計算するものとする。各計算期日の翌日から次の計算期日までを計算期間（以下，「計算期間」という。）として，受託者は，その計算期間に関する収支及び財産構成に関する報告書を作成して，その計算期日において，受益者及び信託監督人に対して報告する。

　信託の計算の事務は，財産管理者としての受託者にとって，最も大切な事務の一つといえる。計算期間及び計算期日は，それぞれの信託の個別事情に応じて設定されよう。計算期間が短いと受託者の事務の負担が増えることになってしまう。その一方，計算期間が長くなると，受益者や信託監督人による監督の機会を減じることになる場合がある。両者のバランスが重要である。

参考記載例6−8　　　　　　　　　　　　収支計算

【記載例の骨子】
◎主体
　受託者
◎客体
　収支計算
◎条項の目的
　信託期間における収支計算の計算方法のルールを定める。

【記載例の図】

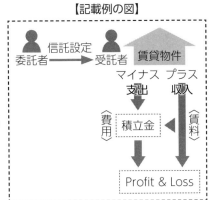

> 第○条　計算期間における収支計算は，信託収益を収入として，信託不動産又は信託事務の処理に必要とされる費用から，諸積立金から取り崩して充当したものを控除したものを支出とする。収入から支出を差し引いたものを純収益又は純損失とする。なお，純損失は，繰越損失として次の計算期間に繰り越すことで，次の計算期日の以降の純収益で補填する。

　毎期の信託収入から，毎期に発生する様々な費用が控除されるが，積立金から充当できるものもある。なお，毎期の積立金としての留保金も控除される。最終的には信託配当の額に影響する。毎期における正確な計算と記録と裏付資料の整理が必要である。

(9)　信託元本組入れ

　信託の計算に関しては，その手続をどこまで信託行為でもって規定しておくべきか，という問題がある。計算事務を履行する受託者の立場からすれば，それが非専門家であれば，手続が詳細に規定されていたほうが，事務の遂行が行いやすいという側面もあり，また，信託当事者の間における配当をめぐ

る紛争の予防という側面もある。将来の受益者との間でも問題となり得る。信託監督人の立場からすれば，信託条項における手続規定は，監査の基準という側面をもつ。

参考記載例6-9　　　　　　　　信託元本の組入れ

【記載例の骨子】
◎主体
　受託者
◎客体
　信託元本
◎条項の目的
　各積立金の信託元本への組入れのルールを定める。

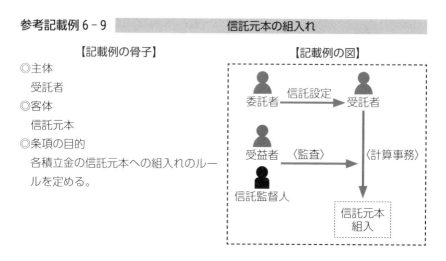

> 第○条　受託者は，各計算期日において，純収益から，信託事務処理のための積立金，修繕のための積立金，公租公課のための積立金，保険料のための積立金の金額の合計額について，各信託期日の翌日，信託の元本に組み入れる。

　何を目的として積立金を設定するかは，実務上，信託設定時における委託者と受託者の間における重要な決定事項の一つである。信託設定時における収支計画が不可欠かつ大切である所以である。

(10) 信託配当

　信託収入が存する信託類型において，信託配当は，受益者にとって最も関心が深い項目の一つである。なかんずく具体的な配当額に影響する信託配当の計算方法は重要である。

第1　信託の計算に関する民事信託の信託条項の記載例　　349

| 参考記載例 6 −10 | 信託配当 |

【記載例の骨子】

◎主体
　受託者
◎客体
　受益者
◎条項の目的
　各信託期日における信託配当の計算
　のための基本ルールを定める。

【記載例の図】

委託者 —信託設定→ 受託者　賃貸物件

受益者　　　　　　収入 ↓ 〈賃料〉

銀行口座　　　　　信託元本組入額
　　　　　　　　　　　↓〈控除〉
　　　　　　　　　　信託報酬
〈信託配当〉　　　　　　　〈控除〉

第○条　受託者は，各信託期間における純収益から信託元本組入額並び
　　　に当月の受託者及び信託監督人報酬額その他の信託費用を控除した残
　　　額について，各信託期日の翌日，受益者の指定する銀行口座に振込送
　　　金する。

　信託配当に関する計算規定である。賃料収入が全て信託配当の額となるわ
けではない。現在の受益者にとっては，積立金の額や信託コストに不満を持
つ場面もあり得る。しかし，信託不動産の価値の維持のための信託コスト
（将来の受益者の利益となる）などを含め，受託者による公正な計算事務が求
められるところである。

コラム

契約書作成と想像力

　本来であれば，信託実務の集積の結果として，民事信託の契約書が成立する。
民事信託の契約書の信託条項のほとんどは，信託が開始して以降の手続を定め
たものだからだ。売買契約書のような1回限りのスポット契約と異なり，信託
契約のような長期にわたる契約では，通常，開始，期中，そして終了に至る実

350　第6章　民事信託の計算に関する実務

務の経験から，帰納的に，より良き契約書が作成される。

　民事信託契約書の起案は想像力を用いるべきとする意見があるが，捉え方によってはミスリーディングな意見である。想像力を発揮すべきなのは活用方法についてであり，民事信託の契約条項は，想像力ではなく，むしろ，実務という具体的で，かつ，経験の集積による手続的で，技術的な知見に基づく。経験や法的知識の欠如を想像力で補充することは無理な相談である（その場合は，想像ではなく，緻密に研究すべきである）。想像力というよりも，実務経験に基づく予測能力やリスク分析能力が重要となる。

　一般に，信託契約書の起案のキーパーソンは，受託者である。信託契約書とは，受託者の実務を定めることが主であり，受託者ができないこと，そして，やる意思のないことを起案しても無意味だからだ。委託者の想いや願いをいくら書き込んだからといって，実際に信託を実現し，信託内容を履行する受託者が，信託契約書の作成に主体的に関与していなければ無意味である。

⑾　受託者による記録の作成

　信託の計算の事務に関連して，記録を作成しておくことは，受託者にとって当然の義務であろう。とりわけ賃貸物件の民事信託の場合，金銭収支の管理は，厳格に記録される必要がある。民事信託の信頼を維持し，疑惑を生じさせないためにも，管理の内容を透明化することが不可欠である。

参考記載例6-11　　受託者による記録の作成

【記載例の骨子】

◎主体
　受託者
◎条項の目的
　信託の計算の記録に関するルールを定める。

【記載例の図】

第1　信託の計算に関する民事信託の信託条項の記載例　351

> 第○条　受託者は，信託事務に関する計算並びに信託財産に属する財産
> 及び信託財産が負担する負債に関する状況を明らかにするため，受託
> 者の信託事務の処理の一環として，信託財産に関する記録を作成し，
> 毎月，更新して，当該時点での信託の状況が明確となっているように
> 維持するものとする。

⑿　受託者の帳簿作成義務

受託者による記録の作成は，財産管理事務の中核である。また，財産管理
事務を行う受託者が自ら信託事務の処理の現況を把握することに必要である
ことに加えて，受託者の信託事務の処理を監督するための資料として不可欠
なものである。

そうであれば，受託者による信託事務の処理や計算事務に関する記録の作
成における，その記録の正確さと詳細さが，実務上，信託の質の維持や受益
者の保護に不可欠である，ということになろう。

信託法は，受託者の帳簿又は記録の作成義務について，「受託者は，信託
事務に関する計算並びに信託財産に属する財産及び信託財産責任負担債務の
状況を明らかにするため，法務省令で定めるところにより，信託財産に係る
帳簿その他の書類又は電磁的記録を作成しなければならない」と規定する
（信託法37条1項）。強行法規である。たとえ親族間の信託であっても，信託
行為の定めで軽減，排除することはできない。財産管理事務の基本である。
なお，本条は，必ずしも帳簿ではなく，帳簿その他の書類として，作成すべ
き書類は，いわゆる帳簿に限定されない，としている[1]。立法担当者は，具
体的にどのような書類が作成されるべきか，信託類型について異なるとして
おり，例えば，物の管理を目的とするにすぎない信託では，財産目録に相当
する書類が作成されれば足りる，としている[2]。

この点，アパートなどの収益不動産であれば，単なる物の管理ではないの

---

1 ）寺本『逐条解説』146頁
2 ）寺本『逐条解説』147頁

352 　第6章　民事信託の計算に関する実務

で，収支が生じる。その収支を明らかにした書面となろう。また，居住用不動産の管理であっても，通常，金銭信託を伴い，支出を補うので，それらの収支を明らかにした書面が必要となるはずだ。そうでないと，受託者の信託事務処理の適正を担保し，受益者の監督的権能を強化できないからだ。

　信託法37条2項は「受託者は，毎年1回，一定の時期に，法務省令で定めるところにより，貸借対照表，損益計算書その他の法務省令で定める書類又は電磁的記録を作成しなければならない」と規定する。

信託法施行規則

第33条　次に掲げる規定に規定する法務省令で定めるべき事項は，信託計算規則の定めるところによる。

　一　法第37条第1項及び第2項

　二～四　（略）

信託計算規則

第4条　法第37条第1項の規定による信託財産に係る帳簿その他の書類又は電磁的記録（以下この条及び次条において「信託帳簿」という。）の作成及び法第37条第2項の規定による同項の書類又は電磁的記録の作成については，この条に定めるところによる。

　2　信託帳簿は，一の書面その他の資料として作成することを要せず，他の目的で作成された書類又は電磁的記録をもって信託帳簿とすることができる。

　3　法第37条第2項に規定する法務省令で定める書類又は電磁的記録は，この条の規定により作成される財産状況開示資料とする。

　4　財産状況開示資料は，信託財産に属する財産及び信託財産責任負担債務の概況を明らかにするものでなければならない。

　5　財産状況開示資料は，信託帳簿に基づいて作成しなければならない。

　6　信託帳簿又は財産状況開示資料の作成に当たっては，信託行為の趣

第1　信託の計算に関する民事信託の信託条項の記載例　　353

> 旨をしん酌しなければならない。

　法務省令は，信託法37条1項にいう「帳簿その他の書類」につき，「信託帳簿」という書面等をわざわざ作成することを要せず，他の目的で作成された書類等でも足りるとしている。

⒀　受益者による記録の閲覧

　受益者が，特段の理由等を要せずに，受託者の作成した信託事務に関する記録を閲覧し，写しを取得できることに加えて，信託監督人が選任されている場合には，信託監督人にも同様とする信託条項である。

参考記載例6-12　　　　　　　　　　　記録の閲覧

【記載例の骨子】

◎主体
　受託者
◎関係者
　受益者及び信託監督人
◎条項の目的
　記録の閲覧，謄写に関するルールを
　定める。

【記載例の図】

> 第○条　受託者が信託事務のために作成する書類・帳簿・記録類に関しては，受益者又は信託監督人が求めた場合，受託者は，遅滞なく，これを閲覧させ，あるいは，その写しを交付し，また，その報告や説明を行うものとする。

　受託者の信託事務に関する計算並びに信託財産に属する財産及び信託財産

354　第6章　民事信託の計算に関する実務

責任負担債務の状況を明らかにするための帳簿，書類や記録などに関して，受益者の閲覧請求権は，信託法38条1項1号に規定されている。同項では，受益者は，それらの閲覧や謄写の請求を行う場合，当該請求の理由を明らかにすべきとしている。

　受益者による受託者に対する信託財産に係る帳簿等の閲覧謄写請求権は，受益者に有利な定めを設けることは妨げないが，受益者に不利な定めを設けることはできないとする[3]。そして，単純な民事信託であれば，受益者が信託財産の状況を知りたい，という理由だけを挙げて，全ての帳簿の閲覧を請求しても，請求理由に欠けるところはないとされる[4]。本信託条項は，受益者に有利となる定めである。

⒁　受託者による信託財産状況報告

　受託者による信託財産状況の報告書を作成することを義務付けた信託条項である。

参考記載例6-13　　　　　　　　　**受託者による信託財産状況報告**

【記載例の骨子】

◎主体
　受託者
◎相手方
　受益者及び信託監督人
◎条項の目的
　信託財産報告書に関するルールを定める。

【記載例の図】

3）寺本『逐条解説』152頁
4）寺本『逐条解説』152頁

第1　信託の計算に関する民事信託の信託条項の記載例　355

> 第○条　受託者は，信託の設定の日から○か月後に該当する月の末日までに，信託財産報告書を作成し，当該月の末日における受益者及び信託監督人に交付する。その後，信託報告書を作成した月の翌月から○か月後に該当する月の末日までに，信託財産報告書を作成し，当該月の末日における受益者及び信託監督人に交付する。以後，受託者は，それを○か月毎に繰り返すものとする。

　受託者の毎年の義務として，信託事務及び信託財産等の貸借対照表，損益計算書その他の法務省令で定める書類等の作成は，強行規定である（信託法37条2項）。

　一方，受託者が作成した上記書類等について，積極的に報告すべきことは，任意規定である（信託法37条3項）。受益者からの閲覧請求権が認められているからとされる（信託法38条1項）。

　上記信託条項は，信託財産報告書という形で整理したものである。貸借対照表等の法定の決算書類はその附属書類となろう。受託者にとっても報告書を整理することで，はじめて，信託事務及び信託財産の正確な把握，計算ミスなどの発見，そして，収支計画の調整・修正などが可能となるのではあるまいか。

〈信託監督人の視点〉

　信託監督人の立場としては，受託者の信託事務に対する監督のためにも，受託者の信託財産状況報告書の交付を受ける必要がある。

⒂　信託財産報告書の内容

　信託財産報告書の内容は，信託類型あるいは信託財産類型に応じて，あらかじめ必要な事項は何かが検討され，規定されている必要があろう。

参考記載例6-14　　　信託財産報告書の内容

【記載例の骨子】
◎主体
　受託者
◎客体
　信託財産報告書
◎条項の目的
　信託財産報告書の内容に関するルールを定める。

【記載例の図】

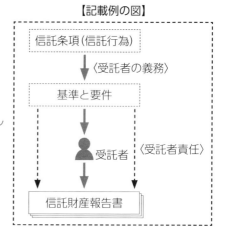

第○条　受託者が定期的に作成する信託財産報告書は、以下の項目を含んだ内容とする。
　一　報告する月の末日現在における資産、負債及び信託元本の状況
　二　報告する月の末日までの○か月の間における信託の収支の状況
　三　信託不動産の賃貸借契約に関して、報告月の末日現在における賃借人の総数、稼働率、賃料、賃料延滞の有無、報告月の末日までの○か月の間における全ての賃料収入（礼金を含む）、敷金預金の総額
　四　信託事務の処理のために金銭の借入を行っている場合には、その借入の明細（借入目的、借入先、金額、期限、利率、担保設定方法、返済の目途など）
　五　信託事務の処理を業務委託している場合、業務内容、委託先の特定、委託先への報酬額など
　六　信託不動産の売却を予定する場合には、報告する月の末日現在における信託不動産の価格の算定

信託財産報告書の定期交付については，一般に，信託設定時，信託行為でもって，その内容の項目が合意され，報告書の形式が書式化されることが期待される。信託財産報告書の作成と交付は，受託者の信託規律の一つの要となり，受益者の監督を実効化し，信託の実質を確保することに与するからだ。

〈信託監督人の視点〉

信託監督人による信託事務の監督に必要な事項を織り込むよう，信託監督人の側から，可能であれば，信託条項の作成時に要請すべきであろう。

民事信託の税務

　民事信託の実務の少なからずは不動産信託である。非上場株式の民事信託が事業承継手法としていわれてきたが，従来，それほど多くの件数が具体的な案件とはなっているわけではないだろう。

　賃貸不動産の場合，従来は，税理士の助言によって，不動産管理法人を用いる場合が少なくなかった。これに対して，近時，自益信託の民事信託を利用して，賃貸不動産の管理を行う事例が増えている。そこで，法人を利用するか，民事信託を利用すべきか，という判断が重要となる。もちろん，法人と信託の組合せの場合もあろう。注目されるのは税務である。

　2016年現在の取扱いとして，民事信託の場合，受益者において小規模宅地等の特例が利用でき，また，買換えの特例が適用されるが，損益通算が適用されない。一方，法人の場合，役員報酬あるいは給与所得で控除されるが（法人税が課税されるような仕組みの場合もある），小規模宅地等の特例は利用できない。他方，民事信託の場合は不動産所得なので，所得税負担が重くなるといわれる。民事信託の場合，財産の移転に関しては，受益者を中心として課税されるので，受益主体の変更が贈与税あるいは相続税の課税機会となることはいうまでもない。その他，様々な側面における課税のメリット・デメリットの判断が生じよう。税務署に対する届出等の問題もある。

　民事信託の具体的で実質的な税務は，税理士の職務範囲であり，業法上，他の資格者が業として助言し得るものではなく，責任も負えない。総合的な課税

予測判断が必要となる。それゆえ，民事信託の組成に当たっては税理士による助言は不可欠となろう。

近時，民事信託分野においては，税務や法務を含めて，実務的な優れた解説書が出版され，論稿が公表されるようになってきた。しかし，民事信託の実務は複雑であり，公的機関における取扱いの変更もあり得る。したがって，解説書の解説に過誤が生じることもあり得る。そのような解説書の記述の過誤に基づき実務を行い，実際の責任を問われるのは個々の実務家である。そこで，一つの注意点としては，解釈が分かれるような論点の判断について，参照文献や根拠となる資料が明瞭に記載されている解説書を用いることを推奨したい。参照文献の記載がないと，読者が，その解説の真偽を判断するため，原資料を検証することが難しいからだ。

第2 信託の計算に関する実務の書式

(1) 信託の計算事務の委託

民事信託における不動産信託の計算事務は，毎回の信託配当のための計算，信託法37条2項で強行法規とされる決算書類の作成など，非専門家である受託者にとって，一般に容易でない事務である。

仮に受託者が銀行員であったり，あるいは，勤務先で経理を担当したことがあるような場合であれば，信託期中，信託の計算事務を継続するのも可能かもしれない。しかし，そのような経験がない場合，受託者にとって負担感が大きい。そこで，時間的余裕がない受託者あるいは計算事務に苦手意識がある受託者は，信託の計算事務を，会計事務所などに外部委託することがあり得よう。

この点，信託事務の処理のような事務的管理は，信託事務の本質的部分でもある。どこまで外部委託可能なのだろうか。民事信託の受託者の場合，実際に信託の計算事務を行うことが物理的（時間的）あるいは能力的に困難な場合もあるところ，それを受託者能力を欠いているといえるか否かという問題がある。

個人受託者は，信託の計算事務の技術的な支援は受けるにしても，受託者の善管注意義務として，信託の計算内容を把握し，信託運営の最終判断を行う必要がある。委託者は個人受託者を信頼して，信託を行っているからだ。

どちらにせよ，民事信託の個人受託者は，信託設定前のプラニングなどに関して税理士や公認会計士などのサポートを受けることが望ましいと指摘されているところであり[5]，そのまま信託開始後も，会計事務者が個人受託者を支援するような事例が多いであろう。

---

5) 野口雄介「個人を受託者とする信託の課題と対応策に関する考察」信託法研究36号50頁，59頁

受託者による第三者委託者は，まず原則として信託行為に定めがある場合に行うことができるが（信託法28条1号），この場合，受託者の選任・監督義務は軽減されない。しかし，非専門家の個人受託者が，専門家たる会計事務所を監督するのは，理念的には有り得るが，事実上，容易ではない。そこで，それらの義務を免れる方法として，信託行為において特定して指名しておく方法，あるいは，委託者又は受益者の指名に従う方法があろう（信託法35条3項）。

参考書式6-1　　　　　　　　　計算事務委託契約書

【書式の骨子】
◎書式作成者
　受託者及び計算事務委託先
◎書式の事例
　税理士等に計算事務の一部を委託する場合
◎書式の目的
　信託事務である計算事務の第三者委託を行う。

【書式の図】

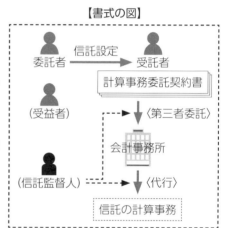

事務委託契約書

　受託者××××（以下，「受託者」という。）は，後記信託不動産について，委託者××××と受託者××××の間の平成○年○月○日付不動産管理信託契約（以下，「本信託契約」という。）に基づく信託（以下，「本信託」という。）に関して，税理士××××（以下，「委託先」という。）に対して，下記の通りの事務委託につき，本契約を締結する。

　（事務委託）

受託者は，委託先に対して，本信託の目的を達成するため，本信託契約に従い，下記の事務（以下，「委託事務」という。）を委託し，委託先はこれを受託する。

　　一　信託不動産に関する税務事務

　　二　信託不動産に関する計算事務

　　三　本信託の事務処理に関する計算事務

　　四　本信託の決算事務

　　五　信託法37条2項で定める書類の作成

　　六　その他，一から五に附随して必要となる事務

（事務処理の報告）

1　委託先は，受託者が求めた場合，遅滞なく，本契約に基づく事務の遂行状況を受託者に対して報告する。

2　委託先において委託事務の遂行に重大な影響を及ぼす事情が生じた場合，委託先は，速やかに，その旨を受託者に報告する。

3　委託先は，本契約の委託事務の遂行に関する記録を適切に保管するものとして，受託者が求める場合，かかる記録又はその写しを受託者に対して提出する。

（善管注意義務）

　委託先は，関連法令等に従い，善良なる管理者の注意をもって誠実に本契約の委託事務を行うものとする。

（手数料）

　受託者は，委託先に対して，本信託の信託財産から，本契約○条の事務委託の手数料として，1か月分○円を，翌月の末日までに，委託先が指定する銀行口座に支払うものとする。

（期間）

本契約は，平成○年○月○日から平成○年○月○日までとする。期間の終了の○か月前までに双方からの異議がない場合には，更に○年間，本契約と同一条件にて，自動更新されるものとして，それ以後も同様とする。

（解除）

本契約期間中，各当事者において，下記の事由が生じた場合，一方の当事者は，書面による通知をもって，本契約を解除できる。

　一　本契約に基づく義務の履行を怠り，一方の当事者から履行の催告を受けてから○日以内にその履行が行われない場合

　二　支払の停止，破産手続開始，民事再生手続開始その他の類似の手続の申立てがされた場合

　三　懲戒処分，行政処分，告訴，告発その他の著しく信用を損なう事由が生じた場合

（その他条項は省略する）

　平成○年○月○日

　　　　　　　　　　　○○県○○市○○町○丁目○番○号

　　　　　　　　　　　　　　受託者　××××　㊞

　　　　　　　　　　　○○県○○市○○町○丁目○番○号

　　　　　　　　　　　　　　委託先　××××　㊞

(2) 納税・申告の事務

受託者は，信託不動産に関して，納税通知書に基づき，固定資産税，都市計画税などの必要額を納税する。また，受託者は，償却資産申告書，事業所用家屋貸付等申告書，特別土地保有税申告書，不動産取得税申告書など，必要に応じて，申告に係る税額の計算，申告書の作成を行い，申告，納税を行

う。

(3) 信託財産の貸借対照表等

強行規定たる信託法37条2項を遵守するための参考として、書式の形式的な例を示す。

信託法37条2項によれば、受託者は、毎年1回、一定の時期に、信託計算規則で定めるところにより、貸借対照表を作成しなければならず、これは強行法規である。その形式や内容に関しては、会計の専門家に相談すべき事項である。信託の計算・決算に関する過誤は、受託者の善管注意義務違反（信託違反）を構成する。

参考書式6-2　　　　　信託財産の貸借対照表

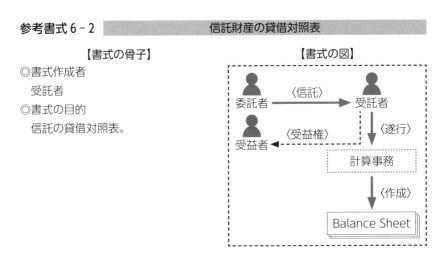

【書式の骨子】
◎書式作成者
　受託者
◎書式の目的
　信託の貸借対照表。

貸借対照表（信託財産残高表）

平成〇年〇月〇日現在

科目	借方	貸方	残高	科目	借方	貸方	残高
(資産の部)				(負債の部)			
現　金				前受金			
預　金				未払金			

364　第6章　民事信託の計算に関する実務

金銭信託			仮受金			
土　地			敷金引受債務			
建　物						
			（元本の部）			
その他			元本（引受不動産等）			
			元本（金銭）			
			元本（敷金相当金額）			
			元本（修繕積立口）			
信託欠損金			信託利益金			
合計			合計			

（以下，省略）

(4)　信託財産の損益計算書

　信託法37条2項によれば，受託者は，毎年1回，一定の時期に，法務省令で定めるところにより，損益計算書を作成しなければならず，これは強行法規である。やはり，その作成については，会計の専門家に相談すべきであろう。

参考書式6-3　　　　　　　　信託財産の損益計算書

【書式の骨子】
◎書式作成者
　受託者
◎書式の目的
　信託の損益計算書。

【書式の図】

第2　信託の計算に関する実務の書式　　365

損益計算書（信託財産収支表）

平成○年○月○日～平成○年○月○日

科目	金額	科目	金額
（損失の部）		（利益の部）	
損害保険料		賃貸収入	
水光熱費		共益費	
管理費		礼金	
租税公課		更新料	
支払手数料		預金等利息	
支払利息		その他収益金	
雑費その他費用			
信託報酬			
当期信託利益金		当期信託欠損金	
合計		合計	

（以下，省略）

民事信託は財産管理である以上，毎年，財産管理者たる受託者による信託決算が必要となろう。

(5)　信託利益処分計算書

信託利益処分計算書では，信託行為の定め（信託条項）に従って，信託配当金の計算を行う[6]。

6）『民事信託実務ハンドブック』305頁

参考書式6-4　　　　　　　　信託利益処分計算書

【書式の骨子】
◎書式作成者
　受託者
◎書式の目的
　信託の利益処分計算書。

【書式の図】

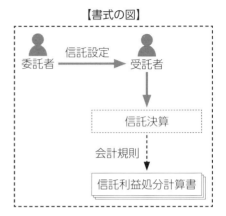

信託利益処分計算書

平成○年○月○日

科目	金額	金額
前期繰越欠損金		
当期利益金		
当期欠損金		
当期繰越欠損金		
当期純利益		
元本組入額		
(内訳)		
資本的支出額		
運転資金留保額		
修繕積立金		
敷金返還準備金		
資金交付金総額		

第2　信託の計算に関する実務の書式　367

受益者交付金 うち消費税相当額		
指定口座振込額		

　　（振込期日　平成○年○月○日）

（以下，省略）

　信託の計算の妥当性を監督するためには，各項目の内訳が必要となり，また，それらの支出を証する帳票類が必要となろう。

(6)　賃料収入内訳

　信託不動産の賃料収入の内訳を示すものであるが，毎月変動する可能性があるものであり，賃貸管理として正確な計算を要するところである。

参考書式6-5　　　　　　　　　　　　　　賃料収入内訳

【書式の骨子】

◎書式作成者
　受託者
◎書式の目的
　賃料収入の内訳。

【書式の図】

368 第6章 民事信託の計算に関する実務

<table>
<tr><td colspan="3" align="center">賃料収入内訳（税込）</td></tr>
<tr><td>○○年○月分</td><td>○○年○月分</td><td>○○年○月分</td></tr>
<tr><td>建物賃貸料　金○○円</td><td>建物賃貸料　金○○円</td><td>建物賃貸料　金○○円</td></tr>
<tr><td>駐車場使用料　金○○円</td><td>駐車場使用料　金○○円</td><td>駐車場使用料　金○○円</td></tr>
<tr><td>共　益　費　金○○円</td><td>共　益　費　金○○円</td><td>共　益　費　金○○円</td></tr>
<tr><td>雑　　　役　金○○円</td><td>雑　　　役　金○○円</td><td>雑　　　役　金○○円</td></tr>
<tr><td>合　　　計　金○○円</td><td>合　　　計　金○○円</td><td>合　　　計　金○○円</td></tr>
<tr><td colspan="3">（以下，省略）</td></tr>
</table>

　収支の明細は，請求書及び領収書の写しを添付することで，その真実性を証する。

　なお，消費税の課税事業者である受益者は，税務申告にて消費税及び地方消費税が必要となるので[7]，建物賃貸料，駐車場使用料，水光熱費，支払手数料その他の消費税を計算することになる。

(7)　銀行預金

　受託者にとって，銀行口座の管理こそが，賃貸物件の信託における財産管理事務の要の一つとなる。

7）『民事信託実務ハンドブック』305頁

第2　信託の計算に関する実務の書式　369

参考書式6-6　　　　　　　　銀行預金の内訳

【書式の骨子】
◎書式作成者
　受託者
◎書式の目的
　銀行預金の内訳。

【書式の図】

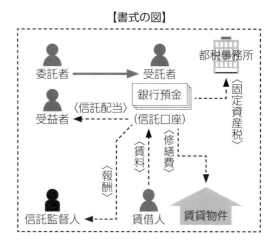

銀行預金

科目	借方（増加額）	貸方（減少額）	残高
銀行預金			

（以下，省略）

銀行預金は，預金通帳の写しの添付によって真実性を証する。

(8) 税務署への申告

受託者は，税務署に対して，その年の信託財産の収益の額の合計額が3万円以上の場合などは，法定調書として，信託の計算書及び信託の計算書合計表を提出しなければならない（所得税法227条，同法施行規則96条）。期限は翌年1月31日までである。

国税庁ホームページ（http://www.nta.go.jp/tetsuzuki/shinsei/annai/hotei/annai/23100054.htm）に掲載された法定調書としての書式である。手数料は

不要である。同書式の内容の詳細（説明）については，同ホームページの該当か所を参照されたい。

なお，個人の受益者において，信託からの不動産所得がある場合，確定申告を行う必要がある。

(9) 信託の計算書

参考書式6-7　　　　　　　　信託の計算書

【書式の骨子】
◎書式作成者
　受託者
◎書式名宛人
　税務署
◎書式の目的
　信託の計算書の届出。

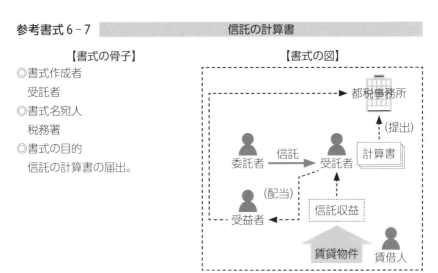

第2　信託の計算に関する実務の書式　　371

信　託　の　計　算　書

（自　　　年　月　日至　　　年　月　　日）

信託財産に帰せられる 収益及び費用の受益者等	住所(居所)又は所在地				
	氏 名 又 は 名 称			番 号	
元本たる信託財産の 受 益 者 等	住所(居所)又は所在地				
	氏 名 又 は 名 称			番 号	
委　　　託　　　者	住所(居所)又は所在地				
	氏 名 又 は 名 称			番 号	
受　　　託　　　者	住所(居所)又は所在地				
	氏 名 又 は 名 称		（電話）		
	計算書の作成年月日	年　　月　　日	番 号		

○「番号」欄に個人番号（12桁）を記載する場合には、右詰で記載します。

信託の期間	自　　　年　　月　　日 至　　　年　　月　　日	受益者等 の 異 動	原　　因	
信託の目的			時　　期	

受益者等に 交 付 し た 利益の内容	種　　類		受託者の 受けるべき 報酬の額等	報酬の額又は その計算方法	
	数　　量			支 払 義 務 者	
	時　　期			支 払 時 期	
	損益分配割合			補 て ん 又 は 補 足 の 割 合	

収　益　及　び　費　用　の　明　細

収 益 の 内 訳	収 益 の 額 (千円)	費 用 の 内 訳	費 用 の 額 (千円)
収益		費用	
合　　計		合　　計	

資　産　及　び　負　債　の　明　細

資産及び負債の内訳	資産の額及び負債の額 (千円)	所 在 地	数　量	備　　考
資産				
合　　計		(摘要)		
負債				
合　　計				
資産の合計－負債の合計				

整　理　欄	①	②

357

信託の計算書合計表

○平成28年1月1日以後提出用

自平成　年　月　日
至平成　年　月　日

平成　年　月　日提出

　　　　税務署長　殿

提出者
　住所(居所)又は所在地
　個人番号又は法人番号
　フリガナ　氏名又は法人名称
　フリガナ　代表者氏名印
　電話（　　－　　－　　）

信託財産の種類	件数	収益の額	費用の額	資産の額	負債の額
	件	円	円	円	円
金　銭					
有価証券					
不動産					
その他					
計					

（摘要）

処理事項
※通信日付印　・　・
※検収
※整理簿登載
※身元確認

整理番号
書の提出区分（新規=1、追加=2、訂正=3、無効=4）
作成担当者
作成税理士署名押印　㊞
税理士番号（　　　　－　　　　）
提出媒体
本店一括　有・無

○　提出媒体欄には、コードを記載してください。（電子=14、FD=15、MO=16、CD=17、DVD=18、書面=30、その他=99）
(注)　平成27年12月31日以前に開始する事業年度に係る合計表を作成する場合（信託会社以外の受託者にあっては、平成28年12月31日以前にこの合計表を提出する場合）には、「個人番号又は法人番号」欄に何も記載しないでください。

（用紙　日本工業規格　A4）

税務署提出書類

　本文の信託計算書は，2016年現在，信託財産の収益の合計額が3万円を超える場合，必要となるものであり（所得税法施行規則96条2項），賃貸不動産を信託した場合，原則的に提出が必要となる。受託者に提出義務が生じるが，委託者が所有していた場合における不動産所得の確定申告書と類似する。

　その他，2016年現在，受託者において，受託者を所轄する税務署に提出すべき書類として，信託に関する受益者別調書及び信託に関する受益者別調書合計表がある（相続税法59条2項）。これは，原則として，受益権の経済的主体や価値に変更が生じた場合に要請されるものである。したがって，信託設定時，自益信託の場合には不要であり，信託終了時，受益者が残余財産受益者となるような場合にも不要となる。また，受益権価額に変動がない信託変更の場合も不要となる。信託財産額その他によっても除外要件がある。

　なお，受益権売買の場合，譲渡当事者において支払調書作成義務等が生じる。以上のような事項に関する事例ごとの具体的相談は，業としての税務相談として，税理士法上，税理士に限られる点に注意したい。

第7章

民事信託における受託者の変更に関する実務

第1 基本的な考え方

1 | 民事信託における受託者の変更

(1) 民事信託と受託者交替の可能性

　一般に，長期にわたる民事信託においては，信託期中，受託者の死亡や病気，あるいは判断能力の低下，転居や海外渡航，又は懈怠や非行などによる職務の中断などが生じる可能性があると指摘される。

　このようなリスクに対して，後任の受託者になるべき者の指定の定めをするというような処方箋が示される場合が少なくない。予備（代替）受託者（いわゆるバックアップ受託者）の設置という方法である。

　なるほど確かに，民事信託における長期にわたる期間を考えると，現在の受託者に代わる予備（代替）受託者候補者が必要であると心配になる。元来，信託の始めに，最初の受託者となる候補者を見つけること自体が難しいといわれているにもかかわらずである。

　この点，重要なことは，そもそも，委託者と受託者との間における個人的な信頼関係に基礎を置くものといわれる民事信託において，同程度の信頼関係を期待できる予備（代替）受託者が存在するのだろうか，という問題である。受託者に対する信頼関係が期待できないような場合，それでも強いて民事信託を維持する必要性はあるのだろうか。

　予備（代替）受託者候補者を探し，設置することに要するコストはどれくらいなのだろうか。また，民事信託一般は，それほどコストをかけられるものなのだろうか。まずは，予備（代替）受託者の設置と交替の実際を実務的かつ具体的に検討しなければなるまい。

第1 基本的な考え方 377

(2) 民事信託における予備（代替）受託者の待機コスト

民事信託の場合，非専門家である個人が予備（代替）受託者の場合，①将来，民事信託に専念するため，予備受託者は，事実上，それまで転勤や引っ越し等の自由度を制約されてしまうが，それまでの補償はゼロなのか，②予備受託者の待機期間中，将来，承継する準備として，信託事務に全く関与する必要はないのか，③予備受託者自体の死亡や病気，その他信託事務を承継できない事情が生じるリスクをどう考えるのか，④予備受託者が本当に受託してくれるのかどうか不明ではあるまいか，⑤予備受託者の報酬額をどうするのか，⑥民事信託の実務の標準が存在しない状態で，本当に他人の信託事務を承継できるのか，⑦前受託者の信託事務がずさんであり，信託違反を生じているような場合でも信託事務を承継できるのか，その他の問題を検討する必要が生じる。また，民事信託の受託者が存在しなくなったからといって，その段階から商事信託に移行し得るのか，という問題もある。

2 ｜ 受託者を欠いた場合

(1) 受託者を欠いた場合の問題

民事信託において，受託者が不正を起こした場合，その他，受託者として不適切な事由が生じ解任される場合，あるいは，受託者が海外勤務あるいは病気などで信託遂行が不可能となる場合，又は，受託者が死亡してしまった場合，その他受託者が不在となる場合があり得る。そのような場合，誰が状況を判断し，方針を決定し，民事信託の仕組みをコントロールしていくのであろうか。

民事信託の実務は受託者の実務である。そのような受託者が不在あるいは不適格となってしまった場合，信託を終了すべきか否か，新たな受託者を選任すべきか否か，どのように交替の手続を進めるべきなのか，その他多くの判断事項が生じる。一体，受益者がそれらの判断を行い，手続を追行できるのだろうか。

また，受託者を欠いてしまった場合，誰が，緊急時の信託の事務処理を担

うのか，あるいは，担えるのだろうか。自然災害が生じたり，信託財産に事故が生じた場合，誰が，それを補完するのだろうか。

　そして，何よりも，最大の問題は，受託者から予備受託者に移行せざるを得ない場合，誰が，司令塔として，受託者の変更の判断を行い，その実務を行い，信託の安定性を維持する責任を負うのか，ということである。

(2)　信託監督人の役割

　信託監督人が設置された民事信託では，信託の手続を知悉した者は，信託の仕組み中，唯一，信託監督人だけであるという場合が少なくない。そのような場合，信託監督人が，危機対応をせざるを得ない場合がある。それは，信託の危機を乗り切るための，コントローラーであり，司令塔としての役割である。

　本来，監督・監視する立場の信託監督人が，当事者となってしまうわけであるが，信託の安定性を維持し，継続するにせよ，終了させるにせよ，受益者の利益を保護するため，専門職たる信託監督人が責任を引き受けるほかない状況となろう。最後の安全弁である。

3 ｜ バックアップ受託者

(1)　バックアップ受託者（受託者候補者）設置の実効性

　民事信託の個人の受託者候補者の場合，長期海外出張や海外移住，起業，その他を断念する必要が生じるかもしれず，広い意味での待機の必要が生じよう。いつ受託者変更の必要性が生じるか分からないという不確実性の中，そのような負担に耐えられる受託者候補者の存在を非専門家に見いだせるのだろうか。

　さらに重要なことは，そのような交替を行うに当たり，そのような交替を判断し，差配する司令塔（コントローラー）が必要であるということである。

　一般社団法人を受託者とする受託者特別法人の場合も，信託事務の遂行を担う理事などの特定の者を欠いた場合，同様の問題が生じるであろう。

なお，信託の期中，代替受託者に当該信託を引き受けてもらうためには，受託者にとって信託を引き受けようと思わせるような魅力的な条件が必要である。このような条件は信託報酬であるが，信託報酬の支払を厭うからこその民事信託である場合もあり，代替受託者を見付けるための信託報酬の設定は容易ではなかろう。

(2) 信託監督人への期待

契約書でバックアップ受託者を設置したからといって，必ずしも安心できるものではなく，突発事故が生じた場合，どうしても，その時点での力仕事が必要となる。

仮に，受託者候補者の指定を設けたとして，誰が，当該受託者候補者と交渉し，就任を説得し，新たな条件を決定し，受託者責任という重責を担ってもらうのだろうか。

委託者兼受益者が存命かつ判断能力を有し，そのような交渉を担えるのであれば良い。しかしながら，とりわけ，受益者が弱者であることで，信託を維持する必要性の高い福祉型信託では，受益者による信託の仕組みの維持を期待することはできない。

それゆえ，信託監督人が，ある意味，委託者の立場あるいは受益者の立場に立ちつつ，受託者の交替の実務をコーディネートし，コントロールする機能を担うことにならざるを得ないであろう。

そのような観点から考えれば，信託監督人の実務にとって，受託者の変更の実務は，大変，重要な実務となることが理解されよう。信託監督人の監督を越えて，民事信託の安定性の維持（受益者の利益の保護）という観点から，支援という側面が顕在化する場面であるからだ。

しかるに，民事信託における信託監督人の設置は，長期にわたる信託期間中，信託当事者の欠如あるいは不在という事態に対処するためにも，重要な機能を果たすことができる。

バックアップとしての受益者代理人という考え方

　委託者兼受益者が判断能力を欠くに至った場合に備えて，そのバックアップのため受益者代理人を設置すべき，とする意見がある。いわゆる認知症対策の民事信託で活用すべきであるという。

　このような考え方は，委託者兼受益者の判断能力が正常である間は，委託者兼受益者が受託者に対する指図権や同意権を行使し，委託者兼受益者が判断能力を喪失した際には，あらかじめ指定されていた専門職たる受益者代理人が就任して，委託者兼受益者の判断能力を代替するというものである。なるほど，確かに，いかにも合理的で，実務的な発想である。しかしながら，これを実施するための問題は少なくない。

　まず，問題は，バックアップのための受益者代理人となるべき者として指定される専門職の待機期間のおける準備と報酬である。受益者代理人として指定された専門職は，漫然と，委託者兼受益者の判断能力喪失の時を待てば良いというわけではない。

　受益者代理人に就任して，直ちに，受益者代理人として的確な指図権の行使，信託の判断，受託者の監督などを行うためには，当該専門職は，あらかじめ，民事信託の経緯と推移，現状を知っている必要がある。つまり，当該専門職は，受益者代理人に就任する以前から，民事信託の実務に関する情報を共有している必要がある。また，当該専門職は，いつでも受益者代理人の職務を速やかに遂行し得るように，当該業務の余地（余裕）を確保しておくことが求められる。

　しかしながら，委託者兼受益者の判断能力の喪失はいつ何時生じるか分からない。あるいは，幸いにして判断能力の喪失という機会に至らないかもしれない。それゆえ，受益者代理人に指定された当該専門職の待機期間（並びに待機期間中の関与）をどのように考えるか，という問題は悩ましい。

　その一方，受益者が判断能力を有し，十分に信託の意思決定をなし得る段階で，受益者代理人を設置するのも，コスト増の問題，そして，受益者の意向の尊重という観点から，必ずしも現実的な措置ではない。

　また，当該専門職にとって，受益者代理人に就任するためには，就任時において，民事信託の適法性が維持されている必要がある。民事信託は継続的事務

である。信託事務が継続されず，あるいは中断してしまうと，その後の信託の適法性の回復が困難となる場合がある。受益者代理人は，規律の乱れた民事信託の受益者代理人に就任して，当該民事信託における唯一の専門職としての責任を負うリスクがある。

しかるに，当該専門職としては，民事信託の開始時から受託者規律が維持されているのか，心配となるところであろう。一旦，専門職が受益者代理人となるべき者として指定された場合，実務上，当該専門職が出番まで無為に待つという悠長なことはできないと考えるべきであろう。

(3) 信託規律維持の重要性

代替（バックアップ）という問題は，現実的に考えれば，信託規律が維持され，均一性が確保されていればこそ実行性（実効性）がある。前任の受託者の怠慢によって信託規律が破綻してしまった民事信託では，次に受託者として指定された者が，後任者として就任することに躊躇することになろう。また，後任の受託者が信託を引き受ける場合，改めて，新受託者候補者は，受託のため確認（審査）を行う必要があるから（受託者責任を負担し得るか否かの検証が必要である），必ずしも当該受託者候補者の承諾を得ることができるわけではない。

民事信託の組成の時点で，単に，形式上，信託期中のバックアップ（代替者）を設置するだけで，その実効性や実現可能性の検討がおろそかにされれば，机上のプランニングだけに失するリスクがある。バックアップを実用化するためには，代替者の当該民事信託への関与のための措置，そして，交替可能なレベル（信託の質）を維持するための当該民事信託の規律の維持その他の措置が重要となる。

第2 受託者変更に関する民事信託の信託条項の記載例

　受託者変更を網羅的に扱うと，それだけで紙面が尽きてしまうので，本書では，信託監督人の実務を考えるため，受託者変更の実務の一部の事例について，検討してみたい。

(1) 信託事務処理の困難による受託者の辞任

　受託者における信託事務処理の困難によって辞任の申出がされる場合があり得る。

参考記載例 7 - 1　　　　　受託者の責に帰すべからざる辞任

【記載例の骨子】
◎主体
　受託者
◎関係者
　受益者及び信託監督人
◎条項の目的
　受託者の辞任の要件と方法を定める。

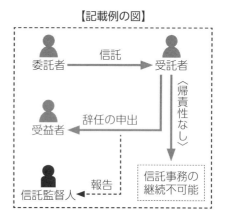

　第○条　受託者は，受託者の責に帰すべからざる事由によって信託事務の処理の継続が著しく困難又は不可能となった場合，受益者に対する辞任の意思表示を書面で行うことをもって，受託者たる地位を辞任することができる。この場合，受託者は，信託監督人に対して，受益者に対する辞任の意思表示と同時に，辞任の意思表示をした旨を報告す

> る。

　受託者は，委託者及び受益者の同意を得て，辞任することができる（信託法57条1項本文）。ただし，信託行為に別段の定めがあるときは，その定めるところによる（同項ただし書）。上記信託条項は，この信託行為の別段の定めに該当する。このような信託行為の別段の定めが存在しない場合，受託者は，委託者及び受益者の同意を得ることができない場合，やむを得ない事由を理由とする辞任には裁判所の許可が必要となる（信託法57条2項）。

　なお，受益者が判断能力を欠いている場合，受託者は，当該受益者に対する意思表示でもって辞任することが可能か，という問題がある。受益者に法定代理人が存在する場合は当該法定代理人に対する意思表示でもって受託者の辞任は可能となろう。当該受益者に法定代理人が存在しない場合，成年後見人の選任を求め，その保護を図るべき場面なのであろうか。

　なお，信託には受託者の存在が不可欠なので，受託者の辞任の申出を禁じ，受託者からの解除を禁じるべきという意見もあるようだ。しかし，よくいわれるように，民事信託は委託者と受託者の信頼関係に依拠している場合が少なくない。それでも，非専門家である受託者に受託者にとどまることを強制した場合，熱意とやる気を欠いた受託者による民事信託が継続することで，それが，本当に受益者の保護につながるのか，疑問もある。非専門家である受託者には，信託会社におけるようなインセンティブが存在しないからだ。

〈信託監督人の視点〉

　信託監督人は，受託者の監督者であり相談役として，まず第一に，受託者から辞任などの相談を受けるべき立場にある。したがって，受託者が辞任の意思を固める前に，受託者と信託監督人の信頼関係が確立しているのであれば，信託監督人が，受託者の辞任の意向と理由を知っているはずである。そして，信託監督人は，受益者の利益の保護のため，その対応と方針を準備しておかなければならない。

　しかしながら，信託監督人と受託者の間に関係性の距離ができてしまって

いる場合もあり得る。そのような場合，受託者の辞任が信託監督人に対する不意打ちとなるおそれもある。信託監督人は，受託者の辞任を受けて，直ちに，信託の安定性の維持のため，新受託者の選任を支援する必要が生じる。信託監督人にとっての正念場となろう。

したがって，受託者の辞任は信託監督人が遅滞なく知るべき事柄であり，知ることができる仕組みを当該民事信託に内包しておく必要がある。

(2) 受託者の辞任の効果

よく見かける民事信託条項であるが，受託者の辞任の効果発生時を新受託者の就任（引継完了）時とすることで，受託者の信託事務遂行の継続性を狙ったものである。ただし，受託者の病気あるいは海外移転などの事情によって，受託者を辞任せざるを得ないような場合，かような定めが，どこまで実効性を有するのかは疑問となる場合がある。

なお，同条項は，受託者の辞任の実体的な効果発生に関するものなので，信託監督人の関与が必要ない。信託監督人は，主として，信託の手続的な側面に関わることが理解される。

参考記載例7-2　　　受託者の辞任の効果発生時点

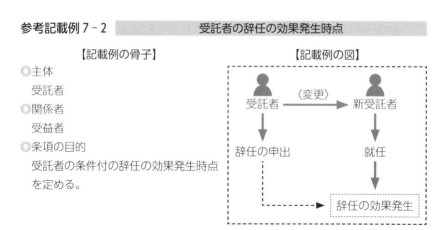

【記載例の骨子】
◎主体
　受託者
◎関係者
　受益者
◎条項の目的
　受託者の条件付の辞任の効果発生時点を定める。

第○条　受託者の辞任の効果は，受益者の承諾を得た新受託者が選任され，受託者として就任するまで生じない。受託者は，新受託者に対す

第2 受託者変更に関する民事信託の信託条項の記載例　385

る信託事務の引継ぎを行うものとする。

　信託法上，受託者の任務が辞任によって終了した場合，前受託者は，新受託者が信託事務の処理をすることができるに至るまで，引き続き信託財産に属する財産の保管を行い，かつ，信託事務の引継ぎに必要な行為をしなければならない（信託法59条3項本文）。強行規定である（義務の加重は許される，同項ただし書）。本条項は，辞任する受託者にとって，受託者の就任を辞任の効力要件とすることで，加重となっている。また，新受託者が信託事務の処理をすることができるに至るまで，原則として，引き続き受託者としての権利義務を有するが（信託法59条4項本文），信託行為の別段の定めが許されている（同項ただし書）。

　ただし，信託財産に属する財産の保管をして，信託事務の引継ぎに必要な行為をすることは前受託者として果たすべき必要最低限の義務であるから，信託行為の別段の定めによっても，この水準を引き下げることはできないとされる[1]。なお，受託者の辞任の場合，新受託者の就任した時に，その時に存する信託に関する権利義務を前受託者から承継したものとみなされる（信託法75条2項）。

(3)　信託違反による受託者の解任

　信託違反による受託者の解任の必要が生じる場合がある。

1）寺本『逐条解説』211頁

参考記載例 7-3　　　　　　　　　　受託者の信託違反による解任

【記載例の骨子】
◎主体
　受益者
◎関係者
　信託監督人
◎客体
　受託者
◎条項の目的
　受託者の解任の要件と方法を定める。

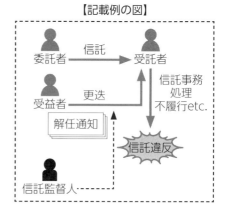

【記載例の図】

> 第○条　受益者は，受託者が信託不動産に関する信託事務の処理に関する義務を履行しない場合，又は，受託者が信託違反を生じる場合，信託監督人に相談した上，受託者に対する書面による意思表示でもって，受託者を解任することができる。

　信託法上，委託者及び受益者は，いつでも，その合意により，受託者を解任することができる（信託法58条1項）。受託者の不利な時期に解任された場合，受託者の損害賠償が認められる（同条2項本文）。以上については，信託行為に別段の定めをすることができる（同条3項）。なお，受託者の任務違反による信託財産への著しい損害その他重要な事由がある場合，委託者又は受益者の申立てにより，裁判所による解任が可能である（同条4項）。

　ちなみに，日本の民事信託では，税制の関係上，委託者の生前は自益信託であることが多い。また，受益者変更に伴い委託者変更を同時に行うことも少なくない。それゆえ，委託者と受益者の分離は，事実上，問題とならない場合も多い。例えば，委託者と受益者の合意による場合と定めても，実際上は，受益者の単独の意思表示による場合が少なくない。委託者と受益者の合意とすれば，何か慎重さが確保されるような印象を持つが，実際は同一人で

第2　受託者変更に関する民事信託の信託条項の記載例　　387

単独の場合が少なくないので，慎重性を期したい場合には他の要件の整理に
留意したい。

　信託行為でもって信託監督人に受託者を解任する権限を与える場合も，実
務上，あり得る。しかし，信託監督人の権限の拡大に関しては賛否両論であ
ることを考慮し（第2章第3・2(5)参照），本条項は，受託者の解任が信託に
及ぼす影響の重大さを鑑み，受益者の判断をサポートする役割を，信託監督
人に対して与えている。

(4)　信用不安による受託者の解任

　受託者の信用不安による受託者の更迭（解任）の必要が生じる場合がある。
受託者による信託財産の流用のリスクが高まるし，あるいは，受託者の破綻
の場合，（理論上は倒産隔離とはいっても）法的紛争に巻き込まれるリスクが
高いからだ。

参考記載例7-4　　　　　　　　　　**受託者の信用不安による解任**

【記載例の骨子】　　　　　　　　　　【記載例の図】

◎主体
　受益者
◎関係者
　信託監督人
◎客体
　受託者
◎条項の目的
　受託者の解任の要件と方法を定める。

> **第○条**　受益者は，受託者につき支払停止，又は破産，民事再生若しく
> はこれに類似する手続の開始の申立てがあった場合，信託監督人に相
> 談した上，受託者に対する書面による意思表示でもって，受託者を解
> 任することができる。

信託法上，受託者の破産手続開始決定は，受託者の任務終了事由である（信託法56条1項3号）。ただし，信託行為に別段の定めがあるときは任務終了事由としないこともできる（同項ただし書）。一方，受託者の再生手続開始決定は，受託者の任務終了事由とされていないが（同条5項本文），信託行為の別段の定めで任務終了事由とすることもできる（同項ただし書）。また，受託者の解任の要件は，信託行為に別段の定めが可能である（信託法58条3項）。なお，上記信託条項は，開始決定ではなく，開始決定の申立てとしており，要件となる時期が異なる。また，解任すべきか否かの判断を受益者にとどめている。

　なお，信託行為でもって信託監督人に対する相談が付加されているが，実質的には，受益者の判断に対する専門職によるサポートということが期待されているものと思われる。非専門家である受益者にとって，受託者の解任の判断は重く，難しいからだ。とりわけ，受託者の信用不安の場合，法的複雑性が増すであろう。

(5) 受託者の解任の費用

　受託者の解任を実行するためには，その手続とともに，相応のコストが生じる。しかるに，新受託者の選任手続や交替手続等も含めて，信託コストとしての範囲の問題，帰責事由ある受託者の損害填補の問題その他を生じる。

委託者の地位の相続性

　遺産承継型の生前信託たる民事信託において，法定相続と異なる承継を意図する場合，委託者の地位が法定相続されるか否か，クリティカルな問題となる。仮に，委託者の地位が法定相続されるとすれば，信託外の法定相続人が，委託者としての権利を行使し，あるいは，受益者変更の信託変更登記申請に委託者の名義関与が必要となった場合に，非協力となるなど，その他，民事信託の持続が妨げられるリスクを生じるからだ。

　そこで，民事信託の信託目録では，委託者の地位は相続しない，あるいは，

第2　受託者変更に関する民事信託の信託条項の記載例　　389

委託者の地位の相続を禁止する，などの定めが記録されている場合が少なくない。

　この点，立法担当者は，契約信託の場合，委託者の地位の相続性を信託行為の定めによって決することができると考えているわけではないとしている[2]。また，近時，改めて，信託法上，委託者の地位の相続性について別段の定めを許容している規定は存在せず，かつ，財産的地位についての相続性を私人が契約で左右できるものではないという指摘がある[3]。

　したがって，立法担当者が示唆するように，信託行為上，「委託者の死亡により，委託者の権利を消滅するものとする」として，委託者の権利に期限を付することで，類似状況を作出する[4]，あるいは，受益者変更に伴い委託者の地位を移転させること（信託法146条1項）などの手当てが次善の策となろう。

2）寺本『逐条解説』336頁
3）伊東大祐「信託契約締結上の留意点（民事信託・家族信託分野において）」信託フォーラム6号32頁
4）寺本『逐条解説』336頁

第3 受託者変更に関する実務の書式

1 受託者の変更・辞任

　信託の安定性という観点からすれば，受託者の変更を行う際のポイントは，信託事務を遅滞させない，あるいは，ストップさせないことである。信託事務が停滞してしまうことで，信託不動産の価値を減退させ，また，回復不可能の損害を生ずる場合もある。また，受益者が高齢者や障害者のような弱者である場合，その信託の稼働が生活に関わるものであることもあり得，受益者の信頼を裏切り，現に受益者を害する結果に至る場合もあろう。

　それでは，受託者の選任に関する事務を誰が行うのだろうか。受益者に適切な判断能力と事務処理を行う余裕がある場合には，受益者ができる場合もあろう（その場合でも専門性の補充が必要である）。しかしながら，受益者が未成年者や後期高齢者である場合など，あるいは，受益者が現に日本に在住していない場合などがあり，かつ，委託者が死亡している場合などは，第三者の関与が必要である。

```
信託の安定性の維持
  □  受託者に障害事由が発生
    ⇒  受託者候補者の準備なし
    ⇒  誰が，受託者の変更の判断を行い，事務を遂行するのか
```

　なお，民事信託の場合，信託業法による制約から，受託者候補者を見つけることが容易でないという問題がある。この場合，信託の終了に至る可能性がある。一般社団法人が受託者であっても，実際に信託実務を遂行する理事や担当者が不在であれば，信託遂行が遅滞しよう。受託者である法人は存続

するのに，それを現に執行する個人が不存在という状態が続くのであれば，個人の受託者の場合に比べて，むしろ信託違反の状態を生じるリスクが高い。

　成年後見制度であれば，第三者後見人（専門職後見人）の供給が可能であるに対して，民事信託では，今のところ第三者受託者（専門職受託者）の供給はあり得ない。後任受託者の候補者の当てがない場合，後任受託者を探すための期間に猶予がなくなった場合，裁判所による選任の申立ても検討されることになろう。

```
受託者候補者を見つける
    □　現在の受託者に信託事務遂行の困難（不可能）の発生
　⇒　①　後任受託者候補者の準備（バックアップ）
　　　②　後任受託者候補者の募集（探索）
　　　③　裁判所による選任申立制度を利用
```

参考書式7-1　　　　　　　　受託者の辞任届

【書式の骨子】
◎書式作成者
　受託者
◎書式名宛人
　委託者兼受益者
◎書式関係者
　信託監督人
◎書式の目的
　受託者の辞任のための様式を定める。

【書式の図】

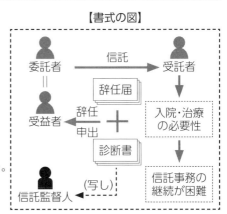

392　第7章　民事信託における受託者の変更に関する実務

辞　任　届

委託者兼受益者　××××　様

信託監督人　××××　様

　私，受託者××××は，下記信託不動産に関して，私と貴方の間で締結しました平成○年○月○日不動産管理処分信託契約（以下，「信託契約」といいます。）による信託（以下，「本信託」といいます。）に基づきまして，これまで信託事務の遂行を行ってまいりました。

　ところで，平成○年○月○日，私は，○○病院にて，○○と診断されましたが，病気による衰弱と長期にわたる入院治療の必要性があることから，信託契約に従い信託事務を遂行することが著しく困難となりました。

　そこで，私は，信託契約○条に規定します信託事務を遂行することが著しく困難な事由が生じたことによって，本日，本書面をもって，本信託の受託者の地位を辞任したく，宜しくお願い申し上げます。

添付書面

診断書　1通

信託不動産の表示（略）

　平成○年○月○日

　　　　　　　　　　　　　　○○県○○市○○町○丁目○番○号

　　　　　　　　　　　　　　受託者　××××　㊞

第3 受託者変更に関する実務の書式　393

2 ｜ 裁判所に対する辞任許可の申立て

(1) 受託者の辞任許可の申立て

　受託者は，やむを得ない事由があるときは，裁判所の許可を得て，辞任することができる（信託法57条2項）。受託者は，原則として，委託者及び受益者の同意があれば辞任することができる（同条1項本文）。また，信託行為に別段の定めがあるときには，その定めに従う（同項ただし書）。

　一般に，民事信託の場合，受託者の代替を探すことが難しいことから，受託者の辞任を極力制限したいという誘因があり，実際，受託者の辞任や受託者による信託の解除が厳しく制限される場合もある。しかしながら，信託の義務と責任を負担する受託者の立場となれば，信託を業としない受託者であればこそ，信託遂行が不可能となる事情の発生があり得る。

　受託者に信託遂行が困難となる事情が生じた場合，委託者及び受益者から受託者の辞任の同意が拒否される場合も想定され，その場合，受託者は，裁判所に辞任を申し立てる道がある。

　下記の書式は，旧信託法並びに旧非訟手続法時代の申請書の書式を参考として[5]，新法における申立ての例を起案したものである。実際の申立てに当たっては，申立てを行うべき担当部の書記官と申立書形式を相談されたい。なお，改正非訟事件手続法は2013年1月1日から施行されているが，旧非訟事件手続法に規定されていた信託に関する民事非訟事件の規定が存在しない。ちなみに，既に，信託法の改正時，旧非訟事件手続法から信託に関する規定が削除されてしまっている。現行信託法において，裁判所の一般的監督権が削除されてしまった結果であろうか。

5）『新・書式全書　非訟事件手続』368頁

参考書式7-2　受託者の辞任許可申立書

【書式の骨子】
◎書式作成者
　受託者
◎書式名宛人
　裁判所
◎書式の目的
　受託者の辞任の許可を求めるためのもの。

【書式の図】

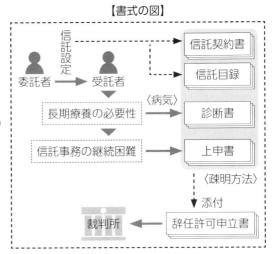

受託者辞任許可申立書

平成○年○月○日
○○地方裁判所民事第○部　御中

〒○○○-○○○○
○○県○○市○○町○丁目○番○号
申立人　×　×　×　×　　㊞
電話番号　　○○○-○○○○-○○○○

申立ての趣旨

　平成○年○月○日，○○県○○市○○町○丁目○番○号委託者××××及び○○県○○市○○町○丁目○番○号受託者申請人の不動産管理信託契約に基づく申請人の受託者たる任務を辞任することを許可するとの決定を求める。

申立ての理由

　上記不動産管理信託契約により申請人は受託者として，その任務を執行してきたが，平成○年○月○日，○○病院にて○○と診断され，その後，長期療養を要することになり，信託事務を処理することができなくなった。よって今般受託者の任務を辞任したく信託法57条2項に基づき申し立てる。

疎明方法

医師の診断書及び受託者の上申書をもって申請の理由を疎明する。

添付書類

信託登記事項証明書（信託目録），信託契約書，受託者の資格を証する書面，診断書，上申書

　受託者は，辞任の許可の申立てをする場合，その原因となる事実を疎明しなければならない（信託法57条3項）。

　なお，旧信託法並びに旧非訟事件手続法の解説書では，信託行為を証する書面として旧不動産登記法時代の信託原簿を代表的な疎明書類として挙げている。ここから，信託行為を証する必要が生じる場合，裁判所としては，私文書としての契約書よりも（それ自体の成立に関する疎明の問題が生じよう），信託原簿（現在の信託目録）のほうが扱いやすいということが読み取れる。

　旧信託法48条では，裁判所が，受託者が辞任したときは，職権で信託財産管理人を選任し，その他必要な処分をすることができる，としていた。

　現行信託法においては，信託法56条1項各号の事由によって受託者の任務が終了した場合で，新受託者が選任されておらず，かつ，必要があると認めるとき，利害関係人の申立てによって，裁判所が信託財産管理命令をすることができるとして（信託法63条），その場合には信託財産管理者を選任しなければならない，とされる（信託法64条）。

参考書式7-3　　　　受託者の辞任の上申書

【書式の骨子】
◎書式作成者
　受託者
◎書式名宛人
　裁判所
◎書式の目的
　受託者の辞任許可申立てのためのもの。

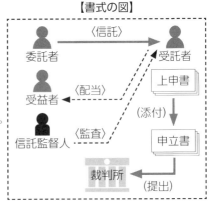

```
　　　　　　　　上　申　書

平成〇年〇月〇日
〇〇地方裁判所民事第〇部　御中
〇〇県〇〇市〇〇町〇丁目〇番〇号
受託者　×　×　×　×　　㊞
```

　私は，下記信託不動産（以下，「本物件」といいます。）に関して，委託者××××（以下，「委託者」といいます。）と私の間の平成〇年〇月〇日付不動産管理信託契約（以下，「本契約」といいます。）に基づく信託（以下，「本信託」といいます。）におきまして，本信託が設定されました平成〇年〇月〇日以来，本信託の受託者として，受託者の任務を遂行してまいりました。受託報酬としまして，毎月，〇〇円を本物件から得ております。

　私は，昼間は，〇〇に勤務しており，本年，〇〇歳（昭和〇年〇月〇日生）となります。委託者は，私の学生時代からの長年の友人であることから，是非ともと依頼され，本信託の受託者を引き受けることになり

ました。委託者は平成○年○月○日に死亡し，現在，受益者は委託者の長男である××××（昭和○年○月○日生）であり，身体障害が存在しますが，本物件とは別の場所である高齢の母親××××（昭和○年○月○日生）の○○県○○市○○町○丁目○番○号にて同居しております。

　本物件は，アパートとして賃貸に供され，現在，賃借人が4名存在しております。本信託は，本物件を管理するため，日常，本物件の状態を確認し，また，清掃や水光熱の確認，また，修繕などを行う必要があります。本物件の所在地は，私の住居から徒歩15分程度の距離となります。本物件の所在地は，私の勤務先と私の居所の中間地点となります。そこで，私は，毎日，勤務の帰路，本物件に立ち寄り，状況を確認してまいりました。

　私は，本信託の設定から○年経たちました平成○年○月○日頃より，めまいと吐き気に襲われるようになり，安静にすることが多くなり，平成○年○月○日に至り，腹部に激痛を覚えるようになりました。平成○年○月○日，○○病院を受診し，精密検査を受けましたところ，○○であると診断され，今後，長期にわたり，加療する必要がある旨，また，加療のため長期入院の必要があることを，○○医師から伝えられました。

　このまま○○病院に長期入院しますと受託者としての善管注意義務を果たすことができず，また，私は単独では歩行が困難となっており，本物件に立ち寄り，管理を行うことが単独では不可能となっております。

　つきましては，○○地方裁判所民事第○部におかれましては，私の本信託の受託者たる地位の辞任の許可をお願いしたく，上申する次第です。

信託不動産の表示（略）

(2)　裁判所による新受託者の選任

　信託法56条1項各号の事由によって受託者の任務が終了した場合で，信託行為に新受託者の定めがないとき，又は，新受託者と指定された者が信託の引受けをせず，若しくは，引受けをできないときには，委託者及び受益者が，

398　第7章　民事信託における受託者の変更に関する実務

その合意で，新受託者を選任することができる（信託法62条1項）。

　しかしながら，裁判所は，委託者及び受益者の合意に係る協議の状況その他の事情に照らして必要があると認めるとき，利害関係人の申立てによって新受託者を選任することができる，としている（信託法62条4項）。

　この点，委託者及び受益者の「合意に係る協議の状況その他の事情に照らして必要があると認めるとき」という要件の解釈が難しいが，単純に，合意が調わないような場合，あるいは，受益者にとって受託者としての適格性の判断が難しいような場合も含むと思われる。

　なお，申請人側から受託者の候補者を推薦しないような受託者選任申立は可能なのか，という実務上の問題がある。仮に，そのような申立てが受理されたような場合を想定すると，裁判所としては，信託業法の存在を考慮し（一般的には弁護士などを選定したいところであろうが），信託会社等を選定せざるを得なくなる可能性もある。

　受託者である個人が死亡した場合，受託者の任務終了事由に該当し（信託法56条1項1号），受託者が欠けた状態で新受託者が就任しない状態が1年間継続した場合，信託は終了してしまう（信託法163条3号）。受託者が死亡し，かつ，委託者と受益者の合意で新受託者が選任できないような場合，裁判所に対して，受託者の選任を申し立てる場合があり得よう。なお，委託者が現に存しない場合には，受益者のみで新受託者を選任できる（信託法62条8項）。

　この場合でも，裁判所に対する申立てに際して，信託法62条4項の委託者及び受益者の「合意に係る協議の状況その他の事情に照らして必要があると認めるとき」という要件を検討する必要がある。なお，旧法時代の書式を参照した[6]。

6）『新・書式全書　非訟事件手続』377頁

第3　受託者変更に関する実務の書式　399

参考書式 7-4　　　　　　　受託者の選任申立書

【書式の骨子】
◎書式作成者
　委託者
◎書式名宛人
　裁判所
◎書式の目的
　受託者の選任を求めるためのもの。

【書式の図】

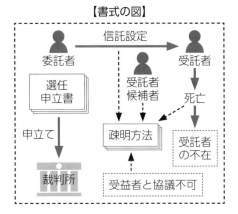

受託者選任申立書

平成○年○月○日
○○地方裁判所民事第○部　御中
　　　　○○県○○市○○町○丁目○番○号
　　　　申立人　××××　　㊞
　　　　電話番号　○○○-○○○○-○○○○

申立ての趣旨

　○○県○○市○○町○丁目○番○号の委託者××××（以下，「委託者」という。）と○○県○○市○○町○丁目○番○号の受託者××××（以下，「旧受託者」という。）の間の平成○年○月○日付不動産管理信託契約（以下，「本信託契約」という。）に基づく信託（以下，「本信託」という。）の事務について，下記の者を新受託者に選任するとの決定を求める。
　　　○○県○○市○○町○丁目○番○号
　　　××××（昭和○年○月○日生）

400 第7章 民事信託における受託者の変更に関する実務

申立ての理由

申立人は，本信託契約の委託者にして利害関係を有するものである。ところで，本信託契約に基づく旧受託者は，平成○年○月○日死亡し，その任務は終了している。そこで，本信託の事務について申立ての趣旨記載の者を新受託者として選任していただきたく信託法62条4項に基づき申請する。なお，本信託の受益者××××は，現在，○○にて合意の協議を行うことが困難な状況にある。

疎明方法

旧受託者の死亡を証する戸籍謄本をもって旧受託者の任務終了の事実，○○をもって受益者と合意の協議を行うことが困難である事実，そして，○○をもって申立ての趣旨記載の××××が新受託者として適任者であることを疎明する。

添付書類

信託登記事項証明書（信託目録），不動産管理信託契約書，委託者の地位を証する書面，受託者の死亡を証する書面，受益者と合意の協議を行うことが困難であることを疎明する書面，新受託者が適任であることを疎明する書面

(3) 信託財産管理命令

信託法56条1項各号に掲げる事由により受託者の任務が終了した場合で，新受託者が選任されておらず，かつ，必要があると認められるときは，新受託者が選任されるまでの間，裁判所による信託財産管理命令を利用することも可能である（信託法63条1項）。

信託財産管理命令は，裁判所に対する利害関係人の申立てにより，裁判所が信託財産管理者による信託財産の管理を命ずる処分であり，裁判所が信託財産管理者を選任する（信託法64条1項）。

第3　受託者変更に関する実務の書式　401

　旧信託法では，裁判所の許可を得て受託者が辞任した場合（旧信託法46条），そして，裁判所が受託者を解任した場合（旧信託法47条），裁判所は，信託財産の管理人を選任し，その他必要な処分を命じることができると規定されていた（旧信託法48条）。裁判所の職権で行うような規定であったが，利害関係人による信託財産管理人選任申請書の書式が整備されていた[7]。

　旧信託法では，新信託法のような信託財産管理命令という概念は存在しないが，信託財産管理人による管理という側面では，その機能は，事実上，同じであろう（旧信託法は選任の場面が限定されている）。

(4)　信託財産管理者の選任

　新信託法63条と64条をそのまま読めば，利害関係人が信託財産管理命令を申し立てれば，裁判所が信託財産管理者を選任してくれるようにも読める。なお，旧信託法48条においては，裁判所は信託財産管理人を選任することができるとあり，利害関係者からの選任申請が存在していた。

　この点，裁判所に信託財産管理者の名簿などがあれば良いが，そうでなければ，手続を迅速に進めたいような場合（信託財産管理命令を求める事例は緊急性が高い場合であろう），申請人側で信託財産管理者を推薦することが必要となり得ると思われる。

(5)　信託事務の引継ぎ

ア　信託事務の引継ぎ

　受託者が変更する場合，信託事務の引継ぎの必要性が生じる（信託法59条3項，77条1項）。民事信託の受託者は，原則として，非専門家である個人の受託者であるから，会社が受託者となる営業信託に比べて，受託者変更が必要となる場面が多い。

　受託者変更は，新受託者の立場から見れば，新たな受託の引受けと同じである。原則として，前受託者の，信託の設定の時における受託の引受けと同

7）『新・書式全書　非訟事件手続』356頁

じ作業が，新受託者にとって必要となる。新受託者は信託不動産の理解に加えて，これまでの信託事務の経緯を理解する必要がある。簡単な作業ではない。

イ　信託財産に関する書類の引継確認

旧受託者は，金銭の精算を行い，新受託者に対して，積立金などを含めた信託財産の引渡しを行う必要がある。その際，旧受託者は，引継ぎのため，信託費用及び信託財産の清算書，信託財産に関する報告書の作成などを行う。旧受託者の死亡による新受託者への変更などの場合，かような引継作業に支障を生じる場合もあり得る。日頃の信託事務の遂行の際から信託事務の客観化を意識し，報告書や帳簿類の書類の作成や管理が励行されている必要があることが理解される。

参考書式7-5　　　　　信託財産の書類引継の確認書

【書式の骨子】
◎書式作成者
　旧受託者及び新受託者
◎書式の目的
　新受託者の信託事務に必要となる書類の受領を確認する。

【書式の図】

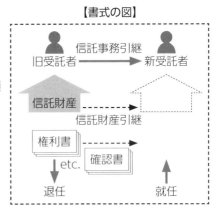

引渡書類の確認書

　旧受託者××××（以下，「旧受託者」という。）及び新受託者××××（以下，「新受託者」という。）は，下記信託不動産（以下，「本物件」という。）について，旧受託者と委託者兼受益者××××との間の平成○年○月○日付不動産管理信託契約（以下，「本信託契約」とい

う。）に基づく信託（以下，「本信託」という。）に関して，平成○年○月○日の受託者変更に伴い，新受託者の信託事務の遂行のため，旧受託者から新受託者に対して，以下の書面の引渡しを行ったことを，本日，確認する。

1　本物件の権利証（登記識別情報）の原本
2　本物件に関しての賃貸借契約書の原本（効力を失ったものを含む）
3　本物件に関しての敷金等に関する契約書の原本
4　本物件に関する建築確認通知書
5　本物件に関する検査済証
6　竣工・建物建設図書一式
7　本物件の境界に関する書類
8　本物件に関する保険証書類の原本
9　本物件の管理に関する契約書の原本
10　本物件に関連，附随する契約書その他の一切の書類の原本
11　本物件の価格を証する書類一式
12　本物件に関する一切の鍵
13　本信託の一切の信託帳簿関係書類及び資料
14　本信託の一切の報告書関係書類及び資料
15　本信託契約に関する契約書の写し
16　本信託の受託引受時の調査書類一式

（その他の項目の記載は省略する）

信託不動産の表示（略）

　平成○年○月○日

　　　　　　　　　　　　○○県○○市○○町○丁目○番○号

```
                              旧受託者 ××××  ㊞


                  ○○県○○市○○町○丁目○番○号
                              新受託者 ××××  ㊞
```

3 │ 信託不動産の調査確認

(1) 信託不動産の調査確認書

　新受託者は，受託者変更といえども，新受託者にとっての実質的な信託の引受けであるから，旧受託者が受託引受時に行ったような信託不動産や信託関係の調査・確認を行う必要がある。

　新受託者は，信託遂行のため，信託不動産の現況，権利関係，法律関係，そして，信託不動産の価値を把握し，従来の信託関係を理解しなければならない。新受託者が，所有者として受託者責任を引き受けるための前提となる作業である。

　前受託者の辞任による場合，前受託者，新受託者，そして，委託者兼受益者（委託者が死亡し，委託者たる地位が承継されない場合は受益者）との間で，信託不動産の確認が行われる必要がある。

参考書式7-6　　受託者変更のための信託不動産の確認書

【書式の骨子】
◎書式作成者
　新受託者候補者
◎書式の目的
　新受託者候補者による信託不動産の確認。

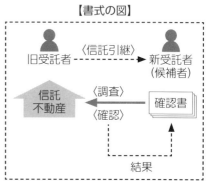

第3 受託者変更に関する実務の書式 405

受託者変更のための信託不動産の確認書

　下記信託不動産に関して，委託者××××と前受託者××××の間の不動産管理信託契約に基づく信託（以下，「本信託」という。）について，平成○年○月○日，前受託者が辞任した。新受託者となるべき者として指定された者である××××は，本信託の引受けのための調査として，平成○年○月○日，下記のとおり，信託不動産の現況を確認した。

　（以下，省略）

　内容の項目の具体的な例については，第4章第2における信託監督人が就任する際の確認事項を参照されたい[8]。

　資格者たる専門職としての信託監督人は，受託者交替時，当該受託者候補者が，当該民事信託の仕組みとリスク，これまでの経緯と運営状況等を理解し，信託不動産の内容を確認するように助言し，支援する立場となろう。また，第三者の業として民事信託を支援する資格者たる専門職も，信託の維持だけを慮って，信託受託者（候補者）の就任を急がせ，その準備と理解を等閑にすることのないように配慮すべきである。受託者交替後における当該民事信託の質は，新受託者による適切な理解そして高い士気（モラール）に依拠するからだ。

(2)　受託者変更に関する賃借人に対する通知書

　受託者の変更によって，賃貸人たる地位が承継される。また，賃借人に対する敷金返還債務の免責的債務引受や，賃料等支払口座変更手続なども生じる。

8）なお，当初受託者の確認事項については，渋谷『受託者支援の実務と書式』91〜137頁も参照されたい。

参考書式7-7　　賃借人に対する所有権移転に関する説明書

【書式の骨子】

◎書式作成者
　旧受託者及び新受託者
◎名宛人
　賃借人
◎書式の目的
　受託者変更に伴う賃貸人変更並びに賃料支払口座変更その他の手続に関する説明。

【書式の図】

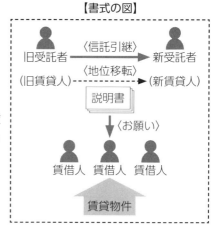

　　　　　　　説　明　書

賃借人　××××　様

　賃貸人××××（以下，「前賃貸人」といいます。）は，貴方に対して，貴方との間の平成○年○月○日賃貸借契約（以下，「本賃貸借契約」といいます。）に基づきまして，下記不動産（以下，「本物件」といいます。）を賃貸し，ご利用いただいております。

　ところで，この度，本物件の不動産管理信託（以下，「本信託」といいます。）の前受託者でありました前賃貸人は，平成○年○月○日付にて，受託者たる地位を辞任し（以下，「本辞任」といいます。），同日，新受託者××××が就任しましたことで，本物件の所有権の移転に伴い，本賃貸借契約の賃貸人たる地位を新受託者××××（以下，「新賃貸人」といいます。）が承継いたしました。

　つきましては，次のとおりのご確認，並びに，ご承諾をお願いしますとともに，従来の賃料等の振込口座を，今後，下記の通りの賃料振込口

座に変更することをお願い申し上げます。

1 本信託によって，平成○年○月○日，本物件の所有権は，前賃貸人から新賃貸人に移転し，同時に，本物件の賃貸人たる地位は，同日，新賃貸人に移転しました。

2 新賃貸人と貴方の間の賃貸借契約の条件や内容は，前賃貸人と貴方との間の本賃貸借契約の条件や内容と同一のまま，変更ありません。貴方は，本信託終了後におきましても，同一条件のまま，本物件を引き続きご利用いただけます。

3 本賃貸借契約に基づき前賃貸人が貴方に対して有する敷金返還債務は，平成○年○月○日現在，金額○○円です。

4 本件賃貸借契約に基づく賃料の支払先は，本物件の賃貸人たる地位の移転によって新賃貸人となりましたので，下記の賃料振込口座に送金してお支払いください。

    支払口座　○○銀行○○支店
    預金種目　○○
    口座番号　○○○○○○○
    名義人　×××××

5 本賃貸借契約に基づき前賃貸人が貴方に有する敷金返還債務は，新賃貸人が承継して，前賃貸人の敷金返還債務が免責され，新賃貸人のみが貴方に対する敷金返還債務の義務を負うことを確認し，ご承諾いただくことをお願いします。

不動産の表示（略）

平成○年○月○日

　　　　　　　○○県○○市○○町○丁目○番○号

　　　　　　　前賃貸人　×××××　㊞

○○県○○市○○町○丁目○番○号

新賃貸人　××××　㊞

(3) 前受託者から新受託者への債務引受

前受託者からの敷金返還債務の債務引受契約を行うが、賃借人から免責的債務引受の承認を得ることが一般であろう。

参考書式7-8　　　　　　　　**賃貸借に関する確認書**

【書式の骨子】
◎書式作成者
　旧受託者、新受託者及び賃借人
◎書式の目的
　受託者変更に伴う賃貸人の変更によって生じる賃料の支払先の変更及び免責的債務引受等に関する合意。

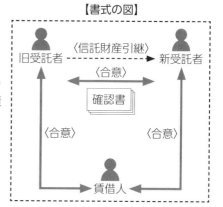

賃貸借に関する確認書

旧受託者××××（以下、「旧受託者」という。）、新受託者××××（以下、「新受託者」という。）、賃借人××××（以下、「賃借人」という。）は、後記信託不動産（以下、「本物件」という。）に関して、平成○年○月○日、不動産管理信託契約（以下、「本信託契約」という。）を締結し、同日、本物件の受託者変更に伴う所有権移転を行ったことに伴い、委託者と賃借人の間における本物件の平成○年○月○日付賃貸借契約（以下、「本賃貸借契約」という。）について、下記のとおり確認する。

（賃貸借の確認）

賃借人は，平成○年○月○日，新受託者が本物件を所有し，新受託者が本件賃貸借契約の賃貸人たる地位を承継したことを確認する。

（賃料の支払先）

賃借人は，賃料など，本賃貸借契約に基づき支払うべき一切の金銭を，下記の新受託者の銀行口座宛に支払うものとする。

　　　　銀行口座　　○○銀行○○支店

　　　　預金種目　　○○○○

　　　　口座番号　　○○○○○○○

　　　　名　義　人　×××

（敷金返還債務の引受け）

新受託者は，本信託契約に基づき，本賃貸借契約による旧受託者の賃借人に対する敷金返還債務を賃借人に対して免責的に引き受ける。

（債務引受の期間）

前条の債務引受は，本日から，本信託契約の終了し，賃貸人の地位の引継ぎを完了するときまで，あるいは，本賃貸借契約の終了し，賃借人の退去手続が完了するときまで，いずれか短い期間として，新受託者は，当該期間内に実際に発生した旧受託者の賃借人に対する敷金返還債務についてのみ引き受けるものとする。

（変更）

本合意書は，旧受託者，新受託者及び賃借人の三者の合意なくては変更又は解除することはできない。

本確認締結の証として，本書3通を作成し，各自，それぞれ署名押印の上，各1通を保有する。

410 第7章 民事信託における受託者の変更に関する実務

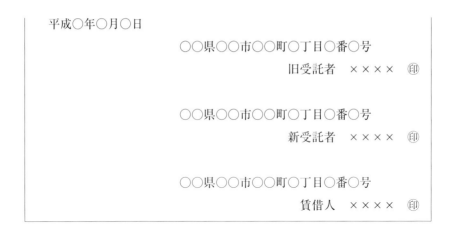

```
　　平成○年○月○日
　　　　　　　　　　○○県○○市○○町○丁目○番○号
　　　　　　　　　　　　　旧受託者　××××　㊞


　　　　　　　　　　○○県○○市○○町○丁目○番○号
　　　　　　　　　　　　　新受託者　××××　㊞


　　　　　　　　　　○○県○○市○○町○丁目○番○号
　　　　　　　　　　　　　賃借人　　××××　㊞
```

(4) 信託の計算とその承認

　新受託者が就任した場合，旧受託者は，遅滞なく，信託事務に関する計算を行い，受益者に対して，その承認を求める必要がある（信託法77条1項）。なお，旧受託者が行う計算は，信託の引受けの時から引継ぎの時までの間の信託財産の状況や信託財産の管理処分等の信託事務の処理の状況が明らかになるようなものであることを要する[9]。

参考書式7-9　　受託者変更による信託の計算の承認の依頼書

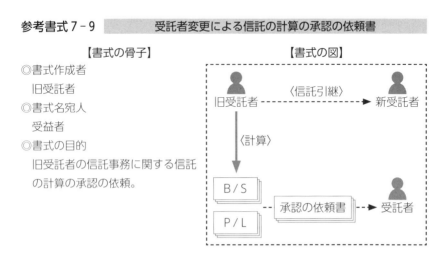

【書式の骨子】
◎書式作成者
　旧受託者
◎書式名宛人
　受益者
◎書式の目的
　旧受託者の信託事務に関する信託の計算の承認の依頼。

9）寺本『逐条解説』231頁

第3 受託者変更に関する実務の書式　411

受託者変更による信託の計算の承認の依頼書

受益者　××××　様

　私，旧受託者は，下記信託不動産に関する私と委託者××××の間の平成○年○月○日付不動産管理信託契約書（以下，「本信託契約書」といいます。）に基づく信託（以下，「本信託」といいます。）について，平成○年○月○日，受託者たる地位を辞任いたしました。同日，新受託者××××が就任し，信託事務の引継ぎが終了しております。

　つきましては，本日，私は，信託法77条1項に従い信託の計算を行い，計算書を作成しましたので，受益者××××様におかれましては添付の信託の計算書をご承認くださるよう，本書面をもって依頼させていただきます。

信託不動産の表示（略）

添付書類
平成○年○月○日付信託の計算書

　平成○年○月○日

　　　　　　　　　　　○○県○○市○○町○丁目○番○号

　　　　　　　　　　　旧受託者　××××　㊞

⑸　委託契約の変更

　受託者が変更した場合，信託不動産の所有者が変更することになる。したがって，信託を中心とした関係者の法律関係が変更することになる。受託者という契約主体の変更に伴い，実務上，新たな主体を当事者とした第三者委託の契約書を締結し直すのが一般であろう。

参考書式 7-10　　不動産管理委託契約の変更契約書

【書式の骨子】
◎書式作成者
　新受託者及び不動産管理会社
◎書式の目的
　受託者変更に伴う管理委託契約の変更。

【書式の図】

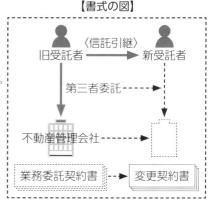

不動産管理委託契約の変更契約書

　○○○○不動産管理会社（以下，「管理会社」という。）は，後記の信託不動産（以下，「本物件」という。）に関して，平成○年○月○日，旧受託者××××（以下，「旧受託者」という。）との間で不動産管理委託契約（以下，「本管理契約」という。）を締結している。

　委託者××××と旧受託者の間の不動産管理信託契約に基づく信託に関して旧受託者から新受託者××××（以下，「新受託者」という。）への受託者変更が平成○年○月○日に生じたことから，新受託者と管理会社は，本管理契約の有効性を維持したまま，本日，本管理契約の変更契約（以下，「本変更契約」という。）を締結する。

（以下，省略）

---

(6) 信託変更の契約

　受託者の変更に伴う引継ぎの作業量は少なくないことに注意したい。信託の内容は，それぞれの受託者の能力や意思に応じて変化し得るので，新受託者の就任に伴い信託変更契約を締結するのが一般であろうと思われる。

第3　受託者変更に関する実務の書式　413

参考書式 7-11　　　　　受託者変更に伴う信託変更契約書

【書式の骨子】
◎書式作成者
　新受託者及び委託者兼受益者
◎書式の目的
　受託者変更に伴う新受託者の意向に応じた受託者の責任や受益者の義務などの確認その他のための民事信託契約の変更。

【書式の図】

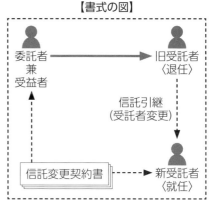

不動産管理信託変更契約書

　委託者兼受益者××××（以下，「委託者」という。）及び新受託者××××（以下，「新受託者」という。）は，後記信託不動産に関して，委託者と当初受託者××××（以下，「当初受託者」という。）の間の平成○年○月○日付不動産管理信託契約（以下，「本信託契約」という。）に基づき設定された信託（以下，「本信託」という。）について，当初受託者から新受託者への受託者変更に伴い，その有効性を維持したまま，下記のとおり変更することを合意し，本日，不動産管理信託変更契約（以下，「本変更契約」という。）を締結する。

　本変更契約は新たな信託契約を締結するものではなく，本信託の同一性を維持したまま，本信託契約○条に従い，本信託契約を将来に向かい変更するものである。したがって，本変更契約締結日までに生じた本信託の効力に対して影響を与えるものではない。

　（以下，省略）

414　第7章　民事信託における受託者の変更に関する実務

(7)　信託監督人による受託者変更手続の確認

　信託監督人のための調書である。受託者変更の手続の円滑な遂行は，当該民事信託の仕組み中の唯一の専門職としての信託監督人の責任が問われる可能性があることから，信託監督人として慎重に検討し，最良の方法を選択する必要があろう。

参考書式7-12　　　　　信託監督人による確認票（事務覚書）

【書式の骨子】
◎書式作成者
　信託監督人
◎書式の目的
　信託監督人による受託者辞任の手続の検討。

【書式の図】

受託者辞任の手続を検討するための調書（メモ）

　　　　　　　　　　作成日　平成○年○月○日
　　　　　　　　　　信託監督人　××××

□受託者の辞任について
現受託者の辞任はやむを得ない事由によるものか。

現受託者の辞任の理由，背景，事情は何か。

現受託者はいつまで受託者の職務を続けることが可能か。

第3　受託者変更に関する実務の書式　415

辞任の理由の発生で，既に現受託者の信託事務に支障は生じていないか。

これまでの現受託者の信託事務の遂行の状況（問題点）はどうだったか。

現受託者の信託事務は引継ぎが可能なものか。

予備受託者の設置（指定）は存在するのか，指定方法は何か。

予備受託者の住所，指名，連絡先。

予備受託者は，受託者となることを承諾する意思を有するか。

予備受託者は，これまで，信託事務の実情を知らされてきたか。

予備受託者と委託者，受益者との関係は何か。

予備受託者と現受託者の関係は何か，その関係は良好か。

予備受託者は，現在，信託事務を引き受けることが可能な状態か。

現受託者から予備受託者への引継ぎに必要なものは何か。

416 第7章 民事信託における受託者の変更に関する実務

予備受託者にあらかじめ説明をすべき事項は何か。

予備受託者の引受け時，引き渡されるべき書類は何か。

予備受託者の信託引受に必要となる手続は何か。

現受託者から予備受託者への交替で，信託事務の空白は生じないか。

現在の受益者の状態はどのようなものか。

予備受託者の信用力，信頼性，信託事務処理能力，利益相反関係はどうか。

受託者交替に伴い必要となる法的手続及び作成すべき通知書や合意書等の文書はどのようなものか。

信託事務の計算の状況を確認したか。

信託財産の状況を確認したか。

受託者交替に伴う信託財産の引継ぎのための必要な手続は何か。

受託者交替に伴い必要となる名義変更の種類は何か。

第3　受託者変更に関する実務の書式　417

予備受託者に報酬は供されるのか，その額はどれくらいか。

予備受託者が就任を拒絶した場合，信託監督人として何をすべきか。

予備受託者が就任を拒絶した場合，信託を維持させる必要性はあるか。

予備受託者が就任を拒絶した場合，代替受託者を探す方法はあるか。

上記代替受託者の探索は，信託監督人として，どこまでやるべきか。

代替受託者を探索するような信託財産の余裕があるのか。

代替受託者をいつまで探索すべきか。

受託者の選任について，裁判所と協議はしたか。

後任の受託者が就任可能なように信託事務が標準化されているか。

受託者の変更や不在に関係するような本信託の終了事由を確認したか。

後継受託者が見つからなかった場合，どうなるのか，どうするのか。

第7章　民事信託における受託者の変更に関する実務

> ┌────────────────────────────────────┐
> └────────────────────────────────────┘
> 後継受託者が見つからない場合，信託終了となるメルクマールは何か。
> ┌────────────────────────────────────┐
> └────────────────────────────────────┘
> 辞任を希望する受託者を無理に慰留するメリット・デメリット。
> ┌────────────────────────────────────┐
> └────────────────────────────────────┘
> （その他の事項は省略する）

　民事信託における受託者交替を実現するためには，なによりも，民事信託における受託者の実務が標準化される必要がある。信託実務の内容と手続が決まっており，信託事務に関する情報が共有されなければ，現実の受託者交替による引継ぎが不可能となってしまうからだ。

　実際，長年，他人が受託者となって信託事務を行ってきた信託財産を引き継ぐのは，最初に信託を受託するよりも，一層，難しいことである。とりわけ，旧受託者による信託事務の遂行や信託不動産の管理が不完全であったような場合，新受託者にとって厄介な問題を生じよう。予備受託者の設置をいうのは簡単であるが，受託者交替時における実際の実務について，実務家による実務家のための具体的な議論が必要な所以である。

コラム

受益証券と受益権証書（受益権を証する書面）の違い

　受益証券は，信託法改正によって明確化された制度であり，受益権を私法上の有価証券とするものである。受益証券が発行される信託の場合，受益者は受益証券を介しての権利行使となる。無記名式の証券も存在することは，株式会社の株券と同様である。受益証券制度は，受益権の流通のため，会社法上の株券制度を参照して創設された制度である。有価証券を発行し，無記名で受益権が転々流通するようになるので，会社と類似した形態となり，法人課税となる。

　なお，受益証券発行信託では，受益権原簿，受益証券不所持制度，除権判決

制度，その他株式と類似した制度が導入されている。受益証券発行信託の場合，法人課税のみならず，転々流通することを前提として信託に制限が課され，受託者に負荷を生じる。

これに対して，一般に，信託実務では，受託者から受益者に対して，受益権を証する書面が交付される場合が少なくない。受益者としては，自己の権利を証するための書面があれば便利なことは当然であるからだ。受託者の署名と実印を押印することで，書面成立の真実性を担保するのが通常であろう。

ちなみに，信託受益権は，金融商品取引法上の第二項有価証券とされているが，これは私法上の有価証券とは全く別であるので，少しややこしい。混乱しないように注意したい[10]。

ところで，信託実務における受益権を証する書面は，受託者が，個別具体的な受益者を証するための便宜的な私文書であり，有価証券たる受益証券ではない。受益権を証する書面を交付したからといって，法人課税となるという話はあり得ない。

例えば，受益権を証する書面は，「貴方が当該債務の債務者である」という債務者からの確認の私文書に類似する。債権者としては，金銭消費貸借契約書があるからといって，確認書面はあったほうがよい。さらに，信託の場合，受益者が信託契約書の当事者となっていない場合もある（一般に，第二次受益者以降は，信託契約の当事者でないことが原則であろう）。

受益証券発行信託は，単に証券を発行するだけではなく，信託の構造そのものを変えるものであり，殊更の信託行為が必要なものである。民事信託において，受益証券の不発行の合意（信託行為）が推奨されてきたようである。しかしながら，あえて，受益証券を発行しないと信託契約書に記載し信託目録の登記事項とするのは，特段の法的効果を有しない不必要な余剰記載と感じられ，違和感がある。例えば，本信託は限定責任信託ではない，あるいは，自己信託ではない，などと記すのと同じような印象となろうか。

---

10) 興味ある読者は，渋谷『信託目録の理論と実務』318頁，渋谷陽一郎「信託法と金融取引法の交錯とSPC理論」法律時報86巻6号113頁，同「信託法入門セミナー(8)不動産ファンドと金融商品取引法」登記情報560号22頁，同「信託法入門セミナー(9)不動産ファンドと金融商品取引法(2)」登記情報561号82頁等を参照されたい。

参考文献等

【文献】（※五十音順）

新井誠『信託法〔第4版〕』（有斐閣，2014）

新井誠編『新信託法の基礎と運用』（日本評論社，2007）

新井誠編集代表『信託法実務判例研究』（有斐閣，2015）

新井誠＝大垣尚司編著『民事信託の理論と実務』（日本加除出版，2016）

一般社団法人民事信託推進センター編『有効活用事例にみる民事信託の実務指針』（民事法研究会，2016）

井上聡編著，福田政之＝水野大＝長谷川紘之＝若江悠『新しい信託30講』（弘文堂，2007）

内田貴『民法Ⅳ（親族・相続）〔補訂版〕』（東京大学出版会，2004）

江藤价泰『司法書士の社会的役割と未来―歴史と法制度改革を通じて』（日本評論社，2014）

遠藤英嗣『新しい家族信託―遺言相続，後見に代替する信託の実際の活用法と文例〔新訂〕』（日本加除出版，2016）

上山泰『専門職後見人と身上監護〔第3版〕』（民事法研究会，2015）

故・木茂隆雄司法書士追悼記念事業実行委員会編『不動産登記に関する司法書士の役割―故・木茂隆雄司法書士追悼論集』（法律文化社，1989）

小林昭彦＝河合芳光『注釈司法書士法〔第3版〕』（テイハン，2007）

小林充『刑法〔第3版〕』（立花書房，2007）

佐藤勤『信託法概論』（経済法令研究会，2009）

渋谷陽一郎『信託目録の理論と実務―作成基準と受益者変更登記の要点』（民事法研究会，2014）

渋谷陽一郎『民事信託における受託者支援の実務と書式』（民事法研究会，2016）

司法書士簡裁代理研究委員会編『司法書士裁判外和解と司法書士代理の実務』（日本加除出版，2008）

四宮和夫『信託法〔新版〕』（有斐閣，1989）

信託登記実務研究会編著『信託登記の実務〔第3版〕』（日本加除出版，2016）

住吉博『新しい日本の法律家―弁護士と司法書士』（テイハン，1989）

住吉博『権利の保全―司法書士の役割』（法学書院，1994）

成年後見センター・リーガルサポート編『市民後見人養成講座3　市民後見人の実務』（民事法研究会，2013）

成年後見センター・リーガルサポート編著『成年後見監督人の手引き』（日本加除出版，2014）

全国青年司法書士協議会簡裁事件受任推進委員会編『実践簡裁民事訴訟』（民事法研究会，2006）

園部厚『わかりやすい敷金等返還紛争解決の手引〔第2版〕』（民事法研究会，2012）

髙中正彦『弁護士法概説〔第4版〕』（三省堂，2012）

髙橋康文『詳解新しい信託業法』（第一法規，2005）

田中和明『新信託法と信託実務』（清文社，2007）

422　参考文献等

寺本昌広『逐条解説新しい信託法〔補訂版〕』（商事法務，2008）

道垣内弘人『信託法入門』（日本経済新聞出版社，2007年）

道垣内弘人『信託法理と私法体系』（有斐閣，1996）

登記研究編集室編『戦後の不動産登記制度の回顧』（テイハン，1989）

東京地方裁判所商事研究会編『新・書式全書　非訟事件手続―解説と手続』（酒井書店，2001）

トラスト未来フォーラム編，田中和明＝田村直史『信託の理論と実務入門』（日本加除出版，2016）

長﨑誠＝竹内裕詞＝小木曽正人＝丸山洋一郎編著『事業承継・相続対策に役立つ家族信託の活用事例』（清文社，2016）

成田一正監修，高橋倫彦＝石脇俊司『『危ない』民事信託の見分け方』（日本法令，2016）

西田典之『刑法総論』（弘文堂，2006）

西田典之編『金融業務と刑事法』（有斐閣，1997）

日本財産管理協会編『Ｑ＆Ａ成年後見人死亡後の実務と書式』（新日本法規，2013）

日本司法書士会連合会編『遺言執行者の実務』（民事法研究会，2009）

日本司法書士会連合会・成年後見センター・リーガルサポート「成年後見事務に関する問題事例集」（2010）

日本司法書士会連合会成年後見対策部財産管理マニュアル作成ワーキングチーム「相続財産管理人の手引き」（2010）

日本弁護士連合会調査室編著『条解弁護士法〔第4版〕』（弘文堂，2007）

日本弁護士連合会法的サービス企画推進センター遺言信託プロジェクトチーム『高齢者・障害者の財産管理と福祉信託』（三協法規出版，2008）

能見善久『現代信託法』（有斐閣，2004）

能見善久編『信託の実務と理論』（有斐閣，2009）

能見善久＝道垣内弘人編『信託法セミナー3（受益者等・委託者）』（有斐閣，2015）

野々山哲郎＝仲隆＝浦岡由美子共編『遺留分減殺請求事件処理マニュアル』（新日本法規，2016）

樋口範雄『入門・信託と信託法』（弘文堂，2007）

平川忠雄監修，遠藤英嗣＝中島孝一＝星田寛編『民事信託実務ハンドブック』（日本法令，2016）

福原忠男『弁護士法』（第一法規出版，1976）

藤田広美『講義民事訴訟法』（東京大学出版会，2007）

藤原勇喜『信託登記の理論と実務〔改訂増補版〕』（民事法研究会，2004）

別冊NBL編集部編『信託法改正要綱試案と解説』（商事法務，2005）

前田雅英『刑法各論講義〔第2版〕』（東京大学出版会，1995）

松永六郎『書式本人訴訟支援の実務―司法書士のための裁判実務の手引〔全訂6版〕』（民事法研究会，2012）

民事信託研究会『民事信託の活用と弁護士業務のかかわり』（トラスト60，2009）

村松秀樹＝富澤賢一郎＝鈴木秀昭＝三木原聡『概説新信託法』（金融財政事情研究会，2008）

吉野衛編『民法と登記（下）―香川最高裁判事退官記念論文集』（テイハン，1993）

【論文・論稿等】（※五十音順）

赤沼康弘「民事信託の発展可能性」信託法研究35号41頁（2010）

赤沼康弘「相続における信託の活用」信託フォーラム 1 号47頁（2014）

天野佳洋＝折原誠＝久保淳一ほか「〈座談会〉改正信託法下の新しい信託実務（上）（下）」銀行法務21・673号 4 頁，674号 4 頁（2007）

新井誠「平成18年信託法と民事信託」信託法研究35号27頁（2010）

新井誠「弁護士業務と信託の未来を考える」自由と正義66巻 8 号63頁（2015）

磯秀樹「米国におけるエステイト・プランニングと信託について―わが国における連続受益者型信託の活用可能性に関する一考察」信託法研究22号81頁（1998）

伊東大祐「弁護士における民事信託の取組みと展望」信託フォーラム 1 号61頁（2014）

伊東大祐「信託契約締結上の留意点（民事信託・家族信託分野において）」信託フォーラム 6 号25頁（2016）

伊庭潔「弁護士業務と遺言代用信託」信託フォーラム 2 号65頁（2014）

伊庭潔「民事信託を巡る現状と課題」自由と正義66巻 8 号40頁（2015）

江藤价泰＝住吉博ほか「登記代理委任をめぐって（上）（下）」月報司法書士200号 6 頁，201号15頁（1988）

遠藤英嗣「『何でもありの民事信託の活用』の相談に答える」信託フォーラム 4 号119頁（2015）

遠藤英嗣「『信託監督人と受益者代理人の役割分担』任せることができるのはどこまでか？」信託フォーラム 6 号115頁（2016）

大崎晴由「信託登記の活用法と司法書士実務」市民と法 6 号55頁（2000）

大崎晴由「ニーズの掘り起こしと耕す仕事」市民と法49号41頁（2008）

岡田健二「受益者代理制度について」信託法研究32号 3 頁（2007）

沖野眞已「受益者連続型信託について」信託法研究33号33頁（2008）

小原健「民事信託と弁護士」信託フォーラム 5 号90頁（2016）

片岡雅「信託の変更に関する実務上の問題点の検討」信託法研究33号125頁（2008）

加藤祐司「後継ぎ遺贈型の受益者連続信託と遺産分割及び遺留分減殺請求」判例タイムズ1327号18頁（2010）

角紀代恵「書評　新井誠著『信託法〔第 3 版〕』」信託法研究33号157頁（2008）

角紀代恵「家族信託のこと」信託法研究38号 1 頁（2013）

金森健一「信託判例と実務対応④高齢者の自宅を信託財産とする際の実務対応――限定責任信託による土地工作物責任リスク回避」信託フォーラム 6 号135頁（2016）

公益財団法人トラスト未来フォーラム家族信託の実態把握と課題の整理に関する研究会「家族信託の現状と課題」信託フォーラム 6 号13頁（2016）

小林徹「家族信託の発展に向けての一考察」信託252号 2 頁（2012）

佐久間毅「信託管理人，信託監督人，受益者代理人に関する諸問題」信託243号17頁（2008）

佐久間亨「遺言代用の生前信託に関する一考察」信託法研究23号 3 頁（1998）

佐藤純通「親なき後の子の養育支援や福祉を目的とする遺言信託」信託フォーラム 2 号109頁（2014）

佐藤純通「財産管理業務の考え方と実務」市民と法96号27頁（2015）

424　　参考文献等

渋谷陽一郎「信託法入門セミナー（1）―登記実務と信託法」登記情報552号18頁（2007）

渋谷陽一郎「信託法入門セミナー（10）―信託法コンプライアンスと金商法コンプライアンス」登記情報562号52頁（2008）

渋谷陽一郎「信託法入門セミナー（12）―自己信託解禁をめぐって（その理論と実務）」登記情報564号46頁（2008）

渋谷陽一郎「信託法入門セミナー（14）―司法書士の信託関与を考える」登記情報567号46頁（2008）

渋谷陽一郎「中小企業承継における信託利用の実務的可能性」市民と法57号34頁（2009）

渋谷陽一郎「新信託法制と流動化・証券化（6）―信託法と金融商品取引法の交錯とSPC理論―証券化における私的規律と公的規律」法律時報81巻6号113頁（2009）

渋谷陽一郎「新しい信託法と信託登記実務」月報司法書士447号69頁（2009）

渋谷陽一郎「商事信託（5）―信託のコンプライアンスと信託関与のコンプライアンス」月報司法書士451号52頁（2009）

渋谷陽一郎「民事訴訟法における補佐人制度の活用（1）〜（3）」市民と法58〜61号（2009〜2010）

渋谷陽一郎「民事信託は実務たり得るか―信託法・信託業法と司法書士法の交錯」登記情報586号38頁（2010）

渋谷陽一郎「民事信託の実務内容を考える―民事信託における不動産信託の当初引受・受託の留意点」登記情報589号55頁（2010）

渋谷陽一郎「不動産登記代理委任と法令遵守確認義務（1）〜（8）」市民と法62〜75号（2010〜2012）

渋谷陽一郎「信託と司法書士―信託会社との歴史的関係，信託登記の意義と現在の問題点，民事信託の展開のために」THINK109号106頁（2011）

清水湛＝江藤价泰ほか「改正司法書士法改正を語る」会報86号（司法書士法改正記念号）22頁（1978）

鈴木真行「民事信託と商事信託の使い分け」税務弘報64巻8号22頁（2016）

須田力哉「指図を伴う信託事務処理に関する法的考察」信託法研究34号3頁（2009）

瀬戸口孝治＝園部昌弘「信託検査マニュアルの概要について」信託227号4頁（2006）

田村直史「民事信託の利便性向上に向けた信託銀行のインフラ活用について」信託フォーラム5号111頁（2016）

東京弁護士会遺言信託研究部「一般社団法人を受託者とする信託を中心とした高齢者の財産管理に関する検討」法律実務研究29号299頁（2013）

西希代子「遺言代用信託の理論的検討―民法と信託法からのアプローチ」信託フォーラム2号51頁（2014）

西村志乃「民事信託と裁判上のリスク」信託フォーラム6号33頁（2016）

能見善久＝新井誠「対談　信託法のこれからを語る」信託フォーラム1号5頁（2014）

野口雄介「個人を受託者とする信託の課題と対応策に関する考察」信託法研究36号35頁（2011）

バーバラ・R・ハウザー（新井誠＝岸本雄次郎訳）「米国における今日の家族信託〈Family Trust〉の利用状況」信託224号33頁（2005）

枇杷田泰助＝清水湛ほか「改正司法書士法をめぐって」登記先例解説集19巻2号64頁
　（1978）
福井秀夫「後継ぎ遺贈型受益者連続信託の法と経済分析」判例タイムズ1247号92頁（2007）
星田寛「遺言代用信託」金融・商事判例増刊1261号179頁（2007）
星田寛「遺言代用の信託と窓口実務」金融法務事情1871号37頁（2009）
水野紀子「信託と相続の相克」東北信託法研究会『変革期における信託法』123頁（トラ
　スト60，2006）
村松秀樹＝田中和明＝新井誠「鼎談　信託法改正7年を振り返って～新しいニーズへの対
　応と今後の課題」信託フォーラム3号4頁（2015）
矢頭範之「リーガルサポートにおける指導・監督の実情」実践成年後見51号58頁（2014）
山北英仁「事例紹介」月報司法書士473号29頁（2011）
山北英仁「信託財産の名義書換えについて」信託フォーラム1号109頁（2014）
山﨑政俊『『不動産・動産』管理の実務上の注意点」実践成年後見52号38頁（2014）
レニー・R・ロース（新井誠訳）「ニューヨークの検認後見裁判所から見たアメリカの信託
　実務」信託228号52頁（2006）

【資料等】

広島法務局長「平成27年1月29日付懲戒処分書」月報司法書士518号114頁（2015）
大阪法務局長「平成28年4月28日付懲戒処分書」（日本司法書士会連合会ホームページ，
　http://www.shiho-shoshi.or.jp/?attachment_id=41582）
平成28年7月1日付注意勧告書（日本司法書士会連合会ホームページ，http://www.shiho-
　shoshi.or.jp/?attachment_id=42019）
法務省信託法部会第1回会議～第30回会議議事録（2004年～2006年）
　（http://www.moj.go.jp/shingi1/shingi_shintaku_index.html）
日本司法書士会連合会「信託法改正要綱試案についての意見書」（2005年8月31日）
　（http://www.shiho-shoshi.or.jp/association/info_disclosure/opinion/5571/）
金融審議会金融分科会第二部会第42回会合議事録（2007年11月29日）
　（http://www.fsa.go.jp/singi/singi_kinyu/dai2/gijiroku/20071129.html）
金融審議会金融分科会第二部会第45回会合議事録（2007年12月19日）
　（http://www.fsa.go.jp/singi/singi_kinyu/dai2/gijiroku/20071219.html）
金融審議会金融分科会第二部会「中間論点整理～平成16年改正後の信託業法の施行状況及
　び福祉型の信託について」（2008年2月8日）
　（http://www.fsa.go.jp/singi/singi_kinyu/tosin/20080208-1.html）

著者紹介

渋谷　陽一郎（しぶや・よういちろう）

〔略　歴〕

　信託銀行の法務部長，資産管理部長，審査部部長として，個別信託たる不動産信託，債権信託，金銭信託等の実務の経験し，格付機関にて様々な信託契約書群の審査（格付）の実務を経験，普通銀行にてコンプライアンス実務を経験し，また，司法書士の実務も経験している。通訳案内士（英語）。

〔著　書〕（単著のみ掲載）

　『民事信託における受託者支援の実務と書式』（民事法研究会，2016），『信託目録の理論と実務─作成基準と受益者変更登記の要点』（民事法研究会，2014），『証券化のリーガルリスク』（日本評論社，2004）

〔論文・論稿〕（信託に関するもののみ掲載）

　「信託法入門セミナー（1）〜（19）」登記情報552号〜574号（2007〜2009），「商事信託（1）〜（4）」月報司法書士447号〜451号（2009），「中小企業承継における信託利用の実務的可能性」市民と法57号（2009），「改正信託法下，信託公示制度の流動化・証券化への活用」法律時報81巻4号（2009），「信託法と金融商品取引法の交錯とSPC理論」法律時報81巻6号（2009），「本邦証券化におけるパラダイムチェンジと裁量型流動化型信託への期待」法律時報81巻10号（2009），「民事信託は実務たり得るか─信託法・信託業法と司法書士法の交錯」登記情報586号（2010），「不動産登記代理委任と法令遵守確認義務(3)─信託登記代理における法令遵守と民事信託規律の維持」市民と法65号（2010），「不動産登記代理委任と法令遵守確認義務(4)─信託法改正（信託目録廃止論）と信託登記代理機能の再構成」市民と法66号（2010），「民事信託の実務内容を考える─民事信託における不動産信託の当初引受・受託の問題点」登記情報589号（2010），「信託と司法書士」THINK109号（2011），その他多数。

民事信託のための信託監督人の実務

定価：本体4,100円（税別）

平成28年12月5日　初版発行

著　者　渋　谷　陽一郎

発行者　尾　中　哲　夫

発行所　日本加除出版株式会社

本　　　社	郵便番号 171-8516 東京都豊島区南長崎 3 丁目 16 番 6 号 ＴＥＬ （03）3953 - 5757（代表） （03）3952 - 5759（編集） ＦＡＸ （03）3953 - 5772 ＵＲＬ http://www.kajo.co.jp/
営　業　部	郵便番号 171-8516 東京都豊島区南長崎 3 丁目 16 番 6 号 ＴＥＬ （03）3953 - 5642 ＦＡＸ （03）3953 - 2061

組版・印刷・製本　㈱倉田印刷

落丁本・乱丁本は本社でお取替えいたします。
© Y. Shibuya 2016
Printed in Japan
ISBN978-4-8178-4354-8 C2032 ¥4100E

JCOPY 〈出版者著作権管理機構　委託出版物〉

　本書を無断で複写複製（電子化を含む）することは，著作権法上の例外を除き，禁じられています。複写される場合は，そのつど事前に出版者著作権管理機構（JCOPY）の許諾を得てください。
　また本書を代行業者等の第三者に依頼してスキャンやデジタル化することは，たとえ個人や家庭内での利用であっても一切認められておりません。

〈JCOPY〉　ＨＰ：http://www.jcopy.or.jp/，e-mail：info@jcopy.or.jp
電話：03-3513-6969，FAX：03-3513-6979

新訂 新しい家族信託
遺言相続、後見に代替する信託の実際の活用法と文例

遠藤英嗣 著
2016年3月刊 A5判 644頁 本体5,400円+税 978-4-8178-4289-3
商品番号:40516 略号:家信

民事信託の理論と実務

新井誠・大垣尚司 編著
2016年4月刊 A5判上製 324頁 本体3,500円+税 978-4-8178-4298-5
商品番号:40621 略号:民理

信託の理論と実務入門

公益財団法人トラスト未来フォーラム 編
田中和明・田村直史 著
2016年1月刊 A5判 360頁 本体2,800円+税 978-4-8178-4282-4
商品番号:40614 略号:信実

財産管理の理論と実務

水野紀子・窪田充見 編集代表
2015年6月刊 A5判上製 596頁 本体7,000円+税 978-4-8178-4236-7
商品番号:40589 略号:財理

第三版 信託登記の実務

信託登記実務研究会 編著
2016年2月刊 A5判 544頁 本体4,600円+税 978-4-8178-4286-2
商品番号:40352 略号:信登

成年後見監督人の手引き

公益社団法人 成年後見センター・リーガルサポート 編著
2014年9月刊 B5判 240頁 本体2,500円+税 978-4-8178-4188-9
商品番号:40564 略号:成監

日本加除出版

〒171-8516 東京都豊島区南長崎3丁目16番6号
TEL(03)3953-5642 FAX(03)3953-2061 (営業部)
http://www.kajo.co.jp/